르네상스 궁정의 시인

롱사르

르네상스 궁정의 시인

롱사르

고려대학교출판부
KOREA UNIVERSITY PRESS

겨울에 맞서 식량을 한껏 모으기 위해
이 초원 저 초원으로 움직여
가장 마음에 드는 곳으로 날아가 때로는 진홍빛 꽃을,
때로는 노오란 꽃을 따는 벌을 나는 닮았으니,
그렇게 내 책들을 훑어보고 뒤적이면서,
이 그림에 혹은 저 그림에 갖가지 색으로 그려진
가장 아름다운 것을 나는
그러모으고, 추리고, 선택한다, 내 그림의 주인인
나는 거침없이 자연을 모방하노라
—〈힐로스L'Hylas〉

저자 일러두기

* 피에르 드 롱사르의 작품 번역은 폴 로모니에 판본(*Oeuvres complètes*, 20 vols., éd. Paul Laumonier, révisées et complétées par Raymond Lebègue, Isidore Silver et Jean Céard, Paris, Nizet et Didier, coll. STFM, 1914-1975)을 저본으로 삼았다. 출처는 각주에서 밝혔다.

* 기타 작가들의 작품이나 연구서 출처는 독서의 편의를 위해 생략하였다.

* 본문 안에서의 인용은 큰따옴표(" ")로, 저자가 강조하는 부분은 작은따옴표(' ')로 처리했으며, 작품 원문에서 강조된 표현은 고딕체로 표시하였다.

* 인명을 비롯한 고유명사는 한국어로 표기하고, 처음 언급될 때에만 원어를 병기하였다.

* 독자의 이해를 돕기 위해 필요할 경우에는 원어를 병기하였다.

책머리에

흔히 르네상스라 하면 고대의 발견을 통한 인문주의의 개화 시기, 빛과 화려함의 시기, 축제의 시기 등으로 알려져 있다. 부인할 수 없는 사실이다. 그렇지만 빛의 찬란함 뒤에는 참혹한 죽음과 끝없는 갈등이라는 배경이 놓여 있다. 신에 대한 믿음과 정치적 이해관계가 서로 얽혀 만들어 낸 종교전쟁과 국가이익을 위한 빈번한 대외 전쟁이 그러했다. 또한 인간과 세계에 대한 새로운 관점을 제시하기 위하여 아리스토텔레스와 플라톤이 충돌하였고, 라틴어와 프랑스어가 서로 맞서기도 했다. 그럼에도 이 시기가 빛날 수 있었던 것은 화려함과 어두움이 공존하며 팽팽한 긴장을 만들어 냈기 때문이다. 고대로의 귀환은 새로운 세계로 문을 여는 행위였으며, 희망은 절망과 어울려 더 가치를 얻었고, 문화의 단절을 경험하며 문화의 역량을 가꾸어 나갔고, 불안전한 가운데에서도 끊임없이 안정을 추구하였다. 때로는 그 맥을 찾기 힘들 정도로 다양한 사회, 정치, 문화의 요소들이 함께 자리하는 혼란과 뒤섞임 속에서 이 시대를 규정할 저 황홀한 특징들이 탄생된 것이다.

우리가 이 책에서 그려 보이는 것은 바로 다양한 요소들이 같은 공간에서 서로 갈등하고 조화를 이루었던 한 시기를 살아간 시인, 피에르 드 롱사르

Pierre de Ronsard(1524-1585)의 초상이다. 생존 당시에 프랑스뿐 아니라 전 유럽의 작가들로부터 이미 "시인들의 왕자" 혹은 "왕자들의 시인"으로 명성을 얻었던 그는 지금도 여전히 프랑스 시의 기원을 찾는 여정에서 만나게 되는 대표적인 시인이다. 그러나 이 시인의 이름이 우리 독자에게는 무척 낯설다. 우리는 그의 생김새도, 그의 언어도, 그의 목소리도 알지 못한다. 르네상스는 호기심을 자아내는 시기이지만, 르네상스의 정신을 언어로 경험하여 해석한 시인의 면모를 우리는 굳이 알려고 하지 않았다. 우리에게 그는 "얼굴 없는 시인"이다. 이는 비단 일반 독자들에게만 해당되는 것은 아닐 것이다. 프랑스 문학 연구에 있어서도 〈사랑하는 이여 보러 갑시다, 장미를〉과 같은 일부 시들만이 드물게 연구의 대상이 되었을 뿐, 그의 목소리가 지닌 다양한 음역들은 여전히 미지의 영역으로 남아 있다.

여기에는 이유가 있다. 그의 작품 세계에 흥미를 가진 연구자가 등장하기에는 시대의 흐름이 그 여건을 마련해 주지 않았기 때문이며, 지금은 이해하기 어려운 과거의 작가여서 우리에게 그지없이 낯설 수밖에 없을 것이라는 오해가 그것이다. 그렇지만 문화와 문학이, 특히 시가 시간의 흐름 속에서 줄기차게 생명력을 유지하는 힘을 지니고 있듯이 이제 이 시인의 세계가 우리에게 소개될 필요가 있다고 생각한다.

독자들은 이 책에서 언어의 힘에 무한한 신뢰를 보내며 자기 시대의 생각과 문학 그리고 정치와 역사의 우여곡절을 시로써 재현해 낸 한 시인을 만나게 될 것이다. 그는 자기 시대의 지적 흐름들, 인간의 다양한 정열과 본성, 인간에게 감추어진 세상의 본질, 그리고 인간세계와 신들의 세계가 합일을 이루는 과정 등이 시라는 공간 안에서 서로 어울려 노래될 수 있다는 것을 보여 주었다. 그에게 언어는 세상의 중심에 인간이 있으며, 그 곁에 시인의 목소리가 있다는 것을 밝힐 수 있는 유일한 의존 수단이었다. 시가 인정을 받지 못하던 시대에 시를 창조하는 자의 고귀한 위상과 시의 가치를 드높이기 위해 그는 시어詩語의 저 설명할 수 없는 역량에 의지하며 시를 써 나갔다. 따라서 그의 시적 창조는 삶과 우주에 대한 치열하고도 명석한 의식을 반영하고 있다고 말할 수 있다. 그가 바라본 모든 것들이 시의 공간 안에서 지금도 여전히 살아 있기 때문이다. 비록 그가 바라본 세상과 인간 그리고 우주의 모습이 언제나 한결같지는 않아서, 국왕의 찬양, 사랑의 고통과 기쁨, 신들의 영광과 천체의 움직임, 정치적 질서와 화합, 죽음을 극복하는 시인과 같은 여러 소재들이 다루어지고 있을지라도 그 저변에는 언제나 이 다양한 길을 부단하게 걸으면서 자기 시대를 언어로 담아내려는 그의 시적 열정과 의지가 흐르고 있다. 다양성과 통일성이 조화를 이루는 그의 시 세계는 어둠과 빛이 교차하였던 르네상스를 살아간 한 시인의 시선을 반영하고 있다고도 말할 수 있는 것이다. 이런 시인의 초상을 우리는 이제 비로소 우리말로 풀어 소개할 수 있는 기회를 갖게 되었다.

이런 시도에 두려움이 없었다고 말하기는 힘들다. 저자의 공부가 세상에 한 시인을 소개할 정도로 무르익지 않았기 때문이며, 시인에 대한 변호라고도 할 수 있을 이 책을 세상이 따스하게 받아줄 것이라는 기대를 갖지 못하기 때문이다. 그러나 보지 못한 모든 것들은 잊혀지고 말 거라는 염려 때문에 시인의 소개를 결심하지 않을 수 없었다. 일부의 독자는 인용출처를 밝히지 않은 이유를 궁금해 할 것이다. 만약 본격적인 연구서를 염두에 두었더라면 저자가 항상 바람직한 것으로 파악하는 풍부한 주석이 동반되었을 것이다.

그러나 이 책은 무엇보다도 전문 연구자가 아니라 시에 관심을 가진 모든 이들을 대상으로 하여 구상되었다. 따라서 빠른 호흡으로 전체를 일괄할 수 있도록 도우려는 목적이 있었으며, 연구자들의 목소리를 용해시켜 저자의 목소리로 전달하고 싶은 마음이 있었다. 출처에 대해 좀더 깊은 관심을 가진 독자들은 이 책의 뒤에 실린 참고문헌을 살펴보길 바란다.

인문학 서적이 어려움을 겪고 있는 상황 속에서도 이 책을 흔쾌히 받아주신 고려대학교출판부장 김재혁 교수님과 출판부 편집실 여러분께 진심으로 감사의 뜻을 전한다. 고려대학교출판부의 의지가 없었더라면 이 책의 시인은 여전히 어두운 서랍 안에 갇혀 있었을 것이다.

끝으로, 지금은 고인故人이 되신 강성욱 선생님께 이 책을 바친다. 진정 학문하는 자의 구도적 정신으로 평생을 걸어오셨던 선생님께서 곁에 계셨다면 이 책을 준비한 나를 크게 꾸짖으셨을 것이다. 공부의 미진함을 나무라며 더욱 전념할 것을 요구하셨을 것이다. 그러나 선생님께서 이끌어 주신 문학 연구의 길에서 이 시인을 힘들게 만났으며, 이 시인과 더불어 많은 해를 여러 감정으로 메워 나갔기에, 공부가 부족한 제자로서 선생님께 누를 끼칠 수 있음을 잘 알면서도 이 책을 준비했다. 언제나 따뜻한 시선으로 제자들을 바라보셨던 선생님께서 선생님의 질책을 독자들로부터 대신 받고자 하는 한 제자의 어리석음을 용서해 주실 것이라고 위안하며 선생님께 이 책을 바친다.

2007년 6월

손주경

차례

1장

새로운 서정시의 탄생

《오드집*Les Odes*》

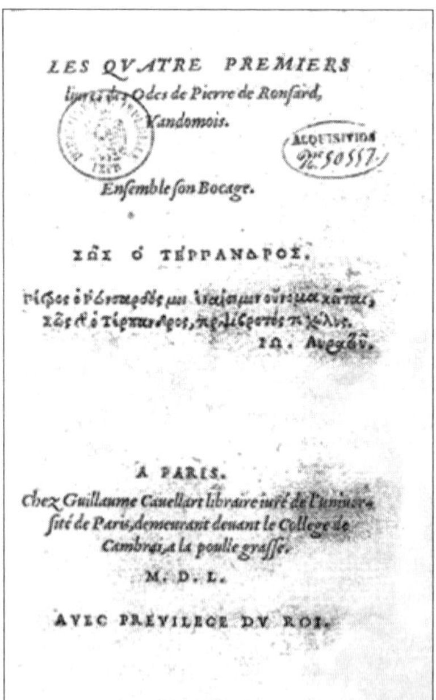
LES QVATRE PREMIERS
liures des Odes de Pierre de Ronsard,
Vandomois.

Ensemble son Bocage.

A PARIS.
Chez Guillaume Cauellart libraire iuré de l'uniuersité de Paris, demeurant deuant le College de Cambrai, a la poulle grasse.
M. D. L.

AVEC PREVILEGE DV ROI.

《오드집》 초판 표지
(파리, 기욤 카벨라, 1550, in-8°)

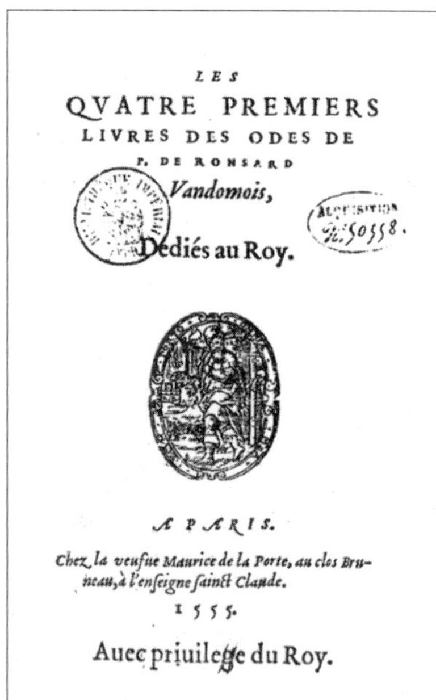
LES
QVATRE PREMIERS
LIVRES DES ODES DE
P. DE RONSARD
Vandomois,
Dediés au Roy.

A PARIS.
Chez la veufue Maurice de la Porte, au clos Bruneau, à l'enseigne sainct Claude.
1555.

Auec priuilege du Roy.

《오드집》 3판 표지
(파리, 모리스 드 라 포르트, 1555, in-8°)

1. 《오드집》 출판의 의의

젊은 시인들의 선언문이라고 할 수 있는 《프랑스어의 옹호와 현양》(1549)(이하 《옹호》)을 출간한 뒤 벨레Du Bellay에 뒤이어 롱사르가 간행한 《오드집*Les Quatre premiers livres des Odes*》(1550년 1월 말)은 프랑스 시사詩史에 있어서 매우 중요한 사건을 이룬다고 말할 수 있다. 그것은 이 시집이 이전의 프랑스 시인들을 까마귀와 돼지에 비유되는 "불행한 시인들" 혹은 프랑스어를 유아 상태에 머물게 한 나태하고 무지하며 "보잘 것 없는 주의력"을 지닌 시인들로 취급하며 그들에 대해 전쟁을 선포했다는 사실 때문만은 아니다. "기괴한 오류들"로 가득 찬 과거의 시들을 격렬한 어조로 부정하는 젊은 롱사르의 시도에는 프랑스 시에 새로운 호흡을 불어넣어야 한다는 당위성이 있으며, 그것을 실현하는 능력의 여러 증거들이 이 시집에서 제시되고 있기 때문이다. 그래서 롱사르의 시는 무엇보다도 오드ode이며, 오드는 시의 모든 특성들을 드러내고 있다는 측면에서 그의 시학의 진정한 기초를 이루는 훈련장으로 규정될 수도 있다.

롱사르가 서문 〈독자에게Au lecteur〉에서 "감히 말하자면 나는 프랑스 시인들 가운데 '오드'라는 이름으로 프랑스어를 풍부하게 만든 최초의 시인이다"라고 밝히고 있듯이, 이 시집의 새로움은 핀다로스Pindare나 호라티우스Horace가 사용한 오드라는 장르를 선택한 것에 있는 것처럼 보인다. 그러나 실제 오드라는 장르의 사용이 그에게서 처음으로 발견되는 것은 아니다. 동시대 이탈리아에서는 핀다로스나 호라티우스 혹은 다른 고대시인들의 작품들이 재출판되고 있었고, 이탈리아로 번역된 그들의 작품은 리옹과 파리의 지식인들에게 이미 알려져 있었다. 특히 콜레주 드 코크레Collège de Coqueret에서 장 도라Jean Dorat의 지도를 받고 있던 롱사르나 뒤 벨레 그리고 바이프Jean-Antoine de Baïf 같은 젊은 시인들은 이 판본들을 통해 고대작가들의 시적 세계를 엿볼 수 있었다. 게다가 트리시노Gian Giorgio Trissino, 알라마니Luigi Alamanni, 사나자로Jacopo Sannazzaro와 같은 라틴 시인들도 핀다로스나 호라티우스를 모방한 오드들을 썼으며, 이들의 작품은 유럽 전체로 퍼져나가면서 프랑스 지식인들을 자극하였다.

프랑스의 경우에도 마찬가지 현상이 발견된다. 오드라는 용어는 장 르메르 드 벨주Jean Lemaire de Belge(1511), 장 부셰Jean Bouchet(1520) 그리고 라블레François Rabelais의 《제3서*Le Tiers Livre*》(1545-1546)에서 이미 사용되었다. 그러나 많은 이들이 이 명칭을 선호하여 사용한 것은 아니다. 16세기 전반기의 시인들은 클레망 마로Clément Marot를 칭송하는 세비예Thomas Sébillet가 《시학*Art poétique*》(1548)에서 추천한 '캉티크cantique'나 '샹송chanson' 혹은 '서정단가vers lyrique'라는 표현을 즐겨 사용하고 있었다. 그런데 바로 이 점, 즉 과거의 시 형식에 대한 집착이 프랑스 시의 개혁을 지향하는 롱사르나 뒤 벨레의 반감을 불러일으킨 것으로 보인다. 세비예를 반박하기 위해 서둘러 작성한 《옹호》의 2권 4장에서 뒤 벨레는 "그리스와 로마의 리라 소리에 잘 어울리는, 프랑스의 뮤즈에게 여전히 알려지지 않은 이 오드들을 나에게 노래해 다오"라고 요구하며, 이 용어가 이미 사용되고 있을지라도 그것은 고대시인들이 받아들인 의미를 담고 있거나 그들의 박식함을 반영하지 못하고 있다고 규정한다.

롱사르가 자신을 오드를 사용한 최초의 시인으로 규정하는 것도 바로 이런 측면에서 이해될 수 있다. 고대모방을 창작의 수단으로 삼은 그는 이전 세대 혹은 과거 시의 전통을 옹호하는 동시대 시인들을 공격하고 부정함으로써만 새로운 시의 개혁이 가능할 것이라고 생각한 것이다. 그래서 비록 오드라는 용어가 이미 사용되고 있었을지라도 그것을 부인할 수밖에 없었던 것이다. 과거의 시적 유산에서 벗어나지 못하고 있는 자기 시대의 시인들과 단절함으로써만 핀다로스와 호라티우스가 보여 준 시적 새로움을 더욱 빛나게 할 수 있다고 판단했기 때문이리라.

자부심에 가득 차 동시대 시인들과 자신의 구분을 요구하는 《오드집》의 반향은 대단한 것이었다. 시집의 간행과 더불어 그는 "프랑스의 핀다로스"라고 불리며 동료 시인들로부터 칭송을 받는다. 반면, 이전 세대의 시적 전통을 옹호하는 시인들에게 있어서 롱사르는 비난과 공격의 대상이 될 수밖에 없었다. 특히 궁정시인의 직위에 있던 생 즐레Mellin de Saint-Gelais는 《오드집》이 간행된 그해 6월 국왕을 알현하는 자리에서 롱사르의 핀다로스풍 시들에서 발견되는 용어의 난해함과 어조의 공격성 등을 하나하나 지적하며 이 시인에 대한 궁정의 경계를 촉구한다. 후에 '마로 유파'라고 연구자들에 의해 명명될 시인들 모임의 수장이었던 생 즐레가 이런 비난을 하지 않을 수 없었던 것은 새로운 시인들을 대표하는 롱사르의 오만함이 지나쳤기 때문일 것이다. 그러나 동시에 이런 에피소드는 《오드집》에 대한 구세대 시인들의 불안감을 반영하고 있다고 할 수 있다. 그들은 시집에 실린 작품들이 결코 소홀히 취급될 수 없는 가치를 지니고 있다는 점을 인정하지 않을 수 없었던 것이다.

2. 찬양의 시인

롱사르의 《오드집》은 1550년의 4권과 2년 뒤에 간행될 제5권과 함께 총5권으로 구성되어 있다. 1권에는 핀다로스를 모방한 작품 14편이 실려 있으며, 그 뒤를 핀다로스보다는 어조나 소재가 훨씬 부드러운 호라티우스와 기타 라틴 시인들의 영향을 받은 시편들이 뒤따르고 있다. 그런데 작품의 독서에 임하는 당시 독자들(현대의 독자들 역시 마찬가지일 것이다)은 롱사르가 다루고 있는 다양한 소재와 그 안에 담긴 지적 박식함 앞에서 당황하지 않을 수 없었다. 그가 새롭게 제시한다고 소개한 서정시는 신화에 대한 정확하면서도 풍부한 지식과 신조어를 포함한 여러 용어에 대한 인식을 요구했기 때문이다. 그래서 이를 염두에 둔 롱사르는 1552년 재판에 〈일러두기 Avertissement〉, 그리고 1553년 수정본에 〈다시 일러두기Suravertissement〉와 같은 설명을 덧붙인다. 특히 1권의 신화 해석이나 어휘 설명을 위해 사나자로의 《아르카디아*L'Arcadie*》(1544)를 프랑스어로 옮긴 장 마르탱Jean Martin의 손을 빌려 작품집 말미에 〈1권의 몇몇 구절에 관한 간단한 설명〉을 싣게 된다. 그러나 이런 난해함에도 불구하고 시집이 여러 번에 걸쳐 간행되었다는 것은 그 성공을 암시하기에 충분하다. 이 성공의 배경에는 새로운 서정시의 등장을 위한 시도들이 자리하고 있다.

사실, 16세기에는 '서정성lyrisme'이라는 용어는 사용되지 않았다. 대신 '서정적lyrique'라는 형용사가 드물게 등장하는데, 이 용어는 현대적 의미의 서정성과는 다른 내용을 담고 있었다. 어원상 '리라lyre'에서 파생한 '서정적'이라는 표현에는 언제나 악기가 동반되는 시, 즉 음악적 매혹을 언어로 표현하는 무언가 고상하고 숭고한 개념이 내포되어 있었다. 롱사르는 〈서문〉에서 여러 번에 걸쳐 리라를 언급하면서 시의 음악성을 위해 반드시 요구되는 '남여성운 교차'와 '시절 내에서의 형식의 통일성'을 준수하지 않은 초기 작품들에게 '오드'라는 명칭을 부여하지 않은 이유를 설명한다. 그에 따르면 음악으로 옮겨질 수 있는 시가 진정한 의미의 서정시이다.

> 그런 오드들은 운율에 맞춰지지 않았기 때문에, 그리고 리라에 잘 어울리지 않기 때문에 분명 완벽하다고 말할 수 없다. […] 바로 이런 이유 때문에 나는 오드의 다른 이름인 《총림*Bocage*》에 12편 혹은 13편의 작품들을 싣게 되었다.[1)]

이러한 오드의 정의는 올림포스 제전에서 벌어진 운동경기의 승리자들을 찬양하기 위해 핀다로스가 악기를 동반하여 시를 노래했다는 사실을 상기했기 때문에 가능했다. 달리 말해 롱사르는 음악을 동반하지만 동시에 찬양이나 축하를 내용으로 삼고 있는 시의 장르를 오드라고 파악한 것이다.

---

1) I, p. 44.

그래서 그는 시적 찬양의 대상이 될 수 있는 모든 것들, 예를 들어 결혼, 출생, 사망, 만남, 승리, 우정, 애정 등을 서정적 소재로 간주하며 자신의 시집에서 노래하고자 한다. 그리고 오드의 소재란 "신들과 덕스러운 인간들에 대한 찬양"이라고 언급한 뒤 벨레의 뒤를 따라 자신을 '찬양의 시인poète encomiaste'으로 주저 없이 규정한다. 그가 보기에 서정시의 주된 목적은 무엇보다도 찬양이며, 서정시의 장르 가운데 오드는 찬양을 위해 특별히 고안된 장르이기 때문이다.

> 왜냐하면 나는 찬양을 알리고
> 전달하는 자이기 때문에,
> 영광과 명예 이외의 그 어느 것도
> 다른 이들에게 가져다 주지 않는다.[2)]

이런 그에 따르면 자신의 첫 번째 시집은 단순한 한 권의 책이 아니다. 오히려 그것은 "찬양과 명예 이외의 그 어떤 상품도 다루지 않는 상점"이며, 이 상점의 주인이자 창조자인 그는 다양한 부류에 속하는 자들을 기꺼이 찬양의 대상으로 선택하는 자이다.

우선, 이교의 신들이 찬양의 대상이 된다. 특히 아폴론(I, 154 ; II, 7), 메르쿠리우스(II, 80), 큐피드(II, 510), 디오니소스(II, 177) 그리고 "파르나소스의 신들이 높게 찬양하는 무리들"인 칼리오페와 같은 뮤즈들(I, 174 ; I, 236) 혹은 이집트의 여신(I, 114)과 같은 신성한 인물들에게 롱사르는 시편들을 바치고

2) I, p. 129, vv. 5-8.

있다. 이런 찬양의 대상들에게는 한 가지 공통점이 있다. 그것은 이들 모두가 '시적 능변éloquence'과 '시적 영감fureur'을 관장하는 신들이라는 점이다. 롱사르가 신들을 찬양한 것에는 분명한 이유가 있다고 말할 수 있다. 왜냐하면 신성한 존재들을 불러올 수 있는 시인이란 무엇보다도 그들과 특별한 관계를 이루고 있다는 것을 암시할 수 있기 때문이다. 그는 시인이란 그들로부터 영감을 얻은 특별한 자이며, 신성한 존재들 역시 선택한 자에게만 자신들의 관대함을 아낌없이 드러낸다고 노래한다.

> 그처럼 고귀한 지혜를 지닌
> 신은 일반적으로 모두에게
> 관대한 것은 아니다.[3)]

이어 시인의 영혼을 이끌 수 있는 이런 신성한 존재들 뒤에는 국왕(I, 61, 167), 여왕(I, 65), 왕족들(I, 72, 211 ; II, 29), 귀족들(I, 79, 82, 90, 234 ; II, 120)이 찬양의 대상이 된다. 그들이 전쟁에서 거둔 승리, 그들이 따르는 왕조의 업적, 그들의 육체적 강건함과 정신적인 미덕은 아낌없는 찬양의 대상이 된다. 그것은 시인의 개입이 없이는 그 어느 것도 역사 속에 남을 수 없으며, 그 어느 누구도 다가올 시간의 사람들 입에 회자될 수 없으리라는 것을 드러내기 위해서이다.

> 꿀처럼 감미로운 내 [풍부한] 서정시는

---

3) I, p. 16, vv. 58-60.

내게 주어진 의무의 법칙을 알고 있기에,
플루트와 어울려
그대로부터 망각을 쫓아버리리라,
저 아홉 명의 청순한 여신들은
자기 거처의 영광을 간직하고 있으며,
신성한 그녀들의
위대한 사제인 내 류트는
장엄한 노래를 부르며
그대 얼굴 위에 흩뿌리리라,
영원한 맛을 지닌
우아함의 감미로운 설탕들을.[4)]

내 시가 요란하게 울려대는
그대 이름은 그대에 대한
이 뛰어난 찬양으로 전 우주에 퍼져 나갈 것이다.[5)]

그는 시인의 언어에 의해 노래된 자가 아니라면 어떤 누구도 자신의 영광된 삶이 기억될 것이라고 확신할 수 없다고 파악한다. 시인은 역사적 인물들을 살아 있는 존재로 영원히 남을 수 있게 만드는 능력을 지닌 자이다. 그래서 때때로 시인의 우월성은 현실의 군주가 권력에 의지하여 세계를 지배하듯이, 자기 시 세계 속에서 군주가 되고, 역사적 존재와 동일한 위상을 누리는 자의 목소리를 담게 된다.

4) I, p. 98, vv. 145-156.
5) I, pp. 69-70, vv. 73-75.

군주시여, 그대에게 이 오드를 바치니,
상인이 물건을 물물교환 방식으로
계약하듯 내 시를 거래하며,
그대는 부자이고, 부유의 왕이시니,
그대 물건을 내 것과 바꾸는 데
결코 인색하지 않으리라.[6)]

이런 찬양은 시인을 보호하는 것이 역사적 인물들의 사명임을 환기하려는 의도에 기인한다. 롱사르는 자기 시집을 통해서 군주와 시인인 자신 모두에게 득이 되는 계약, 즉 군주의 보호와 그 대가로서 시를 통한 찬양을 서로 교환하길 원한다. 그것만이 오직 시인으로서의 자율성을 보장할 수 있을 것이기 때문이다. 따라서 시의 거래를 통해 시의 가치를 드높이고 동시에 시인의 위상을 고양시키는 것이 바로 롱사르가 찬양을 통해 얻고자 한 것이라고 말할 수 있다. 그는 자율성을 거부당한 존재이기를 거부하는 한 시인의 등장을 알리고자 원한 것이다. 오직 찬양만이 자기 시대의 "거친 시인들", "자기 목소리로는 기억을 불러올 수 없는" 궁정의 보잘 것 없는 시인들과 구분되는 자율적인 새로운 시인의 출현을 알릴 수 있다고 생각한 것이다.

하지만 지금의 관점에서 볼 때 롱사르가 리라를 담보로 대가를 요구하는 것에서 시인의 종속적인 모습을 발견할 수 있다. 시적 자율성을 누리기보다는 메세나의 물질적이고 경제적인 보호를 요구하는 것에서 영감을 받은 자라는 외침 자체에 대해 의문을 가질 수밖에 없을 것이다. 그러나 16세기

6) III, pp. 33-34, vv. 469-474.

시인들은 언제나 이런 시적 욕망과 현실적 필요 사이에 놓여 있었으며, 이런 갈등이 이 시기 서정시의 긴장을 연출하고 있다고 말할 수 있다. 사실, 양과 가치가 지배하던 르네상스 시기의 시인에게는 물질적 부가 필요했다. 왜냐하면 그것은 최소한 평온한 가운데 자신의 뮤즈들을 개발할 수 있는 조건을 이루기 때문이다. 이것은 한편으로는 불안하기 짝이 없는 시기의 한복판에 놓인 시의 불안정한 상황을 반영한다고 볼 수도 있다. 이런 까닭에 찬양을 소재로 삼는 서정시는 개인적 상황(현실적이든 비현실적이든)을 암시하는 시인의 여러 목소리가 개입되어 있는 장르라고 할 수 있다. 우리는 그것을 영감을 얻은 시인과 자연의 시인이라는 두 모습에서 찾을 수 있다.

3. 영감과 자연

뒤 벨레는 플라톤의 《이온》과 《파이드로스》를 새로이 해석하여 '영감이론'을 제시한 신플라톤주의 학파의 피치노Ficin에 힘입어, 정신을 뒤흔들고 고양시키는 신성한 영감에서 진정한 시인은 벗어날 수 없다고 지적하고 있다. 이전 세대의 시인들과 자신을 구분하려는 롱사르 역시 이런 신성한 시인의 탄생 혹은 선출이라는 소재를 핀다로스풍 오드 전체를 통해 피력하고 있다. 영감이 없이는 시인은 영원히 지속될 만한 그 무언가를 만들어 낼 수 없다. 시적 영감에 의해 시인은 낮은 곳에서 높은 곳으로 상승할 수 있게 되며, 우주의 신비로운 통일성을 바라볼 수 있게 된다. 그래서 영감을 얻은 시인은 예언자이고 뮤즈들의 사제이며 동시에 그들이 대변하는 신들의 사제가 된다. 롱사르는 영감을 얻은 자신의 상태를 다음과 같이 묘사하고 있다.

나는 시적 고양fureur에 흥분되어
온 몸의 털이 공포로 바짝 서고
내 영혼은 열기로 가득하다,
내 가슴은 헐떡이고,
내 목소리는 목구멍으로
간신히 빠져나온다.[7)]

특히, 롱사르는 816행에 달하는 〈로피탈에게 바치는 오드Ode à Michel de L'Hospital〉에서 영감을 얻은 시인의 탄생을 구체적이고 체계적으로 소개한다. 작품의 중간 부분에서 롱사르는 주피터의 입을 빌려 시의 역사를 제시한다. 주피터가 딸들인 뮤즈들에게 자신의 신성한 영감이 국왕이나 장인 혹은 연설가의 기술art을 능가하는 것이라는 것을 확신시키기 위해 노력하는 장면에서 롱사르는 은근히 시인의 위상이란 현실의 그 어떤 직업보다 우월하다는 것을 암시한다.

기술 덕분에 항해사는
바다에서 자기 배를
능란하게 조종하며,
기술 덕분에 웅변가는 변론을 하고,
기술 덕분에 왕들은 전사가 되고,
기술 덕분에 장인들은 만들어지지만,

---

7) I, pp. 65-66, vv. 1-6.

내 신성한 영감이
그대 학문을 빛나게 하지 않는다면,
그대는 실수로 가득한 헛된
경험만 하게 될 것이다.[8]

영감은 자석의 원리에 의해 주피터로부터 시인에게까지 전달된다. 자석이 옆에 놓인 철을 끌어당기면 자기를 띠게 된 이 철이 또 다른 철을 끌어당기듯, 주피터가 아폴론에게 힘을 불어넣어 주면 아폴론은 신성한 시인들을 매혹해서 그들로 하여금 또 다른 무리들을 홀리게 만든다. 사랑의 영감, 디오니소스의 영감, 예언의 영감, 그리고 시의 영감으로 구분되는 초월적인 힘 덕분에 시인은 기법에 의해 '만들어지는 자'의 상태에서 벗어날 수 있게 된다.

그리하여 세상은 그대의 직업이
홀림에서가 아니라
기술에서 오는 것이라고
잘못 생각하지 않게 될 것이다.
고되고 별 가치 없는
그런 기술은
예언, 시, 신비, 그리고 사랑이라는
네 가지 영감으로 나누어져,
차례로 상상을 가볍게 자극할
그대의 명예로운 직업으로 벗어나

8) III, pp. 142-143, vv. 399-408.

사방으로 흩어져 달아날 것이니.

내 손을 떠난 화살은
바로 공중으로 날아올라
마치 신성한 영감처럼
인간의 가슴속으로 날아 들어간다,
단지 이 인간이 악하지 않고,
소중한 미덕으로
준비되어 있는 한에서.
왜냐하면 신성하고 자비로운 신들은
그 신성한 선물을 결코
악한 영혼에게는 퍼뜨리지 않기 때문이다.[9)]

여기에서 우리는 미덕vertu과 노동을 능가하는 특별한 재능génie을 강조함으로써 시인에게 주어진 우월성을 피력하고, 이를 통해 새로운 시대의 시인의 모습에 담긴 위엄과 고귀함을 강조하려는 롱사르를 발견할 수 있다. 그의 이런 태도는 지금까지의 시인들에게서는 찾아볼 수 없었던 모습이다. 기법에 몰두하였으며, 시인의 독립된 위상을 노래하지 않았던 예전의 시인들과 자신을 구분하여 새로운 시인의 탄생에 깃들인 성스러움을 강조하기 위해 그는 영감 이론을 그 근거로 삼고 있는 것이다.

그러나 롱사르가 여러 오드 시편들에서 이 마법 같은 영감의 절대적 중요성을 강조하고 있을지라도, 그것을 과장할 필요는 없을 것 같다. 왜냐하면

9) III, p. 143, vv. 421-443.

천성이라는 것이 시를 통해 불멸에 걸맞은 작품을 만들려는 자에게는 충분하지 않다고 말한 뒤 벨레처럼 그는 새로운 시인들에게도 역시 '노동labeur'이 필요하다는 것을 강조하고 있기 때문이다. 영감을 얻은 시인에게는 시행과 언어에 골몰하는 장인의 노력, 즉 "언제나 문예에 대한 학습을 높이 평가하는" 자세가 요구된다는 것을 그는 부인하지 않는다. 영감이란 지속적이지 않기 때문이다. 그것은 간헐적으로 시인에게 다가오는 것이고, 그 영감을 받아들이기 위해 시인은 앞의 시가 암시하듯 자기 시에서 거칠고 속된 요소들을 제거하여 순수한 미덕으로 그 빈 공간을 가득 채워야 한다.

그런데 영감과 노동을 결합하려는 이런 주장은 다른 한편으로는 영감의 강제성과 폭력성을 경계하기 위한 것이라고도 할 수 있다. 시인이 진정으로 추구하는 것이 군주에 종속된 모습이 아니듯, 신에 대해서도 마찬가지로 자신을 종속적인 존재로 만들어서는 안 되는 것이다. 그래서 롱사르는 폭력적인 영감을 경계한다. 그가 선호하는 것은 오히려 아래에서 볼 수 있듯이 뮤즈들의 부드러운 목소리에 비유되는 영감 그리고 시인에게 감미로운 즐거움을 주는 영감이다.

그대 덕분에 나는 숨을 쉬고,
바로 그대가 내 리라를
인도하고 이끄시니,
그대는 끊임없이
지금처럼 나를 미치게 만드는
나의 공주이시다.

분명, 내 태어나기 전에
그대 나에게 그대를 노래하도록 명하셨고,
하늘은 태어나기도 전에 내가
그대의 가수가 되는 이 영광을 갖길 원하셨도다.

꿀로 달콤해진 그대 목소리가 돌보아 준
내 입은 감미로워
파르나소스 정상에서
페가수스의 샘물을 마음껏 들이켰도다.
그대 광기를 즐기는 자는 행복하도다
그대의 부드러운 방황은 그를 헤매게 하지 않으리니.[10)]

이런 까닭에 《오드집》에서는 호라티우스의 영향을 받아 사원을 배경으로 하는 시인의 모습이 자주 등장한다. 이때의 시인은 더 이상 초월적인 신성의 부름을 맹목적으로 추종하는 자가 아니다. 신에 대한 봉헌을 준비하는 의식 주관자와 같은 존재인 시인은 동시에 자연 속에서 뮤즈의 "천진한 부드러움"과 "부드러운 광기를" 노래하는 자이기도 하다.

앞에서 언급하였듯이 《오드집》은 크게 두 부분으로 구성되어 있다. 고귀한 자들의 영광에 대한 찬양으로 채색된 핀다로스풍 오드 곁에는 시인의 고향이었던 방돔Vendôme으로의 귀환이라고 칭할 수 있는 자연에 대한 겸손하고도 소박한 어조의 호라티우스나 에피쿠로스풍 오드들이 자리하고 있다. 물론, 이 두 세계는 서로 배타적인 세계가 아니다. 오히려 두 세계는 시인

10) I, pp. 174-175, vv. 5-22.

의 찬양이 된 자들이 자유롭게 오고갈 수 있을 정도로 서로 열려 있는 공간들이다. 그런데 지금까지 이 시집의 신성함 쪽에만 관심을 가진 여러 연구자들은 롱사르의 자연과 시적 영감과의 관계에 대해서는 별로 주목하지 않았다. 자연이 시적 영감의 한 부분을 이루고 있다는 사실을 간과해 온 것이다. 그러나 좀더 자세히 살펴보면 자연과 같은 친근한 소재 역시 시집의 주요 의미를 형성하는 데 크게 기여하고 있다는 사실을 발견할 수 있다. 왜냐하면 이 친근함을 통해서 시인은 시간과 공간에 대한 새로운 인식을 제시하고 있기 때문이다.

롱사르는 자신의 고향을 정신적으로 혹은 실제로 찾을 때마다 그곳을 삶의 원천으로 삼는다. 그곳에서는 우정과 사랑이 평온과 자리를 함께 하고 있다. 그곳은 휴식의 공간이며, 자기 자신으로 되돌아가는 시간이기도 하다. 예를 들어, 《오드집》 2권의 마지막 작품인 〈형제 르네 마세에게A frère René Macé〉는 "방돔"이라는 단어로 끝을 맺는데,

> 그대의 감미로운 시의
> 매력적인 소리는
> 그녀들이 정상을 떠나
> 방돔 지방에 거주하게 만들었네[11)]

이 방돔의 자연은 롱사르의 고향이지만, 고향을 벗어난 그에게는 꿈의 공간, 시적 영감의 원천이 되기도 한다. 핀다로스풍 오드에서 신들의 세계가 이

---

11) I, p. 267, vv. 37-40.

역할을 맡았다면, 친근한 자연 역시 영감을 불러일으키는 공간의 역할을 하는 것이다. 〈벨르리 연못에게A la fontaine Bellerie〉에서 여름의 뜨거움을 식혀 주는 푸르른 연못에 머무는 님프는 시인의 영원한 동반자이며, 이 고향에서 시인은 휴식을 취하고 시를 쓴다.

> 너 근처에서 나는 휴식을 취하고,
> 그곳에서 한가로이 나는 시를 짓는다,
> 너의 푸른 가지 아래 몸을 숨기고,
> 너의 영광을 우주로 널리 퍼뜨릴
> 내 알지 못할 시를.[12)]

핀다로스풍 오드에서는 전투적 역동성이 시 창작의 계기가 되었다면, 휴식 역시 시인을 글쓰기로 이끄는 동기가 되는 것이다. 이처럼 끊임없이 되풀이되는 운동과 정지의 반복을 통해 롱사르는 영감에 흥분한 시인의 상태를 지속시킨다. 이런 반복은 새로운 탄생을 보장하고, 그 탄생에 힘입어 시인의 생명은 지속된다. 따라서 단지 핀다로스풍의 영감에 의해서만이 아니라 그것을 보완하는 자연의 영감에 의해 영원한 생명을 얻게 된다는 것을 보여 주기 위해서 롱사르는 의도적으로 인간적 시간이 부재하는 공간에 자기 스스로를 위치시키는 것이다. 그리고는 고향 방돔 근처의 가틴Gâtine 숲을 향해 다음과 같은 찬양을 늘어놓는다.

---

12) I, p. 204, vv. 15-19.

은은하게 서늘한 숲속에 자리 잡은
나의 정신을 황홀하게 만든 그대[가틴],
매순간 뮤즈들이
나에게 대답하도록 만든 그대.

내 안에서 무시무시한 근심이
자라나기도 전에 뽑아내 준 그대,
온갖 감동으로 나를 위안하고
진정시켜 주는 오직 그대.

내 시의 재잘거림에
머리를 구부려
푸른 머리칼을 아래로 풀어헤치며
귀를 열어 주었던 그대.[13]

이곳에서 롱사르는 행복을 발견한다. 목자인 시인과 뮤즈들이 서로 공존하는 장소에서 그는 시간의 폭력성을 비껴간다. 평화의 공간이다. 인간 운명의 우여곡절을 이곳에서는 찾을 수 없다. 달리 말하면, 신들의 세계와 자연의 공간은 서로 동일한 역할을 맡고 있다. 신들의 세계는 자연의 풍요로움을 보장하고, 자연이 생산하는 "푸른 머리칼" 같은 풍요로움은 신들의 넉넉한 미덕을 반영한다. 따라서 자연과 천상은 조화를 이루며 서로에게 호의어린 시선을 보내고 있는 것이다. 그 시선들의 주고받음이 바로 다양한 영감을 받은 시인의 시적 창조를 보장하게 되는 것이다.

13) I, pp. 244-245, vv. 13-24.

4. 다양성의 시학

이처럼 플라톤의 이상주의와 에피쿠로스의 감각주의가 서로 자리를 같이 하고 있는 면에서 그의 작품집에는 통일성이 결여되어 있다고 지적할 수도 있고, 핀다로스풍 오드에서 발견되는 영광과 호라티우스풍 서정시의 소박함의 추구에서 이 시집이 서로 상반된 시적 지향점을 향하고 있다고 비난할 수도 있다. 그러나 실은 이런 통일성의 결여가 시집의 본질적 특징을 이루고 있다고 말하는 것이 적절하다. 롱사르의 서정시는 겉으로 드러난 이 모순을 시로써 극복할 수 있다는 것을 역설적으로 보여 주고 있기 때문이다.

이 시집의 시인이 의도하는 영광의 추구는 서로 상반된 두 양상을 공존하도록 만들 수 있는 절제와 중용의 능력을 결코 배제하지 않는다. 그것은 인간 존재의 두 양상을 보여 주지만, 동시에 두 양상 덕분에 인간이 존재할 수 있음을 보여 줄 수 있는 것과 같다. 따라서 고상한 서정시와 친근한 서정시의 공존은 롱사르가 꿈꾸는 불멸에 다다르기 위한 서로 다른 길이라고 하는 것이 더 나을 것이다. 그의 시적 세계는 바로 이런 이중의 양상 위에 기초하고 있다. 《오드집》 제3권을 여는 첫 번째 오드인 〈샤를 드 피슬뢰에게A Charles de Pisseleu〉가 다음의 시행으로 시작하는 것도

> 인간이 자기 본성이 변하는 것을 좋아하는 것은
> (나의 프렐라) 대체 무슨 이유 때문인가?
> 우리가 사는 이 세상에서
> 다양한 생각을 가지지 않은 유일한 것을
> 볼 수 없는 것은 대체 무슨 이유 때문인가?[14)]

이런 모순된 세계 속에 담겨진 인간과 자연의 복잡함에 대한 염려에서 비롯하지만, 그 염려는 작품의 마지막 부분에 가서 시에 대한 시인의 신념을 강화하는 요소로 변화된다.

> 그러나 이런 일관되지 않은 삶의 상태에
> 나는 결코 기쁘지 않기에, 나는
> 그들로부터 진정 멀어져, 눈을 내려
> 그들을 보고 싶은 욕망이 없다 [...]
> 왜냐하면 그녀는[에우테르페]는
> 샘물을 손으로 떠 직접 나를 세례한 후 사제로 만들어,
> 한편으론 아테네의 저 높은 영광과
> 고대 로마의 지식에 참여하게 했기 때문이다.[15)]

그리하여 축제를 관장하는 뮤즈인 에우테르페가 주관하는 시의 공간은 여러 요소들이 공존하는 공간이 된다. 그것은 분명 일관되지 않은 삶들이 함께 놓이는 공간이지만, 그렇다고 해서 다양한 삶의 모든 비천함을 그대로 수용하는 공간도 아니다. 신성한 자로서 그는 마치 신들이 그러했듯이 고귀함의 위엄을 지니고서 지상의 속성을 인정하면서 그것을 새롭게 노래하는 축제의 공간으로 시를 변화시키고자 한다. 따라서 위 시에서 언급되는 영감은 핀다로스풍 오드에서 발견되는, 시인을 무력화시키는 영감, 폭력적이고 거칠며 시인을 무방비 상태로 만드는 영감이 아니라고 할 수 있다. 이곳의

14) II, p. 1, vv. 1-5.
15) II, pp. 4-5, vv. 44-60.

시인은 무장 해제된, 즉 자신이 통제할 수 없을 정도로 외부의 힘에 희생당하거나 자신의 의도와는 상관없이 말을 하게끔 되어 버린 시인이 아니다. 오히려 자연의 시인은 모든 것을 아우르려 하기에 스스로 영감을 타고 태어난 존재와 같아 보인다. 따라서 고귀한 자들을 찬양했던 롱사르가 자연으로 되돌아와 그 풍요와 역동성을 노래하는 것이 하등 놀라운 것이 될 수 없다. 그가 일시적이긴 하지만 자연으로 회귀한 것은 시적 영감의 본질이 어떠한 것인지를 보여 주기 위한 시도일 수 있기 때문이다. 따라서 우리가 여행자로서의 롱사르의 모습을 시집에서 발견한다면 그것은 그렇게 낯설게 느껴지지 않을 것이다.

영감을 얻은 여행자로서의 시인은 자신을 둘러싼 세계에 반응하며, 자신이 보고 들은 것, 느낀 것, 인식한 것 그리고 상상한 것을 여러 공간에 배치하며 기록하는 자이다. 그런 까닭에 그가 그려 보이는 세계의 다양함은 그의 다양한 시적 인식을 반영한다고 말할 수 있다. 《오드집》은 이런 여행의 기록이다. 물론, 롱사르가 자신이 실제로 한 여행을 작품으로 남겨 놓은 경우는 드문 편이다. 그러나 그의 시가 보여 주는 시적 여정은 풍부하다. 그는 신들의 세계인 우주와 친근한 공간인 자연 사이를 분주하게 오고 간다. "방랑자"인 그는 천상과 지상, 인간적인 것과 자연적인 공간을 관찰하며, 관찰의 경험을 기록한다. 롱사르가 파악하는 우주는 서로 상반된 힘들이 균형을 이루는 세계이다. 움직임과 부동이 공존하는 그의 작품은 이 질서와 무질서의 세계를 화합시킨다. 그 여행 끝에는 평화의 세계, 인간의 탐욕에서 벗어난 평화의 세계가 자리한다. 그가 인간을 찬양하고 신들을 노래하는 것은 신들의 세계를 닮은 평온의 공간으로서의 현재를 노래하기 위해서라고 말할 수 있다.

위에서 언급한 〈로피탈에게 바치는 오드〉의 경우를 예로 살펴보면, 이 작품에 나타나는 공간은 다양하다. "은총의 여신이 머무는 정원"이라는 형이상학적 공간은 뮤즈들이 아버지 주피터를 만나러 가는 여정을 묘사하는 서술의 공간으로 이어지며, 그들은 아폴론과 넵투누스 그리고 거인족과 주피터가 서로 맞서는 신들의 공간을 목도하게 되고, 천상에 오르기 전 다시 지상으로 되돌려져 지상의 새로운 아폴론인 로피탈을 만나게 된다. 여기에서 시인은 인간의 세계가 신들의 세계와 소통하고, 신화의 시간이 인간적 시간과 조우하게 된다는 진리를 암시한다. 따라서 이 확대된 공간을 자유로이 이동하는 여행자로서의 시인이 내놓은 작품은 운동성과 변화, 출발과 귀환의 반복이 계속되는 세계라고 할 수 있다. 그곳에는 풍요와 결핍, 진실과 무지, 과도함과 절제, 낯선 것과 낯익은 것이 서로 교차하며 공존하고 있는 것이다.

그래서 그의 시는 온갖 것들이 서로 공존하는 엄밀한 의미의 '총림bocage'이라고 할 수 있다. 그가 1550년 《오드집》에서 음악성이 결여된 초기 작품들에 굳이 《총림》이라는 제목을 부여한 것도 시의 세계가 바로 다양한 요소들이 공존하는 숲이라는 인식을 가졌기 때문이다. 이런 다양함만이 시의 세계를 더욱 윤택하게 빛내는 요소라고 파악한 것이다.

> 시편과 시에는 매우 큰 차이가 있다.
> 시는 다양한 외관을 지닌 초원이지만 […]
> 시편은 꽃 한 송이, 혹은 숲속에 있는

떡갈나무, 느릅나무, 잣나무, 혹은 사이프러스 나무 한 그루와 같다.[16)]

5. 시인의 새로운 위상

다양한 세계를 시어로 표현하는 것은 앞에서 언급한 바와 같이 세상의 모든 것, 주어질 수 있는 모든 것을 노래할 능력을 지닌 한 시인의 출현을 선언하기 위한 것이라고 볼 수 있다. 롱사르는 국왕이나 메세나가 될 수 있는 자들에게 이런 시의 우월성과 효율성을 강조하며, 그들의 영광을 노래하는 대가로서 시인의 위상에 대한 인정을 요구한다. 그러나 그의 이런 요구가 언제나 노골적으로 이루어지는 것은 아니다. 만약 그러하다면, 시의 섬세한 미덕은 상실되고 말 것이다. 우리가 그의 시에서 뛰어남을 찾는다면, 그것은 메시지를 전달하는 시인의 방식에서이다.

시의 영광과 현실의 요구 사이의 모순이 암시하듯, 롱사르는 분명 자신의 서정시 시도가 역사적 환경 안에서 한계에 부딪힐 것이라는 점을 잘 알고 있었다. 그가 핀다로스를 모방할지라도 고대 그리스의 올림픽 경기를 다시 노래할 수 없으리라는 것을, 성 아우구스투스의 황금시대를 되살릴 수 없으리라는 것을, 그리고 시인과 군주 사이의 합일 역시 불가능하리라는 것을 잘 알고 있었다. 그러나 그는 이런 불가능을 피해 갈 수 있는 방법을 모르진 않았다. 그것은 그가 찬양받을 만한 사람들을 다른 이들이 기억할 수 있도록 만드는 데에서 시인의 권위를 찾고, 바로 그것을 통해 자기의 서정시를 영원한 공간으로 변화시키기 때문이다.

---

16) XVIII, p. 283, vv. 1-2, 7-8.

분명, 시간은 모든 것을 삼켜 버리고 소멸시키며, 시간의 광포함 앞에서 군주이든 귀족이든 인간인 모든 존재들은 두려움을 느끼고 무력해지기 마련이다. 바로 이 지점에서 시에 새로운 역할이 주어진다. 롱사르의 시간은 움직임과 동일하다. 그것은 모든 것을 변화시키고 파괴한다. 그것으로 인해 모든 것은 사라지고 잊혀진다. 시인이 가장 두려워하는 것도 바로 침묵과 망각이다. 그러나 이런 위협에 그는 맞서려 한다. 그는

> 잠자는 침묵이
> 용맹한 인간의 무훈을
> 어둠 속에 잠기게 만드는 것을
> 결코 뮤즈는 용납하지 않기 때문이다[17)]

라는 것을 알고 있는 시인이다. 기억의 여신 므네모시네Mnémosyne의 딸들인 뮤즈들로부터 시인이란 존재가 은총을 받았다면, 그에게는 분명 시간을 극복할 수 있는 능력이 있다는 것, 더 나아가 시간을 마음대로 좌지우지할 수 있는 권한이 있다는 것을 확신한다. 그리고 이런 예외적이고 특별한 시인의 힘을 그는 고대시인들에게서 발견하였다.

> 나의 위대한 핀다로스는 여전히 살아 있고,
> 시모니데스와 스테시코로스는
> 시가 아니더라도 적어도 이름으로 살아 있다,
> 그리고 아나크레온이

17) I, p. 87, vv. 61-64.

자신의 리라에 맞춰 말하고자 했던 것도
시간이 명성을 소멸시키지 않는다는 것이었다.[18)]

그래서 롱사르는 자기 리라의 매력적인 힘, 신들의 옹호를 받는 시적 언어에 힘입어서만 인간은 시간을 벗어나 영원한 명성을 누릴 수 있게 되고, 그로 인해 신들의 대열에 참여하게 된다고 기꺼이 노래한다.

신들의 벗인 나는 방돔의 류트와
친구가 될 수 있는 자를 찬양한다.
내 류트는 잠이 든 침묵을
매혹하며 그를 노래하리니.[19)]

그리고 이런 확신을 증명하기 위해 그는 시간에 대항할 수 있는 모든 수단들을 이용한다. 그중의 하나가 신화적 요소이다. 롱사르는 시간을 개종시키기 위해 시간 안에서 벌어진 역사적이고 현실적인 사건을 과거의 신화적 사건에 비유한다. 역사적 인물을 신화적 인물에 비유함으로써, 역사적 인물의 무훈을 신화적 인물의 업적과 비교함으로써 그는 자신의 찬양을 시간을 벗어난 영원한 찬양으로 돌려놓으려 한다. 예를 들어, 앞에서 살펴본 〈로피탈에게 바치는 오드〉에서 화자인 롱사르는 찬양을 준비하는 자신의 현재에서 출발하자마자 은근히 주피터의 공간으로 자리를 이동한다.

18) I, p. 140, vv. 37-42.
19) I, p. 7, vv. 9-12.

엘레우테르의 여왕인 기억은
자신을 어머니로 만든
주피터로부터 받은 아홉 번의 입맞춤으로
구일 동안에 아홉 명의 딸을 낳았다.[20)]

현실과 현실 밖의 공간 사이의 이동을 통해 로피탈에 대한 찬양은 역사가 아닌 신화의 공간 속에서 반향하기에 이른다. 그리고 작품을 끝내기 위해 롱사르는 다시 현실의 시간으로 돌아와 로피탈의 지상에서 보여 준 노고를 영원히 노래할 것을 약속한다.

[…] 그처럼 나는
이 범상치 않은 열기에 사로잡혀
그대의 거처에서 노래하리니,
이 오드를, 귀를 매혹해
그대의 노고에 기쁨을 주리니.[21)]

시간의 순서를 뒤바꾸고, 망각과 파괴에서 살아남은 신화의 시간과 현재의 시간을 서로 연결하는 이런 글쓰기는 단지 시인의 주장이 목소리에 그치는 것이 아니라, 실제 시 안에서도 시를 구성하는 요소들에 의해 뒷받침되고 있다는 것을 의미한다.

이런 신화적 요소에 의지할 때 그가 선택하는 시어 역시 이런 시간의 횡포

20) III, p. 119, vv. 13-16.
21) III, p. 163, vv. 812-816.

에서 벗어나려는 글쓰기를 특징짓는 또 다른 요소가 된다. 그는 시적 무기를 사용해 시간에 대항한다. "돌파하다ficher", "격파하다enfoncer", "활을 쏘다darder", "내리치다frapper" 등의 역동적 이미지를 환기하는 표현들은 영광을 "외치며crier" 언어로 무장하는 시인의 모습을 보여 준다. 이런 표현들의 사용은 롱사르가 오드라는 장르로 제시하려는 시적 모험을 위한 세부 전략을 이루며, 그 근간에는 찬양을 통해 시간을 극복하는 시를 만들어 내려는 의도가 있다. 롱사르는 자신의 시집이 시간의 마모를 견디는 하나의 완벽한 조형물로 남기를 바란 것이다. 그래서 그는 〈소모 그 자체에 대하여Usure à luimesme〉가 노래하듯 그 내부가 유기적인 망으로 서로 밀접하게 연결된 완벽한 하나의 건축물로서의 시, 그리고 시간에 마모되지 않는 견고한 대리석에 기꺼이 비유될 수 있는 시를 지으려 한다.

> 오래된 이야기로 장식된
> 도리아의 기둥이나 흉상주도,
> 아프리카에서 가져와
> 원주를 만드는 대리석도,
> 화덕 위에서 달구어진 철도
> 그대 이름을 살게 할 수는 없으리라,
> 내 펜 끝의 날카로움이
> 그대의 이름을 영원하게 할 수 있는 것처럼.[22]

"날카로운 펜 끝la poincte de [s]a plume"으로 그는 종이 위에 글자 한 자 한 자를

22) I, p. 99, vv. 1-8.

새겨 간다. 종이 위에 새겨진 이 단어 하나하나는 시간에 저항하며 그의 시집에 견고한 왕궁의 위엄을 부여하기에 이른다.

철보다 더 단단한 책을 나는 완성하였다.
발걸음을 민활하게 재촉하는 세월도
갉아먹는 물살도 혹은 분노한 쌍둥이 형제도[카스토르와 폴룩스]
내 작품을 비난하며 저 밑으로 몰아치지는 못하리라.
언젠가 마지막 죽음이
단단한 잠으로 내 숨결 끊을 때,
롱사르의 모든 것이 무덤 아래로 들어가지는 않으리라,
그에게는 최고의 몫이 남아 있기 때문이다.
영원히 영원히 결코 죽지 않고
나는 살아서 우주를 날아다니리라.[23)]

이 덕분에 《오드집》의 형태는 시인이 다룬 주제들, 즉 불멸과 영광의 노래들과 동일한 외관을 갖게 되고, 시집 자체는 영광을 지향하는 글쓰기와 영광을 얻은 시인의 묘비와 다르지 않게 된다.

이런 과정에서 신들과 역사적 인물들의 영광을 위한 노래로서 출발했던 오드가 시인의 영광을 보장하는 수단이 되고 있으며, 실제로 롱사르가 자신의 영광을 그 안에서 노래하는 것을 발견할 수 있다. 영광은 시의 소재가 되었던 대상들의 영광이지만 동시에 시인 자신의 영광이었으며, 찬양에서

23) II, p. 152, vv. 1-10.

살아남는 것은 찬양을 받은 자들이지만 결국엔 그들을 노래한 시인 자신이었던 것이다. 자신에 대한 찬양을 통해 롱사르는 한 개인으로서의 시인의 모습이 새겨진 서정시의 세계를 열어 보이는 것이다. 따라서 그의 찬양은 궁정인의 아첨이나 현실적 부를 얻기 위한 구걸의 행위가 아니라고 할 수 있다. 그것은 새로운 시가 담아야 하는 시인의 위상을 드러내기 위한 것과 관련된다. 대부분의 오드 시편들을 롱사르가 승리의 어조로 마치는 것은 찬양이라는 목적 자체를 정당화할 수 있는 글쓰기의 여정을 스스로 걸어왔다고 확신할 수 있었기 때문이다. 그래서 시인은 다음과 같이 외칠 수 있게 된다.

> 너로 인해 나는 기쁘고, 너로 인해 나는 읽힌다.
> 바로 네가 롱사르를 프랑스의 하프 연주자로
> 선발되도록 했으며, 그를 마주치는 사람들은
> 거리에서 손가락으로 그를 가리킨다.
> 그렇게 내가 기뻐하게 되고, 만족할 수 있게 된다면,
> 프랑스가 내 명성을 찬양하길 바라게 된다면,
> 내 이마로 저 별들을 내가 뛰어넘게 된다면,
> 분명 그것은 나의 류트, 바로 그대의 은총 덕분이다.[24)]

6. 언어에 대한 믿음

이상에서 살펴본 바와 같이 신들의 이름을 부르는 시인, 그들을 시의 세계

---

24) I, p. 166, vv. 65-72.

속으로 불러들여 함께 대화를 나누고, 그들의 힘을 빌리고, 그들의 숨겨진 미덕을 의기양양하게 노래하고, 시인의 말을 신뢰하지 않는 권력자들에게 믿음을 강요하고, 시의 노래에 의해서만 그들이 쌓은 세상에서의 업적이 영원할 것이라고 설명하며, 손에 잡히지 않으며 포착할 수도 없는 강물의 흐름을 마치 강의 물방울들이 구체적으로 흐르는 것처럼 그려 보이고, 떨어지는 폭포의 소리를 시인 아닌 존재들과는 달리 분절화해서 묘사하며, 듣지 못하는 것을 듣게끔 하는 이 모든 것들은 시인의 위상과 관련된다. 그것을 요구하는 목소리에는 힘이 있지만, 그렇다고 해서 과도하지는 않다. 롱사르에게는 세상의 모든 것들을 언어로 포착해서 보여 줄 수도 있고, 바꿀 수도 있다는 신념이 있기 때문에 그러하다. 오직 언어를 통해서만 삶을 영위할 수 있는 시인이 현실 안에서 인정받지 못하던 시대에, 시각을 대상으로 삼는 화가나 건축가보다 물질적 풍요를 누리지 못하던 시대에, 오직 들을 수만 있는 언어로 생명을 유지할 수밖에 없던 상황 속에서 롱사르는 언어로 무장하여 그 세상 속으로 들어간다.

이런 행위에는 세상을 온전히 자기 것으로 만들고자 하는 욕망이 자리하고 있으며, 그 욕망은 또 다시 언어로 환원되어 시인의 불멸을 마련하는 집이 된다. 언어는 시인의 존재 이유를 정당화하는 유일한 수단이며 도구가 된다. 언어에 대한 믿음이 없이는 시인이 자신을 영감을 얻은 자라고 외친들 공허할 뿐이다. 언어의 사용은 이성의 힘이지만 동시에 그것은 논리적인 세계, 그러나 시인이 보기엔 터무니없는 세계를 변화시키려는 욕망에 기인한다. 심지어 롱사르가 다른 예전의 시인들과는 달리 시집을 간행한 사실은, 즉 들어야만 하는 언어를 활자로 변환시켜 볼 수 있게 만든 행위에는 자기 언어에 대한 애정을 넘어서는 어떤 확신을 지닌 시인의 모습이 담겨 있다.

따라서 롱사르에게 주어진 몫은 시인이라는 존재 자체에 대한 강요라기보다는 그것을 증명하는 것이었다. 그가 프랑스어를 확장하고 현양하기 위해 언어를 담금질한 것 역시 이런 증명의 한 길이었으며, 오직 그것에 의해서만 상상의 세계는 그 지속성을 유지할 수 있다고 믿었던 것이다. 환상이란 그것이 제어되거나 통제되지 않는 한, 꼬리도 머리도 없는 기이한 괴물이 되고 말 것이다. 그러므로 《오드집》의 찬양과 영감을 얻은 시인의 모습은 세계에 대한, 그리고 그 세계를 표현하는 수단으로서의 언어에 대한 연마의 결실이라고 할 수 있다. 우리가 롱사르를 프랑스의 위대한 시인 가운데 하나로 볼 수 있는 것은, 그리고 그의 시가 이전 세대의 기교적인 시, 언어의 가치를 뼈저리게 느끼고 있으면서도 그것을 표현하는 데 힘에 부쳐 하던 시와 결별하고 있다고 말할 수 있는 것은, 바로 이러한 언어에 대한 시인의 신뢰와 언어가 시인의 존재를 지탱시켜 줄 수 있으리라는 믿음이 있었기 때문이다.

> 온 우주를 보아야 하는
> 그대의 유명한 명성이
> 내 시의 웅장함에 의해
> 소개되어 알려지기를 간절히 바라고 있으니,
> 내 그리 하리라, 그대 영광이
> 불멸에 목말라 하므로.[25]

---

25) I, p. 125, vv. 59-64.

이런 시인의 능력에 대한 자신의 신뢰를 표현하기 위해 롱사르는 이성의 힘과 상상의 힘을 결합하여 세상의 숨겨진 모습을 포착하는 시선과 조우하게 만든다. 여기에서 우리는 새로운 시의 출현을 목격하게 된다. 시적 영감과 관련된 많은 것을 그가 제시하고 우리가 거기에서 논리적 목소리만 보지 않게 되는 것은 바로 언어의 다양한 힘을 그가 능란하게 다루고 있다는 것을 보여 주고 있기 때문이다. 언어를 신봉하는 시인, 세상에 맞서 시인의 지위와 위상을 되살리기 위해 언어가 마련할 세계를 다듬는 시인의 모습에서 새로운 시의 탄생이 시작되는 것이다.

2장

세상의 모든 사랑을 위한 여정

《사랑시집*Les Amours*》

《사랑시집》 초판 속표지에 실린 롱사르와 카상드르의 초상
(파리, 모리스 드 라 포르트, 1552, in-8°)

1. 《사랑시집》 탄생의 배경

오늘날 롱사르를 〈사랑하는 이여, 보러 갑시다, 장미를Mignonne, allons voir si la rose〉의 시인으로서만 알고 있는 독자들이 만약 1584년 《전집*Oeuvres*》 제1권을 차지하고 있는 《사랑시집*Les Amours*》을 읽게 된다면 적잖이 당혹해 할 것이다. 사랑을 다양하게 해석하며 노래하는 방식으로 인해 작품을 읽고 이해하기가 그리 쉬운 일이 아니라는 느낌을 갖게 될 것이기 때문이다. 사실, 롱사르는 《사랑시집》에서 카상드르Cassandre Salviati, 마리Marie, 엘렌Hélène Surgère이라는 세 명의 여인들에 대한 사랑을 주로 노래하고 있지만, 시집은 이런 여인들 이외에도 다른 여러 여인들에 대한 사랑을 소재로 삼은 《아스트레이아를 위한 소네트와 마드리갈*Sonnets et madrigal pour Astrée*》, 《에우리메돈과 칼리로에의 노래*Les Vers d'Eurymédon et Callirée*》 그리고 《다양한 사랑들*Amours diverses*》 등의 짧은 시집들을 포함하고 있다.

또 다른 이유로는 사랑을 표현하는 방식에 있어서도 박식함을 요구하는 신화적 언급이 작품을 채색하고 있다는 것을 들 수 있다. 특히 1552년의 《카상드르에 대한 사랑시집》과 40여 편의 시가 추가된 1553년 판본에 나타난 시적 표현은 난해하기 그지없다. 카상드르에 대한 롱사르의 사랑 시편에서 이상적인 여성의 숭고한 아름다움의 묘사가 현학적인 신화의 암시에 의해 지지되고 있다. 당시 인문주의자인 마르크-앙투안 뮈레Marc-Antoine Muret가 주해서를 마련하여 작품의 신화적 언급과 몇몇 어려운 용어 그리고 수사적 문채의 의미를 밝히게 된 것도 이런 측면에 기인한다. 그래서 페트라르카풍의 시를 쓰던 시인들은 시적 어휘와 표현에서 "허영심, 모호함, 거친 어휘" 등을 지적하며 롱사르를 비난하였다. 예를 들어, 시인을 흥분시키면서도 싸늘하게 굳어 버리게 만드는 카상드르의 시선을 비유하는 다음 시행들이 그러하다.

> 뜨거움이 에리만토스 산[아르카디아의 산] 속에서,
> 혹은 로도페 산[트라사의 산]에서 혹은 다른 산에서
> 천천히 달아오르는 미지근함으로
> 하얀 눈을 녹여 아름다운 수정으로 만들듯이.[1)]

뮈레는 이런 표현들 앞에서 당황할 독자들을 위해 롱사르의 뜻에 따라 주석서를 준비하지 않을 수 없었던 것이다. 그런데 작품의 해석을 방해하는 글쓰기 방식은 《오드집》에서도 발견된 바 있기에 《사랑시집》을 《오드집》의 연장선으로 볼 수도 있다. 그러나 이에 앞서 롱사르가 사랑을 소재로 선택한 이유를 살펴보도록 하자.

---

1) IV, p. 119, vv. 1-4.

1550년의 롱사르는 《오드집》의 서문에서 시인들의 어리석음을 고발하기 위한 한 예로서 페트라르카풍의 소네트나 가벼운 사랑을 다룬 시, 특히 마로풍의 시에 대한 심취를 지적한 바 있다.

> 내가 결코 의심하지 않는 것은 이처럼 다양한 내 시가 페트라르카풍의 짧은 소네트 혹은 언제나 그 내용이 일정한 몇몇 세련된 척하는 사랑에만 경탄하는 우리 운율쟁이rimeur들, 특히나 궁정인들의 귀에 거슬리는 것처럼 보이지 않을 것이라는 점이다.[2]

이런 비난에도 불구하고 1552년 롱사르는 스스로 《카상드르에 대한 사랑시집》이라는 제목으로 일련의 소네트를 묶어 여인에 대한 자신의 사랑을 노래하고 있다. 롱사르의 태도에서 보이는 이런 모순을 어떻게 파악해야 할 것인가? 《오드집》의 큰 테두리를 이루고 있는 상호 대립하는 시적 특성을 이 시집에서도 연장하고 있는 것인가? 아니면 퐁튀스 드 티아르Pontus de Tyard에게 《오드집》에 대한 반응을 다음과 같이 환기하고 있듯이,

> 티아르, 사람들은 내 첫 작품이
> 단순한 대중에게는 너무 어렵다고 말하였지[3]

첫 시집에 대한 궁정의 반응이 기대하던 바에 미치지 못했기 때문에 궁정에서의 명성을 얻기 위해 그들이 선호하는 사랑을 시적 소재로 선택해야 했던

2) I, p. 47.
3) VII, p. 115, vv. 1-2.

것인가?

사실, 몇몇 인문주의자들과 고전문학을 공부한 시인들을 제외한 당시의 특별한 독자층, 즉 궁정인들은 롱사르가 마음껏 드러내는 박식한 표현과 암시를 별로 높이 평가하지 않았다. 고대 모방에 토대를 둔 그의 시는 매우 제한된 독자에게만 읽힐 수 있는 작품이었던 것이다. 따라서 여전히 이전 세대 시인들이 권력을 누리고 있던 궁정에서 롱사르를 지지하였던 자들은 당시 유행하던 사랑을 소재로 한 작품을 그에게 요구한 것은 아닌지 생각해 볼 수도 있다. 그러나 《사랑시집》을 간행한 이후에도

> 평화여, 평화여, 그대 말을 듣고 있으니, 그들이 지껄이도록 내버려 두자,
> 그들이 우리를 비웃듯, 그들을 비웃도록 하자[4)]

라고 말하며, 궁정식 사랑에만 열광하고 작품의 위대함을 인정할 능력도 모자라는 독자에 대해 여전히 경멸적 태도를 지녔던 그가 1552년에 모방의 대상을 핀다로스가 아닌 페트라르카로 바꾼 이유에는 어떤 의미가 있는 것인지 의문을 갖지 않을 수 없다.

여기에 대해 우리는 몇 가지 추측을 할 수 있을 것이다. 우선 롱사르의 상황을 지적할 수 있다. 좀더 많은 독자들에게서 자신의 시 세계에 대한 호의적인 반응을 기대했던 롱사르로서는 훗날 이탈리아 르네상스의 선구자로 여겨진 페트라르카에 대한 엄청난 선호를 무시할 수 없었을 것이다. 당시 궁정에서 인기를 얻고 있었던 이탈리아 시인의 어조를 닮은 시를 작성할

---

4) I, p. 116, vv. 13-14.

필요를 느꼈을 것이다. 사실, 이탈리아 르네상스 문화에 대해 당시 프랑스 궁정인들이 느끼고 있던 경탄은 한 여인을 신성한 인물로 승화시켜 고상한 사랑을 노래한 페트라르카에 대한 직접적인 찬사로 나타나고 있었다. 이탈리아 문화를 경험하였던 그들은 프랑스에서도 그런 사랑의 문화를 강렬히 원하였고, 따라서 플레이아드 시인들은 이런 시적 경향을 받아들이지 않을 수 없었다. 롱사르의 《사랑시집》은 이런 문화적 배경 속에서 페트라르카의 《노래*Canzoniere*》를 모방하게 된 것으로 보인다. 당시의 문화적이고 역사적인 분위기에 등을 돌릴 수 없었던 그는 자신의 시집을 사랑 노래의 모델인 이탈리아 시인의 관점에서 읽을 수 있도록 배려하지 않을 수 없었던 것이다.

둘째로, 1549년의 선언을 오드가 아닌 다른 장르로 증명하려는 의도를 지적할 수 있다. 그는 마루처럼 서한시, 발라드, 롱도 등으로 다양한 사랑의 감정을 표현할 수도 있었고, 모리스 세브Maurice Scève처럼 단단하기 그지없는 불변의 사랑을 노래할 수도 있었으며, 앙투안 에로에Antoine Héroët처럼 "완벽한 사랑Parfaitcte Amour"을 노래할 수도 있었다. 그러나 그는 고대시인들이나 이탈리아의 페트라르카와 같은 위대한 시인들을 직접 모방하여 프랑스 시, 더 나아가 프랑스어를 풍부하게 만들어야 한다는 뒤 벨레의 충고를 따른 것으로 생각할 수 있다.

셋째로, 우리가 지적할 수 있는 태도 변화의 이유로서는 《오드집》에서 드러난 롱사르의 의도가 여전히 일련의 《사랑시집》 창작의 배경이 된다는 점이다. 시적 소재의 상이함에도 불구하고 그는 여전히 같은 무늬의 시 세계 탐구를 시도하고 있다. 《사랑시집》이 《오드집》 제5권과 함께 간행된 것에서도 알 수 있듯이, 오히려 이 두 장르 사이의 유사성과 연속성은 여전히 발견되고 있다. 그것은 《일리아드》와 《아이네이스》에 등장한 여인[카산드라]과 동일한 이름을 지닌 카상드르라는 한 여인에 대한 사랑과 찬양을 통해 숭고한 시의 명맥을 이어가려는 의도이다.

> 프랑스 시의 명예인 그대[카상드르] 이름이
> 내 소리의 바람 덕분에 높이 올라
> 내 노래의 날개에 실려 날아오르게 될 것처럼,
> 라우라가 여전히 온 세상에 살아 있을지라도,
> 우리 시대가 뛰어나다고 생각하는 토스카나의 시에 실려
> 그와 같이 날아오르지는 못할 것이다.[5)]

그러나 페트라르카의 라우라를 프랑스의 카상드르로 극복하려는 이런 시도는 롱사르 스스로 페트라르카풍으로 시를 쓸 수 있는 자기 능력에 대한 확신이 없이는 불가능하였을 것이다. 이런 태도는 오드 작품들에서 탐색했던 엄숙하면서도 영웅적인 어조의 길을 사랑의 영감에서도 펼쳐 보일 수 있다는 확신을 전제로 한다. 그는 숭고한 시에 대한 태도를 페트라르카풍의 작품들에서도 탐색하며 찬양으로 채색된 저 '위대한 시grande poésie'의 길을 제시하고자 원했을 것이다.

바로 이 점에서 우리는 마지막 이유를 찾을 수 있다. 위 시행이 페트라르카 극복을 원하면서도 그를 비난의 대상으로는 삼지 않는 것에서 알 수 있듯이, 1550년 시집 서문에서 밝힌 페트라르카풍으로 작품을 쓰는 동시대 시인들

---

5) IV, p. 66, vv. 9-14

에 대한 거부가 실은 페트라르카 자체에 대한 거부가 아니라, 이 토스카나 출신 시인의 시 세계에 내포된 위대함과 순수함을 간파하지 못하고 단지 표현상의 흉내에 그친 프랑스 시인들의 미숙함과 무지에 대한 것은 아닌지 생각할 수 있다. 모방이 시인들에게 필요한 것은 고대시인들의 특성을 간파하여 그것을 프랑스어로 새롭게 드러낼 수 있음을 증명하기 위해서라는 《옹호》의 주장을 견지하는 롱사르는 그들의 모방이 결코 독창성을 획득하고 있다고 보지 않는 것이다. 《사랑시집》의 시인이 경계한 것은 바로 이 점이었으리라. 그는 당시 유행하던 사랑을 소재로 삼은 수많은 시인들 가운데 한 명이 되기보다는, 페트라르카의 시 세계를 간파하고 능가하여 프랑스의 또 다른 페트라르카라는 칭호를 얻을 수 있는 한 시인의 탄생을 선언할 필요가 있었던 것이다. 이런 측면에서 그의 《사랑시집》은 바로 시적 소재로서의 사랑을 새로이 해석하려는 한 시인을 예고하고 있다고 말할 수도 있다.

2. 페트라르카풍 시의 유행

궁정식의 사랑 개념을 높이 평가하며, 여전히 기사도 정신이 지배하고 있었던 당시 궁정은 여성과 남성의 관계에서 세련된 풍습과 태도를 만들어내려고 했으며, 그 모델을 페트라르카에서 발견한다. 페트라르카의 작품은 클레망 마로에 의해 1536년 프랑스에 처음으로 번역되어 소개된다. 이어 궁정시인이던 생 즐레가 다시 모방함으로써 페트라르카 유행을 불러일으킨다. 이후 이탈리아 시인의 작품은 1548년에 1부, 1555년에 2부가 바스캥 필리욀 Vasquin Fillieul에 의해 번역된다. 물론 그 이전에 모리스 세브는 페트라르카의 여인인 라우라Laure의 무덤을 아비뇽의 코르들리에Cordelier 성당에서 발견했다고 주장하기도 했다. 이에 프랑수아 1세 자신이 직접 이 곳을 방문하여 자신이 작성한 소네트 한 편을 바쳤다는 이야기도 있다. 이 정도로 궁정에서 페트라르카의 유행은 절대적이었다.

이런 분위기 속에서 플레이아드 유파의 시인들 역시 이탈리아 시인을 모방하게 된다. 1549년 《옹호》가 간행된 같은 해에 뒤 벨레는 자신의 첫 시집에 페트라르카가 제시한 소네트 형식을 수용한 《올리브*L'Olive*》라는 제목을 붙였다. 그 뒤를 이어 퐁튀스 드 티아르도 《사랑의 방황*L'Erreurs amoureuses*》을 1550년에 간행하며 그 유행에 동참한 바 있다. 따라서 1552년 간행된 롱사르의 《카상드르에 대한 사랑시집》은 유행의 한복판에서 뒤늦게 출현한 작품이라고 할 수 있다.

페트라르카 시의 유행은 이 시인이 선호한 장르였던 소네트의 유행도 불러일으켰다. 뒤 벨레는 《옹호》에서 프랑스의 낡은 장르들은 프랑스어의 현양에 해로운 것이라고 판단하며, 이탈리아 르네상스를 대표하는 최고의 시 형식인 소네트를 취해야 한다고 주장하였다. 그가 《올리브》를 간행한 것에는 소네트 형식을 직접 사용하며 이탈리아 형식이 프랑스 시에 새로움을 가져다 줄 유일한 형식이 될 수 있음을 증명하려는 의도가 있었던 것이다. 이 형식은 프랑스어가 고상한 언어인 그리스어나 로마어 그리고 이탈리아어와 동등한 어깨를 겨룰 수 있음을 보여 줄 수 있는 유일한 형식으로 간주되었으며, 더 나아가 새로워진 프랑스 문화를 대변할 수 있는 장르이기도 했던 것이다. 왜냐하면 소네트 형식으로 다루게 될 사랑은 지금까지의 소박한 어조의 노래, 가벼운 문체로 쓰인 노래에서 다루어진 사랑을 심각하고 근엄하며 숭고한 사랑으로 변화시킬 수 있음을 보여 줄 수 있을 것이기 때문이다.

사실, 사랑을 노래하는 이탈리아 시인의 노래에서 여성은 남성보다 더 높은 사회적, 도덕적 위상을 지닌 자로 나타난다. 남성은 중세 가신의 역할을 담당하며, 신분이 높은 여성에 대한 사랑을 매개로 더 높은 곳으로의 상승을 추구한다. 그러나 그의 사랑은 여인의 화답을 얻지 못한 까닭에 일방적인 사랑의 양상을 띤다. 따라서 이런 불평등한 관계 속에서 남성은 여성에 대한 사랑에서 고귀한 정신적 기쁨을 느끼면서도 동시에 사랑의 결실을 맺기 불가능하다는 점 때문에 고통을 겪게 된다. 여성에 대한 정신적인 절대적 사랑은 기사도로서의 남성에게 영웅적이고 모범이 되는 행동을 요구하지만, 그의 노력에도 불구하고 여성과 남성 사이에는 건널 수 없는 심연이 놓여 있는 것이다. 여성은 언제나 근접할 수도 없으며, 만질 수도 없는, 단지 바라보아야만 하는 존재, 즉 이상화된 존재로서만 남아 있다. 그래서 페트라르카 시에서 사랑 추구는 정신적인 양상과 허구적인 양상을 띠고 있다고 말할 수 있다. 왜냐하면 남성의 사랑은 언제나 실패로 이어지게 마련이며, 그로 인해 그는 여러 다양한 정신적 고통과 상실감을 얻게 됨에도 불구하고 그 고통을 소멸시키기 위해 사랑을 통한 구원을 더욱 갈망하게 되기 때문이다. 여성에 대한 강렬한 욕망은 끝없는 고통을 가져다주는 원인이 된다. 언제나 접근이 불가능한 여성에 대한 사랑을 토로하는 남성은 위안과 불행의 서로 상반된 감정의 영원한 포로라고 할 수 있다. 페트라르카를 모방하려는 프랑스 시인들이 관심을 가진 대상은 바로 이런 이상화된 여성, 아름답지만 냉정한 여성, 그리고 불가능한 사랑을 추구하기에 결국엔 숭고한 여성 앞에서 나르시스적인 만족감을 느끼게 되는 남성의 감정 상태였다.

이런 면에서 페트라르카는 소네트의 시인이었으며 동시에 사랑에 빠진 인간의 위엄과 그것을 노래하는 시인의 위대함을 동시에 재현하는 시인으로 간주되었다. 달리 말해, 페트라르카는 문학적 신화가 된 것이다. 그는 사랑시에서 전통시의 가벼움과 경박함을 제거하였으며, 소네트라는 정형시의 갇힌 틀 안에서도 사랑에 빠진 자의 열정과 고통이라는 정신적 모험을 다양하게 보여 주는 뛰어난 시인을 대변했다. 그는 라우라에 대한 사랑을 통해 신에 대한 사랑의 숭고함을 보여 주었고, 그 숭고함을 노래하기 위해 소네트라는 형식을 사용한 위대한 시인이었던 것이다.

이런 페트라르카의 모습은 시인의 숭고한 위상을 추구하고 증명하려 했던 롱사르와 같은 플레이아드 시인들의 이상에도 부합하는 것이었다. 그들은 소네트에서 다루어진 사랑에 걸맞은 무겁고도 장중한 어조를 부여하며, 대중적인 프랑스 전통 형식에 고별을 고하게 된다. 결국 소네트는 이탈리아어가 소네트에서 빛을 발휘할 수 있었듯이, 고대어에 비견될 수 있는 프랑스어의 뛰어남을 밝힐 수 있는 근대시의 형식이 되어 갔다. 소네트는 프랑스 시의 개혁을 요구한 젊은 시인들에게는 낡은 시를 대변하는 이전 세대 시인들과의 투쟁에서 승리를 거둘 수 있는 시적 무기였던 셈이다. 게다가 그것은 페트라르카풍의 시를 앞 다투어 시도한 젊은 시인들 사이에서 경쟁을 유발한 장르이기도 했다. 롱사르는 1553년에 작성된 한 시에서 프랑스 시에 새로운 형식을 도입하기 위해 투쟁하는 동료 시인들을 이렇게 찬양하고 있다.

> 나에게 필요한 것은 앙주의 강변에서
> 창백한 올리브에게 더 참신한 안색을

부여한 저 신성한 노래이고,
여전히 데 조텔Des Autels 같은 시인이고,
황금빛 시행으로 멜린을 칭송한
저 말 잘하는 바이프이다.[6)]

사랑을 노래한 동료 시인들에 대한 이런 그의 찬사는 그들의 시적 미덕과 자질을 자신의 작품 안에 고스란히 모두 간직하고 싶다는 희망을 표현한 것으로도 읽힐 수 있다. 오드 형식을 통해 프랑스의 핀다로스라는 찬사를 받았듯, 이탈리아에서 도입된 형식에 있어서도 최고의 시인이라는 명성을 누리길 희망하였던 것이다.

3. 카상드르와 숭고한 사랑

롱사르는 페트라르카에게서 시의 소재를 빌려 온다. 단테의 《신생*Vita nuova*》에서 시작된 궁정식 사랑의 전통을 계승한 페트라르카의 여성에 대한 절대적 복종은 롱사르 시집의 원동력이라고 할 수 있다. 시인이 사랑하는 여인은 그의 영혼을 사로잡는 절대적 이상의 여인이고, 그녀의 모습은 시인을 떠나지 않는다. 그녀는 여신처럼 우상화되고 칭송된다. 그녀는 여러 신들로부터 온갖 재능을 선물로 받은 존재이기 때문이다.

내 칭송하는 여인이
하늘에 처음 이르러 그곳을 아름답게 만드니,

6) IV, p. 75, vv. 9-14.

레아의 아들은 모든 신들을 불러 모아
그녀를 또 다른 판도라로 만들었다.

아폴론은 그녀를 화려하게 장식하고,
빛으로 그녀의 눈을 만들었으며,
그녀에게 감미로운 음악과
신탁과 아름다운 시마저 주었다.

마르스는 그녀에게 당당한 냉정함을 주었고,
아프로디테는 미소를, 디오네는 아름다움을,
페이토는 목소리를, 세레스는 풍만함을 주었다.

새벽의 여신은 손가락과 풀어헤친 머리칼을,
사랑의 신은 화살을, 네레이드는 자신의 발을,
클레이오는 영광을 그리고 팔라스는 신중함을 주었다.[7)]

천상에서 온 신성한 여인을 바라보게 된 시인은 미적 충격에 휩싸여 사랑의 거부할 수 없는 열정의 포로가 된다. 이 열정은 시인의 운명을 결정한다. 시인 또한 그 운명으로부터 자신이 벗어날 수 없음을 알고 있다.

내 그녀를 보게 된 것은
막 그녀가 천상에서 내려올 때였으니,
내 영혼은 넋을 잃어 그녀에게 미치고 말았다.
게다가 잔인한 운명은 날카로운 화살로

---

7) IV, pp. 35-36, vv. 1-14.

내 영혼에 그녀를 새겨 놓고 말았다.
그리하여 살아 있든 죽어 있든 나는 결코
다른 어떤 여인의 초상도 가슴에 지니지 않게 되리라.[8)]

그러나 그의 미래를 결정한 그녀의 미덕은 그녀가 하는 말에서 오는 것처럼 보이지 않는다. 그것은 그녀의 육체가 지닌 아름다움에서 나타난다. 세상의 모든 아름다움을 한 몸에 지닌 그녀의 머리칼은 금발이기도, 갈색이기도 하며, 4월의 여인이기도 하고, 태양의 여인이기도 하고, 때로는 신화 속 여인이기도 하고, 전사이기도 하다. 그녀는 여성의 아름다움이 자아낼 수 있는 모든 매혹을 지니고 있다. 따라서 그녀는 세상의 모든 아름다움의 중심이며 거울이라고 할 수 있다. 롱사르가 그녀의 육체가 지닌 온갖 아름다움을 열거하지 않을 수 없었던 것도 바로 이 때문이다. 그녀의 입술은 "산호"이고, 가슴은 "숨을 쉬는 대리석"이며, 눈썹은 "흑단" 같고, 피부는 "벽옥"과 "반암" 같다. 서풍에 흔들리는 "다이아몬드"와 "루비" 같은 젖꼭지, "장밋빛" 피부색, 금빛의 머리칼을 지닌 이 여인은 시인의 가슴에 형언할 수 없는 깊은 감동을 자아낸다. 이제 그녀를 꿈에서조차 보지 못한다면 시인은 그 무엇도 할 수가 없는 상태에 이르게 된다.

이처럼 그녀의 뛰어난 육체의 아름다움은 자신을 갈망하는 한 시인의 불행한 영혼을 반영하는 거울이기도 하다. 시인은 그녀의 눈에서 자신의 고통을 본다.

8) IV, p. 7, vv. 8-14.

나는 내 영혼의 살인자를 비출 이 크리스탈[거울]을
그대의 눈과 비교하나니,
그것은 허공으로 생생한 불꽃을 터뜨리고,
그대 시선은 신성하고 치명적인 불길을 터뜨리네.
나를 불태운 아름다움을 너무 보아 생긴
내 고통과 같은 행복한 거울이여.
내 그러하듯, 내 여인을 너무 비추다가
너도 똑같은 감정으로 고통 받으리라.[9)]

그렇지만 위 마지막 시행이 암시하는 것처럼 롱사르의 카상드르는 라우라와 같이 사랑의 감정을 불어넣는 유일한 존재, 그래서 그녀에 대한 사랑을 구하는 시인을 영원히 복종의 상태에 머무르게 만드는 존재는 아니라고 할 수 있다. 오히려 롱사르가 제시하는 시인은 사랑의 대상이 된 여인에게 끊임없이 자신의 성실함을 항변하는 자이다. 복종을 약속하는 목소리에서 마저도 그는 주인으로서의 당당한 목소리를 간직하길 희망한다. 롱사르의 시인은 페트라르카에 비해 덜 수동적인 태도를 지니고 있는 것이다. 페트라르카는 자신의 운명에 따르지만, 롱사르는 열정과 고통을 동시에 안겨 주는 대상에 대한 사랑 노래에서 스스로의 운명을 만들어 가려고 애쓰기 때문이다. 그런데 이 미래의 운명은 한 개인으로서의 실제 운명이 아니라 시적 영역 안에서 이루어지는 운명이라고 할 수 있다.

내 손은 다른 이름을 가꿀 수는 없을 것이며,

9) IV, pp. 64-65, vv. 1-8.

네 종이는 내 펜이 묘사하는 그대의 아름다움이 아니라면
그 무엇으로도 장식되지 않으리라.[10)]

아름다운 여인은 시인의 의식을 일깨울 뿐만 아니라 프랑스어의 잠재력을 환기하는 역할을 하는 것이다. 즉, 사랑은 시적 인식을 채색하도록 시인을 이끄는 힘이 된다. 롱사르가 카상드르를 사랑의 대상으로 선택한 것에는 카상드르 실비아티라는 한 궁정 여인에 대한 애정의 감정이 동기가 되었겠지만, 그는 카상드르에 대한 이 개인적 경험을 시적 경험의 장으로, 더 나아가 시에 대한 사랑의 또 다른 표현으로 변환시키려고 하는 것이다.

1553년 판본의 서시에서 롱사르의 스승 장 도라가 "카상드르에 대한 사랑뿐만 아니라 뮤즈에 대한 사랑을 통해 시인이 시적 영감으로 고양되고" 있다고 지적하고 있듯이, 롱사르는 사랑의 영감을 시적 영감과 동일한 것으로 고려한다. 그는 여러 곳에서 카상드르가 시의 헌정을 받는 대상이지만 동시에 사랑의 열정을 불어넣는 뮤즈라고 밝히고 있다.

찬란하게 불태우는 그대의 아름다운 광채 덕분에
나는 시인이 되었다. 내 목소리가 기쁨을 얻고,
내 리라가 너를 노래하며 즐거움을 갖는다면,
파르나소스 산이 아니라 바로 네 눈 덕분이로다.[11)]

뮤즈들의 거처였던 파르나소스 정상은 위 시에서 카상드르의 눈동자 안에

10) IV, p. 29, vv. 12-14.
11) IV, p. 137, vv. 5-8.

위치한다. 그리하여 냉정하고 가혹한 여성에 대한 사랑을 추구함으로써 얻게 되는 고통과 번민은 사실 영원한 미를 만나기 위한 시적 창조의 그것과 다르지 않다고 할 수 있다. 게다가《일리아드》의 예언자를 상기시키는 카상드르의 이름 그 자체는 롱사르가《오드집》에서 반복해서 주장해 온 '위대한 시'의 의인화라고 할 수도 있다. 따라서 카상드르에 대한 열정적인 사랑의 추구는 초월적인 진실과 아름다움에 대한 추구가 되며, 이런 이상적인 사랑에 대한 갈망은 시인에게 때로는 기쁨을 때로는 고통을 안겨다 주는 시를 숭고의 단계로 상승시키는 계기가 된다. 시인의 열정은 인간적 열정을 초월하는 것으로서, '진정한 행복le vrai Bien'은 그 열정을 통해서만 자신에 대한 접촉을 허용하는 것이다.

> 이제 천상의 신비한 불길이
> 나의 힘찬 비상飛上으로 길을 내어
> 천상에까지 올라 만물을 보리라 […]
> 그곳에서 나는 진정한 아름다움의 완벽함을 찬양하고,
> 그곳에서 나는 한가로이 지내리라,
> 그곳에서 나는 내 여인과 나 자신을 알게 되리라.[12)]

그런데 이 천상의 행복은 페트라르카의 사랑이 신플라톤주의와 만나 결합한 흔적이라고 할 수 있다. 신플라톤주의에서 육체적 사랑은 단지 사랑의 변증법의 한 단계일 뿐이며, 그것은 '천상의 아름다움'이라는 본질에 이르기

12) IV, 165, vv. 5-7, 12-14.

위한 하나의 초대로서만 고려되기 때문이다. 롱사르의 시는 바로 추억에 의해 모호하게 느낄 수 있지만 동시에 사라지기도 하는 신성한 아름다움을 언어로써 포착하여 자신의 공간 안에 조화롭게 존재하도록 만들려고 시도하는 것이다.

천상의 미는 인간의 기억에 떠오르기도 하고 동시에 사라지기도 한다. 인간의 영혼이 과거 자신이 떨어져 나온 천상의 아름다움을 한 여인의 아름다움을 통해 다시 환기하게 되지만, 그 환기는 간헐적으로만 이루어진다. 그리고 사랑의 대상이 만남과 접촉을 허용하지 않고 있다는 측면에서 시인이 갖게 될 고통은 기억하고 환기할수록 더욱 강렬해진다. 롱사르가 신플라톤주의에 의지하여 사랑에 빠진 자의 고통을 토로하는 것도 영원히 소유할 수 없는 천상의 미에 대한 그리움 때문이다.

이 불완전한 인간 껍데기를 불태워
저 하늘로 날아가 버리고 싶다,
불꽃에 휩싸여 신들 사이에 자리 잡은
저 알크메네의 아들처럼 나를 영원케 하면서.

지고한 그의 행복을 열망하는 나의 생각은 이미
반항아가 되어 내 살덩이 속에서 어슬렁거린다.
그리고 이미 그의 희생의 장작더미를 그러모으고 있다,
그대 불꽃으로 불타오르기 위해서.

오, 신성한 잉걸이여, 오, 신의 불길과
마주친 불꽃이여, 그대 뜨거움이

내 낯익은 껍질을 불태우기를,

자유롭고 벌거벗은 내가 하늘 너머로
높이 날아올라 그곳에서
그대 아름다움을 탄생시킨 또 다른 아름다움에 열광할 것이니.[13]

롱사르는 지극한 아름다움을 맛보기를 원하지만 이런 자신의 열정이 역시 극도의 고통을 안겨다 줄 것을 알고 있다. 그래서 그는 자신의 시적 창조의 길을, 자신의 몸을 불사름으로써만 지상의 고통에서 벗어나 천상에 오를 수 있었던 헤라클레스의 운명에 비유하지 않을 수 없었다. 사랑을 통해 숭고한 시를 창조하려는 시인은 영웅적인 자세를 취할 수밖에 없는 것이다. 우리가 그의 시편들에서 전쟁에 관계된 용어들과 더불어 "여전사 카상드르"를 발견하게 되는 까닭도 여기에 있다. 그녀는 남성의 힘을 상기시키는 존재이며, 이런 그녀를 추종하는 한 전사가 사랑의 승리를 얻기 위해 가는 여정은 순탄하지 않다. 곳곳에 고통의 암초들이 놓여 있으며, 그 앞에서 시인인 전사는 자신의 선택에 번민하고 의문을 던지며 괴로워한다. 그는 자신이 얻고자 하는 사랑을 간직한 유일한 존재인 카상드르의 부드러움과 냉정함에 번민하고, 감미로우면서도 고된 자신의 시적 여정에 고통스러워한다.

이 이중의 성격, 서로 상반된 두 감정으로 인해 시는 시적 긴장을 유지하게 되고, 시인은 시를 단순한 사랑의 표현을 넘어서는 숭고한 영역으로 이끌고 간다. 여기에서 시인은 사랑이란 무력하기만 한 인간에게 신이 보낸 운명이라는 생각을 하게 된다. 그가 카상드르를 처음 만났을 때 이미 그는 그것을

13) IV, pp. 134-135, vv. 1-14.

알고 있었으며, 이때부터 시인은 여인에 대한 영원한 맹세를 표하며 길을 떠나는 서사적 영웅들처럼 확신할 수 없는 사랑을 찾아 길을 떠난다. 그것은 시인에게 주어진 운명이다.

> 그러나 너의 그 단단한 냉정함에 못 박혀 고정된
> 그 수많은, 수많은 고통들을 견디리라,
> 가장 잔인한 것도 내겐 가장 감미로우리라.[14]

> 세상을 창조하신 자께서
> 자신의 완벽하신 모습을 자로 재어
> 자기 신전의 궁륭들을 장식하시며
> 나에게 명했나, 너의 노예가 될 운명을.[15]

우리는 롱사르의 독창성을 바로 이 지점에서 확인할 수 있다. 페트라르카 시의 특징을 이루는 열정과 고통의 뒤섞임이라는 일종의 모순어법은 롱사르의 시에서도 자주 발견되지만, 그렇다고 해서 페트라르카풍 시에서 흔히 볼 수 있는 사랑의 거부에 절망하는 시인이나, 나긋나긋한 감상에 빠지는 시인은 등장하지 않는 것이다. 코드화되어 지나치게 부자연스러운 감정의 표현, 외면치레와 같은 표현들, 그리고 그것들이 만들어 내는 어딘가 모르게 정교한 것 같지만 실은 어긋나는 표현들이 섞여 있는, 예를 들어 "불길 한복판의 얼음장 같은 내 가슴"이라고 말하는 글쓰기, 형언할 수 없는 고통을

14) IV, p. 17, vv. 9-11.
15) IV, p. 162, vv. 1-4.

자기 삶의 모든 조건으로 삼아 그곳에 안주하는 글쓰기를 롱사르는 극복하고자 한다. 왜냐하면 그의 고통의 토로 곁에는 언제나 고통을 극복하려는 기쁨과 행복에 대한 의지가 놓여 있기 때문이다.

> 내 눈물을 정제하는 저 샘의 깊은 곳에서
> 내 기쁨을 적당하게 학대하며,
> 옆구리로부터 뽑아내려 했지만 실패한
> 그 셀 수 없는 많은 한숨들에 괴로워하노라.16)

> 돌려다오 내 심장을, 돌려다오 내 심장을, 약탈자여,
> 그대, 품속에 그것을 포로로 잡고 있구나,
> 돌려다오, 돌려다오, 내 잔잔한 자유를
> 내가 부주의하게 그대 아름다운 눈 속에 맡겨 버린 그것을.
> 돌려다오, 내 생명을, 아니면 연기해 다오,
> 내 알지 못할 저 위엄 갖춘 잔인함이
> 그대 쫓아가는 나에게 불현듯 안겨다 준 죽음을,
> 그리고 바라보시오, 가까이 와서 내 고통을.17)

《사랑시집》의 생명력을 보장하는 요소는 여기에 있다고 할 수 있다. 그것은 불행한 시인이 사랑을 호소하는 데서 발생하는 역동성이다. 불행한 영혼은 이루어지지 않을 희망을 꾸준히 시도함으로써 시 전체의 생명력을 유지

16) IV, p. 37, vv. 1-4.
17) IV, p. 156, vv. 1-8.

시킨다. 이것은 역설이다. 그러나 이런 특징은 카상드르에 대한 사랑으로 인해 불행과 행복을 동시에 체험하게 된 롱사르의 상태를 반영하는 매개체가 된다. 게다가 사랑에 빠진 자의 이런 모습은 음과 양의 법칙이 우주의 법칙이라는 점을 상기시키기도 한다. 그것은 사랑을 낳은 원동력이자 그 사랑을 유지시키는 힘이다. 이 시집의 가장 큰 미덕이 있다면 이런 우주적 차원에서 사랑을 다루려고 시도하고 있다는 점이다. 시집은 우주의 여러 다양한 운동성을 사랑을 통해 비추려는 열망들을 반영하는 것이다.

그래서 롱사르는 의도적으로 카상드르를 별들과 결합시키기도 하고, 때로는 그녀가 무지개에서 태어났다고, 혹은 주피터의 벼락에 의해 탄생했다고도 하고 , 아니면 새벽의 여신을 상대로 승리를 거둔 태양에게서 생명을 얻었다는 등의 여러 일치하지 않는 언급들을 내놓는다. 아니면, 그녀에 대한 호소 대신 그녀의 탄생을 목격한 우주 전체에 직접 호소하는 방식을 택하기도 한다.

> 오 대지여, 혼돈이여, 운명이여, 천상이시여,
> 오 밤이시여, 낮이시여, 스틱스의 망혼들이여,
> 오 당당한 열기여, 너무 강한 열정이여,
> 오 그대 악마들이여, 신성한 정령들이여,
> 때때로 그대들 어떤 사랑에 빠지게 되면,
> 신의 이름으로 말하건대, 내 짊어진 고통이 어떤 것인지 알게 되리라.[18]

---

18) IV, p. 140, vv. 9-14.

롱사르는 카상드르에 대한 사랑이 지상이 아닌 우주의 넓은 영역에서 해석되기를 희망하는 것이다.

그래서 롱사르의 시가 이상적 숭고와 지상의 고통이라는 두 길을 제시하지만, 그 길은 부자연스러운 시인의 어조로 만들어진 길이 아니라고 할 수 있다. 오히려 시인에게는 우주적 진리를 성찰하는 진지함이 있다고 말할 수 있다. 그의 시적 여정 자체는 미를 시의 세계 속으로 끌어들이려는 노력으로 점철되어 있기에 시인의 사랑은 이미 얻어진 것이었다고도 할 수 있다. 그가 추구한 사랑은 불가능의 사랑이며, 구체적이지 않은 사랑인 까닭에 언제나 시인의 손에서 벗어나 있지만, 오히려 그것은 시인에 의해 이미 그의 시 안에서 표현됨으로써 결국 독자에게 사랑의 법칙을 통제하는 시인의 성찰까지도 보여 주고 있기 때문이다. 카상드르는 시적 영감을 주는 신성한 여인과 동일한 존재인 것이다. 이런 측면에서 우리는 롱사르의 《사랑시집》은 전통이 되어 가고 있는 페트라르카풍 시의 모델을 뛰어넘어 숭고한 사랑시의 길을 개척하는 한 시인을 제시하고 있다고도 말할 수 있는 것이다.

4. 마리와 새로운 사랑

롱사르의 《사랑시집》이 무겁고 심각한 어조에 실린 숭고한 사랑과 고상한 시, 위대한 시를 향한 추구들로 채색되어 있는 것만은 아니다. 롱사르는 1555년에 《사랑시집 속편》과 이듬해에 《사랑시집 속편 제2집》을 간행하며, 영원한 사랑을 맹세하였던 카상드르에 대한 사랑이 아닌 마리Marie를 대상으로 하여 새로운 어조를 지닌 사랑시의 길을 탐색한다. 물론, 이런 시집들에 카상드르가 전적으로 부재하는 것은 아니다. 마리를 사랑의 대상으로 삼으면서도 여전히 카상드르는 "사랑의 신이 카상드르의 눈 안에 들어와 몸을 감추었다"라고 말하고 있듯이 시인의 가슴속에 사랑을 불러일으키는 여인으로 남아 있다. 그렇지만 이제 1555년의 롱사르에게 카상드르는 더 이상 자신을 사로잡는 유일한 여인은 아니다. 그녀는 마리와 함께 그의 열정을 불러일으키는 한 여인으로서만 남게 되기 때문이다.

> 내 여인의 이름이 카상드르이든 마리이든
> 나는 그녀의 이름 철자 수만큼 마셔 대리라
> 그리고 그대, 벨로, 아름답고 젊은 마들롱에 대한
> 사랑이 너를 찌르고 있구나, 부탁하건대, 그녀를 잊지 말아라.[19)]

카상드르에 대한 절대적 사랑을 버린 이유, 그리고 또 다른 여인에 대한 사랑을 카상드르의 사랑과 어울리게 만든 이런 자기 심정의 변화에 대한 이유를 롱사르는 감추지 않는다. 그는 자신이 카상드르의 의기양양한 아름다움의 희생자였으며, 그 보상으로 고통을 행복으로 여길 수밖에 없었다고 주저 없이 밝히고 있다.

> 생각이여! 잠시만 멈추어다오, 그리고 조금만
> 마음을 진정시켜다오, 언제나 나에게
> 눈물 흘릴 까닭을 주지 마오, 쉬지 않고
> 내 마음을 괴롭히는 참으로 비인간적인 그녀 때문에.
> 그대가 그리 하지 않는다면, 내 너를 속이고 말 것이니.

---

19) VII, p. 130, vv. 45-48.

분명히 말하건대, 너는 조만간 자리를 잃게 될 것이다
내 죽어 버림으로써 너의 요새를 무너뜨리고 말 것이니.
내 죽으면, 여인이여, 나 더 이상 너의 잔인함도,
(네가 내 가슴을 찌르는 것도 소용없으리), 사랑이 내게 할 수 있는
그 무엇도 느끼지 못하리니. 죽은 자는 아무 것도 느낄 수 없을 터이니까.[20]

위 시에 따르면 카상드르의 냉정함으로 인한 고통은 시인을 마리로 향하게 만든 원인인 것처럼 보인다. 시인은 카상드르의 말없음과 냉정함으로 인해 초래된 불안한 심정에 종말을 고하려 한다.

그러나 새로운 여인을 구하는 이 변덕스러운 롱사르의 선택은 그가 《사랑시집 속편 제2집》의 마지막 작품인 〈그[큐피드]의 책에게A son Livre〉에서 말하고 있는 것에서 알 수 있듯이, 단지 사랑의 고달픔에 지쳤기 때문만은 아닌 것처럼 보인다.

어떤 젊은 여인이 처음엔
자기를 처음으로 사랑한 자에 대해 잔인하고 혹독하고, 당당하다면
그럼, 기다려야 한다. 부지불식간에
그녀를 치유할 시간이 오기를.
그러나 시간이 갈수록 그녀가 사랑에
더 혹독하고, 더 잔인하고, 더 포악해진다면
그녀를 버려야만 한다, 그처럼 어리석은 자를
부드럽게 만들려는 내 마음의 머리를 잘라 버리려 하지 말고.[21]

20) VII, pp. 178-179, vv. 5-14.

오히려 그가 다음과 같은 묘비명을 희망하는 것에서 알 수 있는 것처럼,

이 무덤 아래 머무르고 있는 자는
처음엔 아름다운 카상드르를 사랑했고,
둘째로는 마리 같은 여자 역시 사랑했다.
그처럼 사랑은 그에게 구하기 쉬운 것이었다[22]

그리고 시집의 "속편"이라는 제목 자체가 암시하는 것처럼, 카상드르에 대한 사랑을 여전히 간직하면서도 또 다른 사랑을 노래할 수 있는 자신의 역량을 보여 주려는 의도에 기인하고 있는 것으로 보이기도 한다. 다양한 영감의 사랑을 노래하려는 그의 속셈을 엿볼 수 있는 것이다. 그 의도는 무엇보다도 카상드르에 대한 노래와는 상이한 어조에서 나타난다.

정신적이고 냉정한 이상적 여인이며, 신화에 따르면 트로이아에 살고 있거나, 실제적으로는 왕의 거처인 블루아에 거주했던 카상드르와는 달리 마리는 그 이름 자체가 그러하듯 부르괴유Bourgueil 출신의 시골 처녀이며 시인의 사랑에 쉽게 반응을 보이는 여인이다. 시인 또한 그녀에 대해 한결 더 가벼운 태도를 취하고 있다. 흔히 "진정 낮은 문체le beau style bas"라고 불리는 어조 속에서 그는 예전의 신중하고 무거운 어조, 압도할 것 같은 어조 대신 사랑을 받아들이면서도 사랑을 거부하는 변덕스러운 한 여인과의 사랑을 노래한다. 그렇다고 해서 일상에 가까운 노래 속에 등장하는 여인에

21) VII, p. 318, vv. 57-64.
22) X, p. 205, vv. 9-12.

대한 시인의 사랑이 장난기로만 채색되어 있는 것은 아니다. 그는 진정한 사랑이란 좀더 부드럽고 친근한 방식으로 노래되어야 한다고 생각한다.

1560년의 《사랑시집 제2권》을 차지하고 있는 마리에 대한 사랑 시편들에 주석을 단 레미 벨로Rémy Belleau가 지적하고 있는 것도 바로 이것이다.

> 글쓰기 방식을 바꾼 것을 이상하게 보는 모든 사람들에게 그는 시집으로 답하고 있다. 지나친 오만이나 공들인 지식의 가면을 쓰지 않고 우리의 열정을 날것 그대로 온 세상에 드러내는 것은 옷도 걸치지 않고 활도 갖지 않은 사랑의 신을 만족시키게 된다고 시인은 여기에서 말하고 있다. 엄격한 원리나 지나친 정성으로 다듬은 용어들은 서사시나 비극시 같은 근엄한 시나 핏빛으로 가득한 시에 적당한 것이라고 말하고 있다.

카상드르를 노래한 고상한 문체가 아닌 평범하고 소박한 문체를 위해 롱사르는 가볍고 짧은 8음절 시행을 선택하거나 아니면 1555년 시집의 부제가 의미하듯 "영웅시행으로 쓰인 소네트", 즉 12음절alexandrin을 선택한다. 당시에 심각한 소재를 다루는 데 적합하다고 여겨진 이 시행의 형식이 롱사르가 보기에는 정열을 담아내는 데 더 적합하다고 여겨졌기 때문이리라. 아니면 1550년에 저속하고 보잘것없는 전통시 형식의 하나로 취급하였던 샹송의 형식을 도입하기도 한다. 이것은 약간은 소박하고 단순한 내용을 담은 시를 소개하려는 욕구에 기인하고 있는 것으로 보인다. 게다가 이런 형식의 대부분은 대화의 방식을 취하고 있다. 예를 들어, 여인의 답을 얻기 위해 단어를 반복하며 질문을 던지는 다음 시행에서처럼,

그대는 이 땅에 (오 잔인하구나!) 무엇을 하려고 왔는가?
그대는 어째서 내 가슴에 자리를 잡았단 말인가?
그대는 어째서 내 뼈에 전쟁을 일으킨단 말인가?
그대는 어째서 인간인 나의 가련한 피를 마시려 한단 말인가?[23)]

그는 신화적인 언급을 배제하고 현학적인 지식을 요구하는 내용을 피해가며 기억에 각인될 수 있는 표현 방식을 탐구한다. 그래서 《사랑시집 속편》에서는 "갈색의 귀여운 계집애brunette", "예쁜 계집애mignonette", "부드럽기 그지없는 계집애doucette" 등과 같은 지소사diminitif가 자주 등장한다. 더불어 그가 사용하는 용어 역시 친근하고 익숙한 것으로 대체된다. 예를 들어, 카상드르의 가슴을 지칭하기 위한 "숨을 쉬는 대리석marbre qui soupire"이라는 표현은 "두 개의 우윳빛 언덕과 같은 젖가슴les tétins comme deux monts de lait"으로 바뀌게 된다. 이러한 용어 차원의 소박함은 구체적이고 감각적인 이미지를 자아내는 구문 차원에서도 발견된다.

마리, 일어나시오, 나의 여인, 그대는 게으르구나 [⋯]
자, 일어나시오 ! 진주이슬 머금은 풀잎을 보러 갑시다.[24)]

그러나 무엇보다도 《마리에 대한 사랑시집》의 가장 두드러진 특징으로는 비일관성과 비지속성에 대한 찬양을 들 수 있다.

---

23) VII, p. 266, vv. 4-8.
24) VII, p. 140, vv. 1, 5.

마리, 매순간 그대는 나를 비난하시는구려,
내가 너무 경박하다고, 나에게 언제나 말하시는구려,
내 그대에 입맞춤 하려다 카상드르에게로 간다고,
언제나 내가 일관된 사랑을 하지 않는다고 말하시는구려.
그러나 나 그리하길 원하오, 인간은 너무 무거워
수많은 새로운 사랑을 감히 시도하지 않으려 하오.
단 하나의 사랑만 시도하길 바라는 그런 자는
사랑의 장난을 받기에 어울리지 않는 자이기 때문이오.[25)]

한 여인에 대한 일관되고 충실한 사랑을 하는 자는 롱사르가 보기엔 병든 자, 혹은 늙은이들의 특성이자 인간의 본질적인 속성이지만, 그는 그것을 벗어나고자 한다. 그는 젊음의 속성을 자신에게 부여하고자 한다. 비일관성은 젊음의 특징 가운데 하나이고, 자신이 여인을 바꾸는 것은 젊음이 주는 역동성의 결과로 보아야 하기 때문이다. 젊은 자로서 사랑을 바꾸지 않는 것은 어리석음을 증명하는 것 이외의 다른 것이 될 수 없다고 그는 말한다.

병들었거나 늙음의 채찍을 당한 인간들은
한결같은 사랑을 할 것이지만, 여러 장소에서
결코 깨어나지 않고, 사랑하지 않는 젊은이란 어리석은 자일 뿐이다.[26)]

이런 사랑의 지조 없음(변화)은 분명 사랑에 빠진 자가 끊임없이 사랑을

25) VII, pp. 125-126, vv. 1-8.
26) VII, p. 126, vv. 12-14.

갈구하게 만드는 여성의 계략ruse 때문이다. 따라서 사랑을 바꾸는 것은 이런 여인의 거짓 술책에 대한 보복의 형식을 띤다. 사랑의 결실을 맛보게 하지 않는 그녀 때문에 젊은 시인이 다른 여인에게 사랑을 구하는 것은 결코 잘못된 것이 아니라고 롱사르는 항변한다.

> 우리가 일관되지 못하고 가벼운 것은
> 대부분 여인들이 초래한 것이다. 그녀들은 남성을 교묘히 끌어
> 매력적인 희망을 품도록 만들고, 때로는
> 해가 바뀔수록 감미로운 계략으로 사로잡는다,
> 그 어떤 위안도 주지 않는 사랑의 관계를 맺으면서.[27)]

사랑의 지조를 견지하고 정조를 지키는 것은 단지 이상적인 꿈일 뿐이다. 그것은 현실에 어긋나는 것이기에 한결같을 수 없는 인간의 원초적인 결함을 인정할 필요가 있다. 심지어는 사랑의 대상인 한 여인이 몸을 파는 자일지라도 그를 비난해서는 안 된다. 그것은 인간인 그녀에게 주어진 숙명인 것이며, 그 숙명은 처음부터 완벽하지 못한 인간으로서의 자격을 그녀에게 주었던 것이다. 이런 여인이 만약 자신의 정숙하지 못함에 대한 용서를 구할 때에는 그녀에 대해 관대한 마음마저 가져야 한다.

> 그러나 그대 여인이 귀여운 창녀라면
> 그런 이유로 그녀에게 분노해서는 안 된다 [···]

---

27) VII, p. 318, vv. 67-71.

그러므로 모든 잘못을 경멸해서는 안 된다.
성향에서 나온 잘못은 항상 그러하지 않을 것이니까.
자신의 잘못을 고백하고 그것을 갑자기 한탄하는
아름다운 여인에 인내해야만 한다.[28]

이런 변덕스러움, 비일관성, 비지속성, 꾸준하지 못함에 대한 변호의 진정한 이유는 1560년 판본에서 권두에 놓이게 된 〈시집에 대한 엘레지Elégie à son livre〉에서 밝혀진다. 사랑을 노래한 시편들의 특징을 대변하는 이 작품이 고발하는 것은 페트라르카식 사랑의 헛됨이다.

신분이 높고 마음이 관대한
(두려워서 사랑에 일관되지 않을) 어떤 여인이
이 책을 읽으며, 내 마음에 처음으로 사랑의 화살을
안겨다 준 카상드르를 잊어서는 안 되었다고,
31년 동안 자기 애인을 사랑하며
결코 다른 여인 때문에 영혼을 불태우지 않은
페트라르카는 그런 죄를 범하지 않았다고
커다란 심려에 빠진 나를 비난한다 할지라도.[29]

이 시집의 저자는 사랑의 호소에 대한 카상드르의 묵묵부답을 이제는 더 이상 높이 사지 않는다. 그런 사랑을 호소하는 것 자체가 어리석은 짓으로

---

28) VII, p. 179, vv. 1-2, 5-8.
29) VII, p. 317, vv. 33-40.

여겨지기 때문이다. 그래서 그는 인위적이고 불평등한 관계를 전제로 사랑을 노래하는 페트라르카식 사랑에 기꺼이 등을 돌리고자 한다.

> 나는 내 슬픔을 시로 노래하고 싶다,
> 울지 않고서는 노래할 수 없을 테니까,
> 내 여인이 나에게 없는 까닭에
> 다르게 노래하지 않고서는 나는 죽을 것이다.
> 죽지 않기 위해서는 가련한 노래로
> 나의 슬픈 한탄을 노래해야만 한다.
> 내 가슴에서 심장을 훔쳐가 버린,
> 나를 떠나는 여인의 출발에 대해서.[30]

이것은 《마리에 대한 사랑시집》이 페트라르카를 추구하는 시인들의 사랑시를 겨냥하고 있음을 암시한다. 페트라르카식 사랑은 세련미를 자랑하지만 위선을 전제로 한 사랑이며, 상호소통이 불가능한 사랑일 뿐이다. 사랑을 종교적 믿음으로 승화시킨 페트라르카와는 달리 롱사르가 사랑의 변덕스러움과 비일관성 그 자체가 또 다른 진지한 사랑의 증거이며, 그것이 인간 본성에 활력을 불어넣어 줄 수 있다는 것을 보여 주는 것도 이런 이유 때문이다. 흔한 이름을 지닌 여인인 마리를 선택한 것도 바로 이러한 사랑의 순수함과 즉각성을 표현하기 위해서인 것이다. 젊은 처녀의 사랑은 일관되진 않지만, 오히려 일관되지 않음이 사랑의 생명력을 보장하는 요소라고

30) VII, p. 277, vv. 1-8.

시인은 파악하고 있다. 바로 이런 태도의 변하는 사랑의 노래를 다른 시적 문체로도 노래할 수 있는, 즉 다양한 사랑의 영감을 노래할 수 있는 시인의 시적 능력을 드러낸다. 카상드르를 위해 숭고한 문체를 사용하였던 그는 이번에는 자기 재능이 또 다른 영역을 탐색할 수 있다는 것을 보여 주고 있는 것이다.

물론 영감의 변화가 좀더 일반 대중에 가까이 접근하려는 의도에서 나온 것이고, 그것을 통해 그가 대중적 명성을 얻으려 했음을 부인할 수는 없다. 그러나 그것은 단지 세속적 명성을 얻기 위한 것만은 아니라고 할 수 있다. 그는 모든 문체의 표현이나 어조에서도 가장 뛰어난 시인으로 인정을 받고자 원한 것이다. 그가 마리에 대한 사랑을 1560년《전집》의《사랑시집 제2권》에 할애하며 벨로에게 주석을 부탁한 것 역시 이런 면에서 이해될 수 있다. 사실, 카상드르의 노래가 보여 주는 현학성과 신화적 이해를 돕기 위해 뮈레가 주석집을 별도로 만든 것이나, 장 마르탱이《오드집》을 위한 주석집을 마련한 것은 어느 정도 이해가 된다. 반면 소박한 문체로 쓰인《마리에 대한 사랑시집》에 주석을 다는 것을 이해하기는 약간 어렵다. 그렇지만 바로 이것은 롱사르가 흔히 소박하고 단순하다고 여겨지는 문체를 재정비하여 그 위상을 바로 세우려는 의도를 지녔다는 것을 암시한다. 그는 이런 방식을 통해 자신의 문체를 누구나 모방할 수 있는 것이 아님을, 즉 자기 문체의 독특함을 앞세우며 자신의 뛰어난 재능을 드러내려고 시도하는 것이다.

그리하여 마리는 롱사르의 시집에서 사랑의 대상이 된 한 여인이지만 동시에 시인의 시적 재능을 증명하는 문체 그 자체라고 할 수 있다. 아니,

마리는 의인화된 시적 발화 그 자체라고 할 수 있다. 마리는 시인에게 사랑을 불러일으킨 주체이자 그 대상이고 그의 사랑의 말이며 그것을 표현하는 문체이기도 하다. 마리는 사랑을 노래하는 시인의 목소리 그 자체이며, 시인의 시집 그 자체가 된다고 말할 수 있다.

> 내 말은 바로 너이고, 너에게 밤낮으로
> 사랑이 나를 사로잡은 이야기를 하였다,
> 네가 빛나게 해 줄 이 시로 그것을 옮겨 놓으며.[31)]

마리를 통해 롱사르는 한 여성이 아니라 자신의 "아이들"과 그 아이들을 낳은 자기 자신에 대한 사랑을 노래하며 자신을 드높이고 있는 것이다. 따라서 우리는 그의 《마리에 대한 사랑시집》을 롱사르 자신을 위한 시집이라고도 부를 수도 있을 것이다.

5. 사랑시의 관능성

롱사르의 사랑시에서 페트라르카식의 완벽한 사랑은 육체적인 욕망을 배제하거나 거부하지 않는다. 페트라르카풍의 시를 쓰는 시인들과 롱사르가 갈라지는 분기점이 여기에 있다. 이상적인 카상드르든 친근한 마리든, 롱사르의 노래에서 몸에 대한 욕망은 페트라르카가 생각하는 저속함에 속하는 것도, 그리고 억압의 대상도 되지 않는다. 오히려 사랑을 성스럽게 다루기 위해서는 몸의 관능성이 그 끝을 알 수 없을 욕망의 깊이와 서로 결합할 필요

31) VII, p. 315, vv. 9-11.

가 있다고 롱사르는 파악한다. 따라서 숭고한 이상의 여인 카상드르에게 그가 사랑을 호소할 때, 그 호소에는 육체적 만족감을 얻기 위한 욕망이 배제되어 있지 않다. 많은 작품들에서 포옹의 욕망, 나신을 보려는 욕망과 같은 격렬한 에로티시즘을 찾을 수 있다. 카상드르가 접근을 거부하는 신성한 여인일지라도, 그리고 자신의 희망이 언제나 성사되지 않을지라도, 신화 속 주인공들처럼 그녀의 육체를 탐하려는 시인의 욕망은 더욱 커져만 간다. 자신에게서 분리되어진 또 다른 몸을 추구하는 것은 운명이고 숙명이기 때문이다.

예를 들어, 롱사르가 보기에 '배꼽nombril'은 정신과 육체 사이의 중간점에 해당한다. 그것은 앙드로진androgyne(한 몸에 남녀 양성을 가진 자)에게 가해졌던, 자신의 반쪽과 결합하려 하지만 영원히 불가능한 초자연적인 가혹한 운명의 기호이기도 하다. 따라서 배꼽은 서로 갈라진 두 몸을 다시 하나로 결합하려는 신성한 욕망의 상징으로 이해된다.

신의 표식이여, 이제 성스럽게
다시 한 번 앙드로진의 끈을 붙잡으시오,
그대와 그대의 형제를 내 얼마나,
그대 쌍둥이를 낳은 모태를 내 얼마나 즐거이 찬양하는지.[32)]

"양쪽 허리" 그리고 시인이 탐하는 "낙원"과 가까이 있는 배꼽을 통해

32) IV, p. 69, vv. 5-8.

이 아름다운 머리, 이 두 눈, 이 이마,
이 감미로운 웃음, 내 마음을 샘물로 만드는
이 손은 나를 눈물로 푹 적시운다.
그러나 그런 아름다움도 나를 행복하게 만들지는 못하리라,
내 기쁨이 둥지를 튼 그대 낙원을
때로 만져 볼 희망을 내 갖지 못한다면[33]

그의 시는 이상과 현실을 결합한다. 육체에 대한 갈망이 실은 신성한 결합을 추구하는 욕망의 또 다른 작용이라고 파악하는 이와 같은 노골성은 당연히 신화적 요소의 도움을 얻기도 한다.

내 간절히 원하길, 잠으로 노오란
황금 빗방울 되어 방울방울 떨어지기를,
내 사랑하는 카상드르의 아름다운 가슴 안으로,
그녀 눈에 졸음이 스며들 때에.

내 간절히 원하길, 상냥한 소로
변하여 마침내 그녀를 음험하게 사로잡기를,
부드럽기 그지없는 풀밭 위를 그녀
매혹적인 수많은 꽃들과 떨어져 홀로 지나갈 때에.

내 간절히 원하길, 고통 달래기 위해
나르키소스가 되기를, 그녀는 연못이 되기를,

---

33) IV, p. 69, vv. 9-14.

아늑한 밤 그곳에 몸 담그고 싶기에.

끝으로 간절히 원하길, 그 밤이 영원히
지속되기를, 새벽의 여신이 얼굴 새로 하고
우리에게 다시는 빛 비추지 말기를.[34)]

"나는 간절히 원하노니je voudrois bien"를 반복하며 결합에 대한 욕망을 강렬하게 표현하고 있는 이 시는 밤을 배경으로 하여 어둠 속에서 결합하는 두 육체의 향연을 꿈꾸고 있다. 그런데 황금비[雨]가 되어 다나에와 사랑을 나누었던 주피터의 신화적 소재를 다루는 이 시에 대한 해석은 주피터 신화에 대한 지식을 요구한다는 측면에서, 그리고 시인과 주피터가 동일한 속성을 지닌 인물로 등장하게 된다는 측면에서 외설적인 이미지들에도 불구하고 '고상한 시'의 계열에 속할 수 있을 것이다. 그러나 이 고상함에는 현실의 인간이 언제나 경험하고 있으며, 인간의 본질적 속성 가운데 하나인 관능미에 대한 지향이 역시 담겨져 있다. 시 전체는 남성의 정액 분비를 통한 욕정의 해소를 상기하기 때문이다.

롱사르는 여성과의 직접적인 정사를 희망할 때에도 인간으로서의 자신을 주인공으로 삼기보다는 자신의 욕망을 신화적 인물로 하여금 대신 표출하게 한다. 이때 시인이 되고자 하는 대상은 실비누스Sylvain이다.

그녀는 숲의 천진한 님프가
아니란 말인가? 저 신선한 어둠을 통과하며

34) IV, pp. 23-24, vv. 1-14.

새로운 실비누스인 나는 너무 강렬한
불꽃으로 나를 불태우는 저 불의 열기를 가라앉히리라.[35]

그는 실비누스처럼 강가의 푸르른 초원 위에서 아름다운 그녀를 눕히고, 자신의 타오르는 욕망을 해소하기 위해 그녀를 숲속으로 납치하길 간절히 원한다. 또한 예전의 편력 기사들처럼 그녀를 "애무하고, 포옹하고", 그녀와 이런저런 "얘기를 나누며" 그녀와 함께 살고자 한다. 때때로 이런 욕망은 온갖 외부의 억압으로부터 자유로울 수 있는 꿈속에서 더욱 강렬해진다. 꿈은 시인에게 틈만 나면 달아나려는 그녀의 수많은 모습을 다시 껴안고 다시 애무할 수 있는 기회를 제공하는 공간일 수 있기 때문이다.

밤새도록 안달이 난 나는
품 안에 껴안고 어루만지고 매만진다
내 앞에서 수많은 형태로 물결치며 나를 속이는 너의 환영을.[36]

꿈속에서 내 허리와 그녀 허리를 겹쳐 누워
내 귀염둥이[성기]를 맞붙인다,
가볍고 능숙한 움직임으로
내 하반신은 그녀 하반신과 맞붙는다.[37]

이처럼 롱사르가 절대적 미와 절대의 선으로 이끄는 유일한 길인 사랑에

35) IV, pp. 114-115, vv. 5-8.
36) IV, p. 151, vv. 9-11.
37) IV, p. 100, vv. 1-4.

대한 호소에 관능성을 덧붙이는 것은 그가 결코 여성의 몸이 지닌 아름다움과 조화로움에 냉정하지 않았기 때문이다. 그는 여성의 몸이 육체적 욕망에서 정신적 욕망으로 나아가게 만드는 동인이라고 생각한다. 물론 페트라르카에게서도 육체에 대한 욕망이 없었던 것은 아니다. 그러나 그것은 언제나 후회나 회한과 관련되어 있었다. 육체에 대한 욕망은 정숙한 사랑에 비교하면 언제나 열등한 욕망인 것이며, 육체적 사랑은 반드시 정신적 사랑을 향해 나아가야만 하는 것이었다. 반면 육체적 사랑과 정신적 사랑은 롱사르에게서 동일한 양상으로 수용된다. 그가 여성에게 반할 수 있었던 것은 바로 정신적이고 동시에 육체적인 매력 때문이었던 것이다. 그래서 그의 시는 지상의 육체적 기쁨이 시인의 창조적 감각에 의해 마음껏 노래되는 공간의 모습을 띠게 됨으로써 육체적 아름다움이 실은 우주의 아름다움에 속하다는 것을 보여 주기에 이른다.

> 아, 전능하신 신이시여, 활짝 핀 우아함으로
> 이 푸르른 젖가슴의 정원에서
> 사랑의 화살들이 박혀 있는
> 우윳빛 두 초원이 부풀어 오르게 하소서!
> 내 이 작은 두 언덕을 보며
> 수없이 몸을 둔갑시키려니,
> 장미를 보여 주며 아침이
> 온 것을 인사하는 이 봄날에 […]
> 만약 에우로파가 이처럼 아름다운 가슴을 가졌다면
> 그녀를 황소로 만든 주피터는

그녀를 용서했을 텐데. 아, 나는 버룩이 되길 원할 뿐이다.
그 가슴에 입 맞추며, 매일같이 나는 물어뜯으리,
이 아름다운 젖꼭지를, 그러나 밤이 되면 다시
남자로 변하기를 진정 원하나니.[38]

따라서 롱사르의 시에서 감각의 추구는 시적 영감의 출현에 뒤따르는 상황이자 동시에 그것을 보장하는 필요조건이 된다고 할 수 있다. 감각의 추구는 영감에 빠진 시인의 세계를 환상적 세계로 만들고자 하는 의지를 반영할 뿐만 아니라, 한 여성의 몸과 정신에 대한 사랑을 통해 우주의 아름다움을 추구하는 시인의 고상한 영혼마저 드러내는 것이다. 육체적 관능미는 동시대 시인들의 경우처럼 정신의 미에 열등하거나 배제되어야 하는 대상이 아니라 오히려 사랑의 숭고함과 시적 영감의 숭고함 그리고 시인의 숭고한 영혼을 노래하기 위한 조건이 되는 것이다. 여기에서 우리는 롱사르가 어느 한 요소를 배제함으로써 다른 하나의 승리를 추구하는 그런 시인이 아님을 확인하게 된다. 그에게서 우주를 구성하는 모든 것들은 노래의 대상이자 소재가 되며, 노래 부를 수 있게 만드는 동인이 되는 것이다. 세계 전체가 그 다양함을 통해서 시인의 시적 욕구를 자극하고 이끌고 있는 것이다.

6. 사랑의 영감

사랑은 시적 화자의 인도자이다. 시인이 시를 쓸 수 있게 된 것과 시적 영감에 사로잡히게 될 수 있었던 것은 자신의 능력 때문이기도 하지만, 동시에 사랑

38) V, pp. 109-110, vv. 1-8, 12-14.

의 힘에 의해서 가능한 것이기도 했다. 사랑의 열정은 발화의 원동력이다. 사랑은 시인을 노래로 이끌며, 그의 영감을 강화하고, 더 새로운 것을 '고안' 하도록 흥분시킨다. 사랑으로 인해 시인은 자신의 능력을 확대하게 된다. 따라서 사랑하는 여인은 단지 정열의 대상으로 남는 것이 아니다. 그녀들은 자신을 사랑하는 대상에게 시가 추구해야 할 길이 무엇인가를 보여 주는 시적 영감 그 자체이다.

활기 없는 육체와 더 활기 없는 정신의
나는 이 죽어 버린 덩어리[육체] 속에서 어슬렁거린다.
뮤즈가 얼마나 많은 명예를 가져다주었는지
알지 못하는 나는 뮤즈를 경멸했다.
그러나 내 당신에게 반하게 되자마자,
그대 시선이 나를 미덕으로 이끌자마자,
나는 그런 행동이 무지한 것임을
잘 알게 되었다.
그러니, 나의 모든 것이여, 내가 무엇인가를 만들게 된다면,
내가 그대 눈에 걸맞은 무엇인가를 작성한다면,
그것은 그대가 나에게 그런 효과를 불러일으킨 덕분이오.
나는 당신 덕분에 내 우아함을 완성시킬 수 있게 되었소.
나는 불완전하니, 내 잘 만들거든,
내 안의 모든 것은 바로 그대가 만든 것이라오.[39]

39) V, pp. 130-131, vv. 1-14.

사랑을 통해 시인은 지금의 거처에서 벗어나 더 높은 곳을 향해 오를 수 있게 된다. 사랑에 의해 그는 고양된다. 그런데 이때 시인에게 요구되는 것은 자신의 사랑의 표현들이 진정성을 담고 있다는 것을 보여 주어야 한다는 점이다. 진지함이 결여된 시적 발화는 시를 단지 또 다른 페트라르카 시의 아류로 만들 위험이 있기 때문이다. 그래서 그의 글쓰기는 대부분 사랑에 빠진 자의 고통과 열정을 나르는 수단이 된다. 그의 시는 고통과 정열의 흔적이 된다. 그의 작품에서 반복적으로 사용되는 감탄문이나

> 신이시여, 신이시여, 내 여인은 얼마나 아름다운가! […]
> 신이시여, 신이시여, 내 그녀는 얼마나 잔인한가![40]

여인은 가장 아름다우며, 시인 역시 가장 뛰어난 연인이라는 점을 강조하는 표현상의 과장법은 이런 시적 진지함을 증명하기 위한 수단들이기도 하다. 여인에 대한 사랑을 경험하지 못하는 시인은 시 쓰기의 정당성을 상실하게 된다.

> 그대 아니라면 내 펜은 어떤 제재도 알지 못하고,
> 내 발은 그대 향한 것이 아니라면 어떤 여행도 할 수 없으며,
> 내 언어는 그대 아니라면 어떤 언어도 알지 못하고,
> 내 눈은 그대 아니라면 어떤 대상도 알지 못하네.
> 내 무언가를 희망한다면, 그대가 내 희망이고,

40) V, p. 116, v. 1, v. 5.

그대가 내게 가한 즐거운 고통에서 나온 부드러운 이익을 그대 대변하고,
그대는 내 마음이 겨냥하는 유일한 목적이며,
오직 그대 안에서만 나의 완성은 이루어진다네.[41]

"그대 아니라면sinon vous", "오직ne…que", "어떤…알지 못하고ne…autre" 등의 반복되는 표현들은 단지 시의 풍부한 리듬을 자아내기 위한 배려에서 나온 표현만은 아니다. 그것들은 시인을 사로잡고 있는 시적 열정의 강박관념들이 언어로 표현된 것들이며, 그 강박관념에서 시인이 벗어날 수 없는 상태에 머물러 있음을 진지하게 드러내기 위한 것이라고 할 수 있다. 이런 과도한 표현들은 여인에 대한 시인의 열정을 표현할 뿐만 아니라, 여인만이 시적 발화를 이끄는 유일한 존재임을 말하기 위한 것이다.

그리하여 때때로 과장법은 여인을 신성한 존재 그 자체로 여기는 표현을 낳기도 한다.

오, 새로운 잔인한 고통이여!
오, 의기양양한 운명이여, 오, 신들의 악의여![42]

신성화된 여인을 통해 롱사르는 사랑의 여정을 단지 지상에 국한하지 않고 우주적인 영역으로 확대해 간다. 그의 시에 자주 등장하는 별, 바다, 세계 등의 표현들 역시 사랑을 우주적 차원에서 파악하려는 시인의 이런 의도를

41) VII, pp. 132-133, vv. 1-8.
42) IV, p. 122, vv. 3-4.

엿보게 한다. 따라서 앞에서 말한 바처럼 그가 추구하는 사랑은 남녀 간의 화합일 뿐만 아니라, 우주적 조화로 이해되어질 수 있다. 시인이 추구하는 의사소통을 통한 사랑의 공유는 단지 한 개인의 문제에만 관련된 것만은 아닌 것이다. 또한 그의 시에서 자주 사용되는 "감미로운 사랑doux amour", "아름다운 비참belle misère", 혹은 "얼어붙고engalce", "불타오르고enflamme" 등의 페트라르카식 대조어법도 인간의 모순된 모든 감정이 실은 상반된 힘들의 대립에서 균형을 이루어 내는 우주의 속성을 닮았다는 것을 드러내는 데 기여한다. 그리고 이런 표현을 쓸 수밖에 없는 시인의 사랑 역시 그 우주적인 움직임에 흡수되어 있다는 것을 보여 주고 있는 것이다. 시인의 열정은 우주의 법칙을 따르고 있는 것이다.

이런 측면에서 롱사르의 사랑은 시인으로서의 자신의 위상을 새롭게 드러내는 동인이 되고 있다고 말할 수 있다. 사랑의 열정에 빠진 시인은 예외적인 존재, 특별한 권한을 부여받은 존재인 것이다.

나는 죽을 것이라 생각한다, 만약 충실한 나를
들로, 숲으로, 산으로, 지겨워하지 않고
이곳저곳으로 동행하는 자가,

그리고 아름다운 선물로 내 모든 근심을 속이는 자가 뮤즈가 아니라면,
내 고통스러우면, 나에겐 다른 방책이 없다,
근심에서 벗어나기 위해서는, 클레이오를 동반하는 것 말고는.
내 그녀를 부르자마자, 그녀는 나를 무시하지 않으며,
나를 보러 오는 데 결코 어떤 변명도 하지 않는다.

아홉 자매의 선물은 계절마다
내 방에 가득하다, 내 집에 가득하다,
그녀들의 아름다운 선물엔 결코 녹이 슬지 않기 때문에.[43)]

바로 여기에서 우리는 그가 사랑을 소재로 택한 이유를 다시 한 번 확인하게 된다. 그가 단지 당시의 시적 분위기에 부응하기 위해 사랑을 선택한 것도, 단지 세속적 명성을 얻기 위해 사랑을 선택한 것도 아님을 알 수 있다. 그의 선택에는 시인으로서의 능력을 강조하고 그것을 시 자체로서 증명하려는 의도가 있었던 것이다. 그가 당시 사랑을 노래한 그 어떤 시인들보다도 더 뛰어난 시인으로 남게 될 수 있었던 것은 유행하던 페트라르카풍의 시적 표현을 단지 시를 꾸미는 요소가 아닌 시 그 자체로 그리고 시적 명성을 보장할 수 있는 본질 자체로 고려하였기 때문이다. 사랑을 소재로 선택한 것은 시인의 상승을 위한 수단이었던 것이다. 그의 사랑은 그 자체로서 완벽한 아름다움을 맛보려는 시인의 욕망을 위한 것이었으며, 또 다른 삶의 세계를 제시하는 시인의 숭고함을 드러내기 위한 것이었다. 사랑하는 여인의 눈을 통해 완벽한 미와 천상의 아름다움을 노래함으로써 신들의 세계를 맛보았던 신성한 시인의 지위를 자신에게 부여하기 위한 것이었다.

일반적인 사랑이 아닌 또 다른 사랑의 힘을 기대하는 시인은 독특한 존재이다. 그것은 마치 사랑에 빠진 그의 고통이 극한의 경우에 이르고 있는 것과 마찬가지이다. 그는 환각에 사로잡힌 자이며 광자의 모습을 지니고 있기도 하다. 그가 보는 것은 설명할 수 없는 것들이다. 환상에 속하는 것들이다.

43) VII, pp. 139-140, vv. 1-11.

바로 이렇게 환상적이기 때문에
수많은 방식으로 그녀의 아름다움을 나는 간파한다.
내 안에 그 많은 형태들을 받기 위해
나는 즐겨 우울함에 빠진다.[44]

바로 이러한 자기표현으로 그는 시인으로서의 자신을 특별한 존재로 만든다. 그의 과도한 욕망은 그에게 시를 낳게 하는 동인이자 원동력이고, 모순되어 비껴갈 수 없는 상태가 그에게 시를 낳을 수 있는 조건이 되는 셈이다. 이 점에서 우리는 사랑시인으로서의 롱사르의 본질적 모습을 발견하게 된다. 시인의 진정한 모습을 드러내고, 시의 가치를 높이려는 시도에서 우리는 오드를 택하든 소네트를 택하든 그의 태도에서 모순을 발견할 수는 없다. 시어를 통해 세계를 재현하여 그 가치를 드러내 보이는 데 관심이 있는 그로서는 어떠한 시의 영역이라도 거부할 수 없었던 것이다.

44) VII, p. 280, vv. 69-72.

3장

철학으로서의 시

《찬송시집*Les Hymnes*》

LES
HYMNES
DE P. DE RONSARD,
VANDOMOIS:
A TRESILLVSTRE ET REVERENDISSIME, ODET, CARDINAL
de Chastillon.

A PARIS,
Ches André Wechel rue S. Iehan de Beauuais
à l'enseigne du Cheual volant.
1555.
Auec Priuilege du Roy.

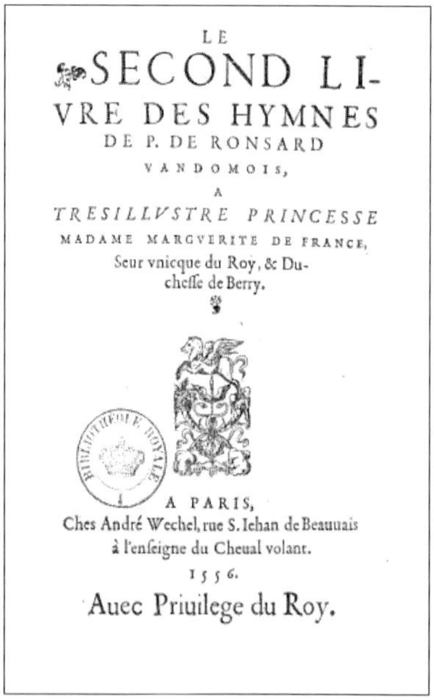

LE
SECOND LIVRE DES HYMNES
DE P. DE RONSARD
VANDOMOIS,
A
TRESILLVSTRE PRINCESSE
MADAME MARGVERITE DE FRANCE,
Seur vnicque du Roy, & Duchesse de Berry.

A PARIS,
Ches André Wechel, rue S. Iehan de Beauuais
à l'enseigne du Cheual volant.
1556.
Auec Priuilege du Roy.

《찬송시집》
(파리, 앙드레 베셸, 1555, in-4°)

《찬송시집 제2권》
(파리, 앙드레 베셸, 1556, in-4°)

1. 작품 구성과 작성의 이유

롱사르가 1555년 10월경에 간행한 《찬송시집》과 다음 해 8월에 간행한 제2권은 문학적 사건으로 기록될 만한 시적 가치를 지니고 있음에도 불구하고, 철학과 신화에 대한 많은 암시와 시인의 의도를 쉽게 드러내지 않고 있다는 측면에서 많은 연구의 대상이 되지는 못하였다. 분명, 《찬송시집》은 《오드집》의 눈에 띄는 지적인 요소나 《사랑시집》의 우아함도 갖추고 있지 못한 것처럼 보인다. 평탄운의 12음절로 쓰인 대부분의 시편들도 롱사르가 외쳤던 고상한 생각들을 역동적인 리듬으로 담아내지 못하고 있는 것처럼 여겨진다. 게다가 오드나 '논설시discours'로 규정될 수도 있는 작품들에 롱사르는 '찬송'이라는 제목을 붙이고 있다. 그런 까닭에 르네상스 시인들을 재발견한 생트뵈브Sainte-Beuve는 "이해가 되지 않는 전적으로 지루한 작품"이라고 지적하기도 했다.

그런데 롱사르가 '찬송'이라는 제목을 지닌 작품을 쓰게 된 것이 이번이 처음은 아니다. 스승 도라의 지도하에서 그는 16세기 초반에 번역되어 소개된 오르페우스, 호메로스, 칼리마코스의 그리스 찬송시집들과 이탈리아 시인 알라마니Alamanni나 신 라틴 시인인 마륄Marulle과 살몽 마크랭Salmon Macrin 같은 작가들의 찬송시집들을 공부하였다. 그래서 그 공부의 한 결과로서 1549년에 〈프랑스 찬송Hymne de France〉이라는 작품을 작성하여 《오드집》에 실은 바 있다. 이후에도 그는 〈마르그리트 드 발루아의 서거를 기념하는 찬송Hymne triomphant sur le trépas de Marguerite de Valois〉(1551)이나 〈디오니소스 찬송Hymne de Bacchus〉 등을 연이어 발표하기도 했다. 그러나 이런 작품들의 성격은 《찬송시집》을 닮고 있지 않다. 우선 《찬송시집》은 그 구성이 말해주듯 정치적 성격과 철학적 성격을 모두 담고 있기 때문이다.

《사랑시집 속편》이 출판된 해에 나온 시집 1권 전체는 오데 드 샤티옹Odet de Chatillon에게 헌정되고 있으며, 여기에는 서한시를 제외한다면 총 9편의 찬송들이 실려 있다. 그리고 앙리 2세의 누이이자 사부아 공작부인으로 알려진 마르그리트 드 프랑스Marguerite de France에게 헌정된 제2권에는 3편의 작품들이 실려 있다.

◎ 《찬송시집 제1권》

〈프랑스 국왕 앙리 2세에 대한 찬송〉(776행)

〈로렌 추기경 샤를르에게 바치는 정의의 찬송〉(544행)

〈오데 드 샤티옹 추기경에게 바치는 철학의 찬송〉(328행)

〈랑슬로 드 카를르에게 바치는 악마들〉(428행)

〈장 드 모렐에게 바치는 천상의 찬송〉(124행)

〈믈랭 드 생 즐레에게 바치는 성좌의 찬송〉(256행)

〈피에르 파스칼에게 바치는 죽음의 찬송〉(344행)

〈장 도라에게 바치는 황금의 찬송〉(624행)

〈오데 드 샤티옹 추기경에게 바치는 기독교의 헤라클레스〉(296행)

◎《찬송시집 제2권》

〈프랑스 국왕의 누이 마르그리트에게 바치는 영원의 찬송〉(142행)

〈동일인에게 바치는 칼라이스와 제토스에 대한 찬송〉(740행)

〈가스파르 콜리니 경에게 바치는 카스토르와 폴룩스 찬송〉(784행)

제목에서 알 수 있듯이 시집은 깊은 지식을 요구하는 주제들(철학, 천상, 별)과 다소간 진지한 주제들(죽음, 정의)에 따라 구성되어 있다. 게다가 작품의 순서는 사회적 서열에 따라 배치되어 있다. 이런 배열은 롱사르가 이미《오드집》1권에서 시도했던 방식이기도 하다. 그래서 우리는 그가 자신의 실제 상황을 더 염두에 두고 있는 것은 아닌지, 즉 궁정에서의 출세를 위해 작품을 작성한 것은 아닌지 추측해 볼 수도 있다. 그러나 이미《오드집》과《사랑시집》의 성공 덕분에 드니 랑뱅Denis Lambin으로부터 "프랑스 시인들의 왕자Prince des Poetes françois"라는 칭호를 얻었던 그가 단지 세속적인 명성을 얻기 위해 이 길고 "지루한" 작품을 작성했다고 보기엔 어려운 점이 많다. 그렇다면 자기 이전에는 프랑스에 소개되지 않았으며, 흔히 서정시의 순수성과 비교하여 '서자庶子 장르'라고 불리는 이 새로운 장르에 그가 관심을 가진 것에는 여러 이유가 있을 것이다. 시적 탁월함이나 아름다움을 쉽게 파악하지 못하게 만드는 철학적 어조를 지닌 작품을 시도한 이유는 무엇이며, 그것을 통해 그가 궁극적으로 추구한 것은 무엇이었는지 살펴보도록 하자.

우선, 새로운 장르를 개척하려는 의도를 들 수 있을 것이다. 롱사르는

《오드집》과 《사랑시집》을 통해서 호라티우스, 핀다로스, 페트라르카 등을 프랑스어 안으로 끌어들이면서 이들 작품의 특징들을 프랑스어로 옮겨 놓는 데 성공했다. 따라서 이번에 그는 자신의 성공을 시기하는 궁정의 다른 시인들이나 동료 시인들보다 앞서 고대시인들이 즐겨 사용한 또 다른 장르인 '찬송'을 프랑스어로 시도하는 최초의 시인이 되고자 원했을 것이다. 이런 희망은 프랑스 시의 개혁을 위해 고대의 모든 장르들을 복구하려고 시도한 젊은 시인들의 시적 야망을 반영하고 있는 것이기도 하다. 고대작가들의 모방에서 자유로움을 추구하고 새로운 장르의 탐색에서 독창성을 유지하는 가운데, 고대의 모든 시인들과 어깨를 겨루고, "불멸을 얻기 위해 미지의 길을 가려는" 롱사르의 의지를 이 시집의 간행에서 찾을 수 있는 것이다. 그는 프랑스의 핀다로스, 호라티우스, 페트라르카가 되는 것에 만족하지 않은 것이다. 그에게는 끊임없이 장르와 영역을 개척하여 흔히 '과학시poésie scientifique' 혹은 '철학시'라고 불리는 새로운 시의 세계에서 고대작가들의 명성을 능가하려는 시적 야망이 있었던 것이다.

작품을 쓰게 된 두 번째 이유로는 당시의 정치적 인물들에게 작품을 헌정하였다는 점에서 '선물'의 성격과 관련지어 생각해 볼 수 있다. 다음 시행에서처럼 롱사르가 찬양 대상의 품덕에 어울리는 작품만을 헌정했다는 사실을 상기한다면,

> 가끔씩 클레이오가 수없이 많은 노력으로
> 8년 전부터 그녀의 자매들에 대한 봉사의
> 보상으로 여겨질 수 있는 선물,

뛰어난 선물을 고르고 있는 나를
많은 사람들에게 개방되어 있지 않은
자신의 집무실에서 발견하였듯이,
이제 나는 내 서랍에서
그것을 꺼내어 위대한 오데에게
좋은 선물을 하려 한다.
만약 이 선물이 찬양받을 만한 자신의 품덕에
어울릴 만하게 고상하거나, 좋은 소재로 만들어지거나,
가치를 지니지 않는다면 그에게 바칠 필요는 없을 것이다[1)]

세속적 성공을 희망하는 롱사르의 의도를 찾을 수도 있다. 그러나 이런 행위는 이미 《오드집》이 보여 주듯 시인의 뛰어난 능력과 기능에 대한 인정을 강하게 요구하는 것으로 보는 것이 더 적절할 것이다. 왜냐하면 그는 시어를 사용하여 불멸을 보장하는 존재가 시인이라고 언제나 확신하고 있었기 때문이다.

맹세컨대, 나는 그대, 샤티옹 공이시여,
그대가 아니라면 내가 읽은 그 무엇도,
내가 읽어야 할 그 무엇도 신성하게 만들지 않았소,
왜냐하면 내 그대 이름
울려 퍼지게 하지 않는다면,
나의 리라는 예전과 같은 소리를 내길 결코 원치 않을 것이기에.[2)]

1) VIII, pp. 85-86, vv. 1-12.

위 인용에서 롱사르는 작품을 헌정함으로써 헌정 대상자들을 불멸하게 만들 뿐만 아니라, 자신마저도 영원히 잊히지 않는 존재로 남기를 희망하고 있다. 게다가 그는 작품들 속에서 신이나 제신들에게 헌정 대상에 대한 호의적인 시선을 두기를 요구함으로써 자신의 헌정을 정당화하고자 한다. 시인이란 자가 천상과 지상을 오고가며 천상을 거주지로 삼고 있는 존재들에게 자신의 말을 전달하고, 지상의 벗들과 후원자들에게 기쁨을 가져다주도록 기원할 수 있는 자격을 지닌 자라면, 그의 찬양은 가장 확실한 불멸을 보장하는 방식이 될 수 있는 것이다. 이런 면에서 작품은 뛰어난 시인이 바치는 최고의 선물이라고도 할 수 있을 것이다.

그러나 이보다 더 중요한 사항을 지적할 수 있다. 지금까지 롱사르는 시인의 신성함에 대해 끊임없이 주장해 왔지만, 그 숭고함의 내용들을 일일이 밝히지는 않았다. 그가 《옹호》에 뒤이어 시인들에게 필요한 것이 "노동"과 "수고"임을 강조하고, 그들에게 "밤낮 없는 학습"을 요구했을지라도, 그 학습의 내용이 무엇이며, 진정 숭고한 시인이란 어떤 자인지를 구체적으로 증명한 것은 아니었다. 언제나 뮤즈의 보호를 받고 있다고 말하였을 뿐 그 보호의 구체적 내용을 소개한 것은 아니었다. 그래서 그는 이제 신성한 시인이 세상에 내놓는 작품이란 어떤 내용을 담고 있는지를 이 시집을 통해 제시하려고 한 것처럼 보인다. 《찬송시집》은 시인의 숭고함에 대한 증거가 될 수 있는 것이다.

그래서 그는 시인의 사명이란 인간의 모든 지식을 포괄하는 방대한 지식

---

2) VIII, p. 103, vv. 1-6.

을 갖추는 것이며, 그 지식의 습득을 위해 시인이 되고자 원하는 자는 고대의 작품을 지식 습득의 원천으로 삼아야 한다고 주장한다. 그가 "모든 학문 가운데에서 가장 가치 있는 것"이자 "다른 학문들에게 빛을 빌려 주는" 최고의 가치를 지닌 철학의 찬양을 시도하는 이유가 여기에 있다. 당시에 모든 지식의 총합체로 알려진 철학에 대한 찬송을 통해 방대한 지식을 소유한 시인의 특별한 능력을 드러내려고 하는 것이다. 이전 시집에서처럼 시인이란 예언자이자 신성한 자이고 신들의 대변인이라는 외침 곁에 신성한 시적 재능 덕분에 신의 세계를 탐구할 수 있는 예외적인 권한을 갖게 된 또 다른 시인을 위치시키고자 원한 것이다. 자연현상이나 신비현상을 탐구하여 자연의 비밀을 포착하려고 노력하는 시인의 모습이 반복해서 등장하는 것도 바로 이런 이유 때문일 것이다.

이제 다른 것을 이야기하자.
오래전에 나의 죽은 선조들이 자신들의 발로
걸어가지 못하였던 좁은 길을 통해
대기 중에 있는 나의 뮤즈를 엿보아야 할 때가 되었다.[3]

블랭, 우리를 옥죄는 인간의 감옥에 악마가
무위의 잠 속에 발 묶이게 된 지
진정 오래되었다.
이제 그를 풀어 주어 천상으로 보내야만 한다.[4]

---

3) VIII, p. 118, vv. 51-54.
4) VIII, p. 150, vv. 1-4.

영혼을 달구는 신성한 불길에 가득 찬
나는 오르페우스의 발걸음을 따라
자연과 천상의 비밀들을 이제는 진정 발견하고 싶다,
결코 잠들지 않는 정신으로 그것들을 찾고 싶다.5)

그러나 《찬송시집》은 시인 자신의 탐색 결과나 그 과정을 독자에게 '가르치려고' 하지 않는다. 그의 목적은 교양을 갖춘 일정한 수준의 사람들에게 어떤 원리를 제시하며 그들을 이끄는 데 있는 것 같지 않다. 오히려 천상과 지상의 여러 현상의 모호함과 신비함을 통해 '최초의 조화로움', 달리 말해 찬송 자체가 그 대상으로 삼고 있는 신과 그의 위대한 권력의 존재를 독자에게 보여 줌으로써 독자 스스로 위대한 자연 안에 위치하고 있음을 깨닫도록 이끄는 데 있는 것처럼 보인다. 당연히 우주와 자연의 신비에 대한 긴 노래인 《찬송시집》을 읽는 것이 결코 쉽다고 말할 수 없다. 비의에 대한 접근은 뛰어난 능력을 지닌 제한된 자들에 의해 가능할 것이기 때문이다. 그래서 생트뵈브와 같이 시적 자아에 몰두한 초기 낭만주의 시인들은 롱사르의 시에서 제시된 시인의 계몽적 역할을 제대로 파악하기 어려웠을 것이다. 그러나 이런 접근상의 난해함에도 불구하고 《찬송시집》은 독특한 한 장르의 탄생을 프랑스에 예고하고 있다고 말할 수 있다. 그 특징을 간단히 살펴보자.

5) VIII, p. 246, vv. 1-4.

2. 시집의 정치성과 종교성

《찬송시집》에서 우선 드러나는 특징은 형식과 관련된다. 사실, 《찬송시집》은 정치적, 종교적 그리고 철학적인 어조를 강조하고 있다는 점에서 《오드집》과 같은 맥락을 지니고 있다. 그러나 그 형식에 있어서는 매우 상이하다. 우선 오드와는 달리 지루하고 단순하게 여겨질 정도로 시절 구분이 이루어지지 않고 있다. 이것은 작품이 음악성을 지향하지 않고 있다는 인상을 자아낼 수 있다. 그러나 남성운과 여성운의 교차가 이루어지는 평탄운을 유지한다는 점에서 전적으로 음악성을 배제하고 있다고 말하기도 힘들다. 게다가 동일한 시기에 작성된 마리에게 바치는 사랑시들처럼 12음절을 채택하고 있기도 하다. 여기에서 우리는 롱사르가 찬송이라는 새로운 장르를 시도할지라도 이전 작품과 전적으로 구분되는 작품이 아닌 오히려 전통을 일부 수용하는 새로운 '탐색'의 서정시를 소개하려고 애쓰고 있다는 점을 지적할 수 있다.

이 새로운 시는 〈앙리 2세에게 바치는 찬송Hymne du treschrestien Roy de France Henri II de ce nom〉의 서두가 예고하고 있는 정치와 종교 그리고 철학적 성찰을 결합하는 모습을 갖추고 있다.

> 뮤즈들이여, 우리가 신들의 찬양을
> 노래하길 바란다면, 주피터의 이름으로
> 시작하여 끝내야 한다, 마치 다른 신들의 무리를 다스리며,
> 그들에게 명령을 하는 우두머리인 신에 대해 그리하는 것처럼.
> 그러나 왕들의 명예를 찬양하는 것이 마음에 든다면,

프랑스의 위대한 국왕인 앙리로
시작하여 끝맺음을 해야 한다, 마치 위대함에 있어
이 지상의 모든 왕들을 능가하는 국왕에 대해 그리하는 것처럼.[6)]

이를 위해 《오드집》에서 국왕과 왕족에 대한 찬양을 시의 목적으로 삼은 롱사르는 《찬송시집》에서 그 찬양의 범주를 확대한다. "극한에 이르기까지" 찬사를 늘어놓기 위해 그는 지상의 지배자인 국왕의 권력에 신의 가호라는 우주적 가치를 부여하며 국왕을 신의 보호를 받은 자이자 그의 아들로 신성화한다.

세상에 태어나며 주피터로부터 이런 행운을
받은 자들은 위대한 국왕들이 되리니, 명예로 가득 차고,
천상이 돌보는 위대한 선물을 소유한 국왕들이 되리니,
그들은 이 세상에서 모호한 찬사를 결코 받지 않으리라.
아르테미스는 수렵관을, 마르스는 전사를 주관하고,
불카누스는 제철공을, 넵투누스는 어부들을,
아폴론은 시인들과 가수들을 태어나게 하지만
"위대한 주피터로부터 국왕들은 생명을 얻게 된다."
국왕들처럼 주피터 곁에 가까이 있는 자들을
이 세상에서 볼 수는 없다. 그들의 관대하고 위대한 권력은
군인들과 사냥꾼들과 가수와 같은
모든 이들에게 명령을 내리신다,

---

6) VIII, pp. 5-6, vv. 1-8.

하늘의 아들이시며, 바다 전체에 왕홀을 휘날리며
신의 뒤를 이어 명령을 내리시는 국왕들의 권력 아래
무릎 꿇지 않는 자 볼 수 없기 때문이다.
그들의 아버지이신 주피터는
국왕들에게 관대한 선물을 주시지만 언제나 공평하지는 않다.
어떤 이는 조그만 섬의 국왕일 뿐이며,
다른 이는 차가운 얼음, 바람 부는 나라의 국왕일 뿐이다.
혹은 그 어떤 바람도 여름에 약간만이라도
햇볕에 그을린 얼굴을 어루만져 주지 않는
뜨거운 게좌Cancer의 국왕일 뿐이다.
그러나 우리의 국왕은 온화하고
길고 넓으며, 사람들로 넘쳐 나고, 안정된 도시와
하늘을 향해 높이 올라 이국의 적들을 놀라게 만드는
성벽을 지닌 요새들의 국왕이시다.[7)]

롱사르가 이런 신성화된 국왕의 위상을 노래하는 것은 그가 보기에 그 위상이 이전 시인들의 제대로 된 글쓰기 대상이 되지 못하였기 때문이다. 국왕의 말씀은 수없이 많은 오해와 갈등을 낳는 원인이 되었고, 비방자나 거짓말쟁이 혹은 허풍쟁이라는 비난을 받아 왔다. 그래서 롱사르는 국왕의 품성이 지닌 가치의 지상적 발현을 위해 시인의 목소리가 이제는 필요하다고 강조한다. 국왕의 영웅적인 행위와 용맹함을 일일이 열거하며 그는 기꺼이 정치적 목소리의 대변자가 되기를 희망한다. 비록 다음의 시행에서처럼

7) VIII, pp. 24-26, vv. 369-400.

그의 어조에 과장된 면이 있을지라도,

모든 것이 그대에게 복종한다.
그리고 지금의 프랑스는 단 하나의 국왕만을 알고 있을 뿐이다.
프랑스의 군주이신 그대 앙리 국왕이여.
머리에 영광의 관을 쓰신 그대에게 프랑스는 복종한다.
그대를 위해 태양은 프랑스에 떠오르고, 대양은
그대를 위해 파도에 거품을 일으키며,
그대를 위해 대지는 풍요로워지고, 세월들을 탄생시킨다,
그대를 위해 저 거대한 숲의 새로 태어나는 머리칼들은
해마다 무성해지고, 강물은 오직
그대 이름을 울려 퍼지게 하기 위해 바다로 흘러간다[8)]

엄밀함을 가지고 현 국왕의 업적들을 반복적으로 묘사하여 지상에서의 그의 위상을 견고히 하는 데 기여하려는 시인의 의도에서 우리는 이 시집의 정치적 의도를 발견할 수 있게 된다.

이런 정치적 목적의 곁에 종교적 어조가 있다. '종교적 찬송'이라고 불릴 수 있는 이 시집은 신화와 기독교의 결합, 즉 이교적인 요소와 기독교적 요소의 결합을 시도한다. 대표적인 작품으로는 〈악마들Les Daimons〉을 들 수 있을 것이다. 찬양의 대상이 된 이 악마들은 흔히 알고 있는 것처럼 어둠의 공간을 지배하는 자들이 아니다. 그들은 신들의 전사자와 같은 역할을 부여받은 존재들로, 뮤즈들과 동일한 역할을 담당한다.

---

8) VIII, p. 34, vv. 545-554.

[…] 영원한 그는 세상이라는 거대한 집을 지었다.
그는 대양의 저 심연을 물고기로 가득하게 만들었고,
지상을 인간으로, 악마들로 대기를, 그리고 천상을
천사들로 가득 채웠다, 우주의 어느 곳에도
빈 곳이 없게 만들기 위해서였다 […].[9)]

수없이 많은 모습들로 변할 수 있는 육체를 지닌 그들은 무거워서 천상에 오르지도 못하고, 그렇다고 지상으로 내려올 만큼 가벼운 존재들도 아니다. 대기를 거처로 삼는 그들은 지옥에 머무르는 사악한 존재가 아니다. 기독교적 해석을 거부하는 롱사르는 오히려 악마들 덕분에 인간은 "신의 의지를 알게 되고", "육체에 갇힌" 우리의 영혼은 천상에 이를 수 있다고 말하기도 한다. 그들의 수없이 많은 모습에서 인간은 다양한 상상을 하게 되었고, 그들로 인해 우주 전체가 언제나 변화하는 외관을 띠게 된 것이다. 이들 악마들에는 전통 민요에 등장하였던 위르강드Urgande나 멜뤼진Mélusine 등이 포함되며, 고대 신화의 키르케나 메데이아 역시 이런 부류에 속한다. 롱사르는 신화적 존재들과 전통적인 프랑스 전설 속의 인물들을 종교적 색채의 찬송들 속으로 끌어들이려고 노력한다. 그러나 이들 모두는 "전지전능하신 분"의 이름 앞에서 무력한 존재들이기도 하다. "신이라는 성스러운 이름이 그들에게 위협"이라는 것을 롱사르는 굳이 부인하지 않음으로써 작품에서 종교적 사고를 담아낸다.

〈기독교의 헤라클레스L'Hercule chrestien〉는 이런 이교적 색채 속에서 기독

9) VIII, p. 119, vv. 60-64.

교적 정서를 반영하는 대표적인 작품이다. 헤라클레스를 예수의 상징으로 여기고, 헤라클레스의 열두 과업을 12사도의 기호로 보는 롱사르의 관점은 분명 중세의 기독교적 사고관을 반영하고 있는 것으로 보아도 무방하다. 그는 자신의 작품이 처음부터 끝까지 기독교 신의 영광에 대한 찬양이 되기를 기원하고 있다.

> 이제 예전보다도 더 기독교인들의 귀를
> 만족시킬 수 있는 기독교 시를
> 노래해야 할 때가 되지 않았던가?
> 거룩한 영광과 위대함으로
> 우주의 이 둥근 원을 가득 채우는
> 우리 신을 노래할 때가 되지 않았던가?[10)]

이교도들이 득실거리는 시대가 예수의 시대를 뒤따랐지만, 이교도의 기호들 뒤에 숨은 신의 진정한 모습을 찾을 수 있다고 확신하는 시인에게 헤라클레스는 예수의 모습을 띠고 있다.

> 그런데 헤라클레스가 무찌른 이 저주받은 괴물들과
> 저 용들의 뒤에 무엇이 왔던가? […]
> 엄청난 악덕과 죄들만이,
> 예수 그리스도는 위대한 십자가의
> 성스러운 노력을 통해 그것들에 죽음을 가하지 않았던가?[11)]

---

10) VIII, p. 207, vv. 1-6.

따라서 롱사르가 이교적 요소들을 작품 안에서 소개하고 있을지라도, 그의 어조는 “지상이 신의 법칙들로 가득 차 있으며”, 다음과 같이 말하고 있는 측면에서

> 유일하신 신이 자신이 끼치신 다양한 영향,
> 그러나 이해되지 못한 영향 때문에
> 다른 이름이 아니고서는 그것을 이해하게 만들 수 없었기 때문에
> 주피터, 팔라스, 아폴론은 [그가] 여러 나라에서 받으신 이름들이다[12)]

지금까지와는 확연히 다른 종교시인, 혹은 성직자로서의 모습을 자신에게 부여하고 있다. 《찬송시집》은 가톨릭 성직자인 그의 종교적 글쓰기의 산물로도 여겨질 수 있는 것이다.

3. 철학으로서의 시

작품이 독서와 인문주의자들과의 대화에서 얻게 된 많은 지식들로 헐떡거리고 있다는 비난이 있듯이 《찬송시집》을 읽을 때 드러나는 정치적 · 종교적 특징의 토대에는 언제나 철학적 성찰이 자리하고 있다. 고대와 동시대의 철학적 언급들로 채색되어 있는 이 작품은 종교와 정치 이외에 시와 철학의 관련성을 제시하려는 시인의 의도에서 탄생한 산물이라고도 할 수 있다. 그는 여기에서 지상에 대한 자신의 관점을 철학적 어조에 담아 피력한다.

---

11) VIII, p. 216, vv. 173-174, 180-182.
12) VIII, p. 69, vv. 473-476.

롱사르가 보기에 지상의 인간들은 자기가 태어난 곳이 어디인지도 모를 정도로 무지한 자들일 뿐이다. 천상에 있는 진정한 앎을 향유할 기회가 원천적으로 봉쇄되어 있는 지상은 오류들로 가득 차 있으며, 지상에서 무엇인가를 배운다는 것은 온갖 모순 덩어리를 배우는 것과 다르지 않다. 인간은 몽매의 상태에 머물러 있어야 하며 그것이 인간의 조건을 이룬다. 인간은 생성과 소멸이 반복되는 지상의 불안정성에 발을 붙이고 있는 존재일 뿐이다.

> 만약 무엇인가가 지상에서 확실한 것이 있다면
> 이곳에서 오랫동안 사는 것은 커다란 행복이리라,
> 그러나 하루하루 변하고, 또 변하지 않는 것이 없는 까닭에,
> 일관되지 않은 것으로 가득 차 있기에,
> 이 세상에 산다는 것은 결코 커다란 행복이 아니다.[13]

그러나 롱사르는 고통과 무지로 가득 찬 '변화'의 공간인 이곳에 머물고 있는 시인에게는 특별한 능력이 있다고 생각한다. 시인이라는 자에게는 인간 조건의 모든 특수성이나 특이함을 탐색하여, 거기에서 "유일한 천상의 빛"을 엿보아야 한다는 사명이 있기 때문이다. 물론 천상의 앎을 엿보려는 시인은 자기에게 주어진 임무 때문에 종종 기쁨과 시련을 동시에 안을 수밖에 없다. 그래서 시인에게는 언제나 긴장이 요구된다.

롱사르가 철학을 찬양의 소재로 삼는 〈철학의 찬송Hymne de la Philosophie〉을 쓴 것은 시인의 이런 조건을 드러내기 위해서였다. 철학의 여신은 무엇보다

13) VIII, p. 173, vv. 208-212.

도 인간의 영혼을 육체에서 벗어나게 돕는 존재이다. 저 높은 곳의 천상의 기적들과 관련된 존재인 그녀는 우주를 건너다니며 "신의 본질을 엿보려고 감히 시도하는 자"이며, 천사와 악마, 영웅과 행성들을 차례로 만나는 존재이기도 하다. 그렇지만 그녀는 천상에만 머무르지 않는다. 그녀는 온 우주를 항해한다. 그리하여 때때로 지상에 내려와 그곳에 시선을 돌리기도 하고, 지상에 숨겨진 "비밀로 들어가는 입구"를 발견하기도 하며, 때로는 지옥까지 내려가 그곳에서 진실과 거짓을 가려내기도 한다. 그녀가 저 땅의 깊은 곳에서 바다를 헤엄쳐 지상으로 되돌아온다면 그것은 다름 아닌 인간에게 법과 학문 그리고 예술을 전수해 주기 위해서이다. 그녀가 이렇게 부단하게 이동하는 것은

> 지독히도 단단한 잠이 하는 일 없는
> 인간의 가슴을 무디게 만드는 것을 허용하지 않기 위해[14)]

서이다. 철학의 여신이 살아온 이런 여정은 바로 앎을 얻기 위한 여정이라고 할 수 있다. 그것은 자신만의 앎이 아니다. 오히려 그것은 지상의 인간들에게 세상의 비밀을 전해 주기 위한 항해이다.

> 인간에게 천상에 도달하는 것이
> 거부된 것을 보고는, 민활한 그녀는
> 육체에 갇힌 영혼을 육체에서 멀리 해방시킨다.[15)]

---

14) VIII, p. 96, vv. 183-184.

이런 면에서 우주의 곳곳을 탐색하며 모든 것을 알게 되는 그녀는 신의 유일한 적수가 될 만한 존재일 수도 있지만, 롱사르는 철학의 여신의 자리를 다다르기 힘든 "저 높은 곳"에 주저 없이 위치시킨다.

거기에 그 누구도 고된 노력 없이는 다가갈 수 없다.[16]

왜냐하면 지상의 모든 이들이 철학의 여신을 만날 수 없다는 사실을 보여주기 위해서이다. 오직 영혼을 정화한 자들만이 철학의 여신이 머무는 지고한 바위에 오를 수 있는 자격을 얻을 수 있다. "어리석은 대중의 형편없는 길"이 아니라 "미덕의 여신을 따르는" 것을 숙명으로 생각하는 자들에게만 철학의 여신은 자신과의 만남을 허락하는 것이다. 롱사르는 철학의 여신의 여정을 통해 앎에 대한 욕망이 종종 파괴되는 지상에서 앎에 도달하려는 자세를 견지하는 것이 인간에게 주어진 사명이라는 것을 노래한다. 인간에게는 결코 지상에 만족할 수 없는 모순의 운명이 약속되어 있는 것이다.

그런데 롱사르의 이런 철학적 사고는 단지 그의 언어가 만들어 가는 논리에 의해 이루어진 것만은 아니다. 그는 지상의 속성을 자기 시에 역시 부여하려고 시도하기 때문이다. 그는 여러 상반된 성격을 시의 공간에서 공존시킴으로써 시 자체를 이런 모순의 원칙이 전시되는 세계로 만들려고 한다. 예를 들어, 〈죽음의 찬송Hymne de la Mort〉에서 그는 죽음을 찬양하지 않겠노라고 약속하지만, 작품 자체는 고대작가들의 영향을 받은, 죽음에 대한 찬양으로 가득 차 있다. 죽음은 불행한 인간을 언제나 두렵게 만드는 존재이지만, 죽

15) VIII, p. 86, vv. 21-23.
16) VIII, p. 97, v. 192.

음을 기꺼이 맞이하는 인간은 살아 있는 동안 필연적으로 겪게 되는 비참과 고통의 상태에서 벗어날 수 있게 된다고 말하며 죽음에게 찬양의 대상이 될 자격을 부여하기도 한다. 롱사르의 황금에 대한 태도 역시 이런 모순된 관점의 또 다른 예가 될 수 있다. 〈황금의 찬송Hymne de l'Or〉에서 그는 황금은 인간에게 고통만을 안겨다 주지만 동시에 행복의 원천이 되기도 한다고 노래한다. 가난한 것이 운명이기에 가난한 자를 비난할 수는 없지만, 황금을 갖지 못한 것 역시 또 다른 죽음일 수도 있다. 황금을 소유하지 못한 자들은 비록 살아 있는 자들 사이에서 호흡하고 있을지라도 죽은 자와 다르다고 할 수 없기 때문이다. 빵이나 포도주만으로 살 수 없는 인간은 황금에 의해 구원을 받을 수 있으며, 그래서 황금이라는 물질은 인간을 역동적으로 살아가게 만들 수 있는 "소중한" 금속이 될 수도 있는 것이다.

> 황금이 없다면 모든 이들은 나태로 쇠약해진다,
> 황금이 없다면 사랑을 알지도, 하지도 못할 것이다,
> 축제를 할 수도, 춤을 이끌지도,
> 오보에 소리에 박자를 맞추지도 못할 것이다,
> 황금이 없다면 인간은 자기 나라에서나
> 이국의 땅에서나 행복한 여행자가 될 수 없다 […]
> 황금이 없다면 신에게 자선 행위도 하지 않을 것이다,
> 돈이 없다면, 우리의 궁핍한 손은
> 배고픔에 죽을 지경인 가난한 자들에게 아무 것도 줄 수 없을 것이다,
> 훌륭한 업적을 남기길 바라거든, 돈주머니가 가득해야 한다,
> 황금이 없다면, 어떤 탐험을 시작할 수도, 끝낼 수도 없기 때문이다,

이처럼 황금은 이 시대를 지배하고 있다.[17]

롱사르는 이렇게 상반된 두 양상을 즐겨 서로 대립시킨다. 그러나 그것들을 서로 구분하여 떼어 놓으려 하기보다는 오히려 이 둘을 서로 결합하려고 한다. 그가 이교적인 속성에서 기독교적 속성을 동시에 발견할 수 있다고 노래하는 것과 같은 맥락이 《찬송시집》 전체를 감싸고 있는 것이다. 기독교의 신이 구원을 약속함으로써 인간이 현실을 견디기 힘들게 만드는 것처럼, 그리고 죽음이 고통을 주는 주체이지만 동시에 구원으로 가는 길의 인도자가 될 수 있는 것처럼 그의 시적 세계도 이런 상반된 것들을 거리낌 없이 나란히 위치시킨다.

그래서 이런 일관되지 못한 롱사르의 철학적 시선은 종종 비난의 대상이 되어 왔다. 그러나 롱사르가 이런 모순을 일부러 피하지 않은 것에는 이유가 있어 보인다. 왜냐하면 그것은 인간을 둘러싼 모순이고, 인간의 모순이란 복잡한 우주의 반영이기 때문이다. 그리고 이런 상반된 관점을 제시하며 그는 시인이란 자에게 우주를 닮은 지상의 속성을 "엿보는épier" 능력이 있다는 것을 은근히 드러낸다. 그는 모순의 세계를 통해 신과 인간과의 관계를 살피는 것이 시인의 사명이라는 것을 보여 주고자 하는 것이다. 물론 이런 "엿보기"는 이성적인 지식을 통해 비밀을 간파할 수 있는 확고한 태도는 아니다. 그것은 오직 시라는 초월적인 수단을 통해서만 가능하다. 롱사르는 예전에 스승으로부터 이런 가르침을 받았다.

---

17) VIII, p. 186, vv. 133-138, 144-150.

[…] 오랫동안 나의 스승이었던 도라는 나에게
우화를 정확히 감추고 숨기는 방법과
사물의 진실을 감싸고 있는 우화의 외투로
그것을 가장하는 방법을 나에게 가르쳤다.[18)]

스승 도라는 신화라는 투명한 베일이 신과 우주의 비밀을 슬쩍 보게entrevoir 만들 수 있는 수단이 될 수 있다는 것을 가르친 것이다. 신화는 세상의 진리를 엿보도록 허용하는 "외투"인 것이다. 롱사르가 지상의 원칙을 파악하기 위해 철학의 여신을 등장시킨 것이나 죽음의 등장을 시도한 것 역시 바로 이런 신화의 기능에 대한 앎이 있었기 때문이다.

이런 시인의 기능에 관한 적절한 예로서 〈정의의 찬송Hymne de la Justice〉을 살펴보도록 하자. 이 작품은 신과 인간의 관계가 어떻게 형성되었는지를 설득적으로 보여 주려는 의도에서 쓰인 것으로 보인다. 이 시에 따르면 "신의 말씀을 전달하는 자"인 정의의 여신은 지상의 인간을 "선한 인간"으로 만들 사명과 "그 어느 것도 확실하지 않은" 인간 세계에서 "신성한 정치체제"가 안전히 보호되도록 돌볼 의무를 지니고 있다. 그녀는 천상과 지상 사이에 빈 공간이 없도록 중간의 공간을 차지하는 존재이지만, 동시에 인간들 사이로 내려와 인간의 눈앞에 모습을 드러내는 신의 파견자이기도 하다. 그녀는 신과 인간을 연결하는 자이다. 그러나 이런 우주의 구성에도 불구하고 롱사르는 〈정의의 찬송〉에서 인간 세계에서는 언제나 악이 발생하며, 그 악은 분열과 사기 그리고 전쟁을 촉발하게 되어 있다고 언급한다.

18) XII, p. 50, vv. 78-82.

악의가 길을 나서자마자,
그리고 황금이 빛나는 자기 색깔을
흐릿하게 만들며 모습을 감추자마자,
더 이상 정의는 인간에게 친근하지 않게 되었다 [···]
그리하여 사기와 소송이 지상에 범람하고,
독살과 원한, 논쟁과 전쟁의 살인이
손에 쥔 칼 소리를 내며
무거운 발걸음으로 인간의 머리 위를 걸었다,
살인적인 도끼를 휘둘러
지난 세기에 처음으로 나타난 조화로움을 폭행하였다.[19]

그리고 '악덕'을 이런 불화의 장본인으로 지목한다. 악덕은 인간 세계에 자리를 잡고 온갖 형태로 변화하며 인간의 갈등을 조장하는 주범이다. 그렇지만 악덕은 영원히 인간을 지배할 수는 없다. 왜냐하면 로렌 추기경이라는 역사적 인물로 다시 태어난 정의의 여신이 그 종말을 약속하기 때문이다. 물론, 정의의 여신은 죽음을 맞이할 수밖에 없는 인간인 로렌처럼 지상에 영원히 정착하지 않는다. 그녀는 단지 인간들 사이에 임시로 자리를 잡을 뿐이다. 그렇지만 로렌 추기경이라는 인간으로 변화한 그녀 덕분에 지상에서의 평화와 화합을 바라는 신의 뜻은 인간 세계에 전달될 수 있게 된다. 악덕을 패배시키는 전사인 그녀에 의해 지상은 천상과 직접 마주할 수 있는 기회를 갖게 된 것이다. 정의의 여신에 의해 형성된 이 새로운 관계를 통해서

19) VIII, pp. 51-53, vv. 77-80, 115-120.

롱사르는 인간 역시 신성에 참여할 수 있다는 것을 제시한다. 그렇지만 여기에는 조건이 있다. 인간이 신과의 만남을 약속받았을지라도 지상의 평화는 오직 로렌 추기경으로 모습을 바꾼 정의의 여신의 말에 귀를 기울이는 국왕에 의해서만 실현될 수 있기 때문이다.

> 추기경, 그대가 이렇게 말하자, 국왕은
> 머리를 숙여 그대 청을 들어주었소,
> 그러자 황금시대가 프랑스에 되돌아왔소,
> 이후로 결코 모습을 바꾸지 않는 그것은 프랑스에 머물며
> 우리의 공평하신 국왕인 앙리의 통치하에
> 올바른 법이 꽃피게 하였소, 국왕의 공평하고도 단단한 두 팔은
> 그대 덕분에 법의 힘을 빌려
> 프랑스인들의 괴물이었던 소송의 머리를 내려치게 되었소.[20]

그래서 지상은 선왕을 필요로 한다. 신에 대한 헌신을 약속하고 그의 이름을 부르며, 그의 명예를 드높이는 길에 나설 국왕이 요구되는 것이다.

이처럼 롱사르는 우화를 통해 인간에게도 신의 힘을 이용할 수 있는 능력이 주어질 수 있다는 것과 인간이 신성에 참여할 수 있다는 것을 알리고자 한다. 그리고 여기에서 자신의 세계관을 내비쳐 보인다. 그에 의하면 인간은 신의 직접적인 동반자가 될 수도 있기에 지상의 삶은 더 이상 열등한 삶이 아니며 열등함에 지배되는 불행한 삶도 아닌 것이다. 오히려 지상의 삶은

20) VIII, p. 71, vv. 531-538.

신과의 직접적인 만남을 약속하는 결정적인 한 여정인 것이다. 롱사르는 세상의 운명이란 고정된 것이 아니라는 것을 인간에게 보여 주고자 한다. 신의 질서는 저 멀리 도달할 수 없는 곳에 있지도, 도착 불가능한 곳에 있는 것도 아니다. 신은 인간 세상의 정의로서 이미 자리하고 있기 때문이다. 따라서 〈정의의 찬송〉이 단지 국왕에게 정의를 통치의 의무로 삼아야 한다는 교훈을 주기 위해 쓰인 것이 아니었다고 할 수 있다. 그는 지상에서의 노고가 바로 천상에 질서를 부여하려는 신의 수고와 동일한 성격을 지니고 있다는 것을 보여 줌으로써 인간 스스로 그리고 국왕 스스로 삶을 성스럽게 느끼도록 만들기 위해 이 작품을 쓰게 된 것이다.

물론 현대의 우리는 롱사르의 이런 해석이 매우 순진하다고 느낄 수 있다. 왜냐하면 그는 어째서 갑작스레 악이 지상의 인간들 사이에 자리 잡게 되었는지, 어째서 혼란이 지상의 인간들을 고통스럽게 만들었는지 설명하지도 언급하지도 않기 때문이다. 그리고 어떤 방식으로 악마가 정의의 여신과의 전쟁에서 패하게 되었는지를 묘사하지도 않기 때문이다. 그러나 이런 모든 것은 천상의 질서와 힘이 이미 지상에 숨겨져 있다는 것, 아니 이미 자리하고 있다는 것을 강조하기 위한 그의 시도 앞에서 그리 중요한 것이 아닐 수도 있다. 롱사르에게 있어 중요한 것은 인간의 고통을 영원한 것으로 간주하기보다는 더 나은 삶이 이미 인간의 삶 속에 내재되어 있다는 것, 달리 말해 지상의 신성한 성격을 드러내고, 더 나아가 신과 인간과의 직접적 관계가 형성되는 모습을 보여 주는 시인의 능력을 제시하는 것이었기 때문이다. 바로 여기에서 우리는 신화가 롱사르의 철학적 관점을 전개하는 데 중요한 역할을 하고 있다는 점을 알게 된다. 시인의 고유한 개성이 《찬송시집》을 짓누르고 있는 신화의 언급들로 인해 소멸되고 있다는 지적을 할 수 있을지라도, 그의 신화는 《찬송시집》의 외면과 본질을 구성하는 주요 요소가 되고 있으며, 그것을 통해 시인의 의도가 밝혀지고 있는 것이다.

4. 신화의 가치와 시인의 사명

일반적으로 롱사르의 신화는 17세기 부알로Boileau에 따르면 "외설스러운 indécent" 것이었으며, 생트뵈브는 그것을 현학적인 성격의 산물로 보는 경향이 있었다. 게다가 독서와 교육을 통해서 신화를 해석하는 방식을 익혔기 때문에 그의 신화 사용 방식은 독창적인 것이라고 보기엔 어려운 면이 있다. 그러나 콜레주 드 코크레에서 도라의 지도를 받은 그는 신화를 즉흥적인 감정의 표출이나 종교적인 성향의 표현 수단으로만 여기지 않았다. 신화는 그에게 있어 "최초의 시인들"이라고 할 수 있는 고대작가들에 의해 신중하게 고안된 언어였다. 도라는 제자들을 교육하면서 장식으로서의 신화가 아니라 문학적, 종교적 그리고 도덕적 의미의 보고寶庫로서의 신화의 기능을 찾도록 이끌었다. 이 스승은 오디세우스의 모험은 지혜와 지복le souverain bien에 대한 탐색이고, 세상의 악을 상징하는 무리들에 대한 그의 승리는 무지에 대한 승리 그리고 사악한 것으로 규정된 인간의 정열에 대한 승리라고 가르쳤다. 그에게서의 신화는 고대 발견에 앞장선 인문주의자들이 사용할 수 있는 풍부한 철학적 저장고였다. 따라서 그의 제자들은 신화를 단지 지나간 시간의 유적으로만 여기지 않았다. 오히려 진실을 담고 있는 살아 있는 과거로서의 신화로 파악했다. 신화는 여러 형태의 베일로 가려진 진실의 저장고였던 셈이다.

롱사르의 신화 역시 지금까지 살펴본 것처럼 인간 조건을 탐색하고, 인간과 신의 관계를 제시하기 위해 사용된다. 그의 신화는 지난 과거의 이야기이지만 동시에 현재에도 여전히 유효한 의미를 지니고 있다. 아니 좀더 정확히 말하면 현재의 상황에 대한 의미 부여를 위해 과거가 동원되고 있다고 말할 수 있다. 신화는 인간의 시간에 의미를 부여한다. 과거, 현재, 미래는 신화에 의해 서로 구분되지 않는다. 오히려 신화의 과거는 현재에 작용하여 미래를 암시한다. 바로 이런 신화의 속성에서 롱사르는 시인의 기능을 발견한다. "기억의 딸들인 뮤즈들의 샘물을 가득 마신 자"인 시인은 과거를 기억할 수 있는 자이다. 하루하루를 살아가며 지나온 시간을 잊어 가고 "지나온 시간에 대한 기억을 상실한" 일상의 불완전한 인간들과는 달리, 시인은 지난 시간의 윤곽들을 기억하여 작품 안에 기억이 현재에 줄 수 있는 의미를 미래를 위해 새겨 놓는 자인 것이다. 그래서 시인에게 있어 과거는 현재의 원천이 된다. 과거의 역할은 현재의 시간 안에 감추어진 것, 알려지지 않은 것을 밝혀주는 데 있다. 따라서 죽음의 기원을 언급하는 것은 죽음의 정체를 밝히는 것이고, 정의의 여신의 역할을 상기하는 것은 현재에 숨겨진 정의의 정체를 드러내기 위한 것이며, 황금을 노래한다면 그것은 이 소중한 금속을 감추고 있는 지상을 바라보게 하기 위한 것이다. 지상의 아래에는 천상의 태양을 닮은 황금빛이 숨겨져 있는 것이다.

> […] 한낮에 빛날 때에는
> 태양의 광선처럼 빛을 발하는
> 저 빛나는 황금빛 광물들 […][21]

이런 까닭에 과거를 탐색하는 것은 바로 우주를 탐색하는 것, 그래서 존재의 저 심연에 자리한 것이 무엇인지를 밝혀 주는 행위와 다르지 않게 된다. 과거를 이야기하는 것은 더 이상 존재하지 않는 것을 되살리기 위한 것이 아니라 '지금 그리고 여기'에 감춰진 것을 드러내기 위한 것이다. 그것은 현재의 시간에 감춰진 것을 세상에 드러내기 위한 행위이기도 하다. 바로 이런 이유 때문에 롱사르는 《찬송시집》을 작성하게 된 것이라고 암시한다. 우주에 대한 그의 철학적 탐색은 지상에 시선을 두는 행위이며, 그 시선을 통해 인간의 행위와 존재의 가치를 파악하기 위한 것이라고 말할 수 있다. 그가 지상을 지배하는 악덕에 맞서는 정의를 찬양하는 가운데 인간 운명의 순간성과 터무니없음을 반복하여 노래하는 것은 단지 인간 세계를 고발하고 그것을 회피하기 위한 것은 아니었다. 그것은 지상의 여러 모습들이 언제나 한결같은 모습을 지니고 있지 않다는 것을 보여 주기 위한 것이었다. 그리고 그것은 신에게서 쫓겨나 지하에 있어야 할 "악마들" 또한 인간을 구원하는 매개체의 역할을 하고 있다는 것을 노래하는 데서 발견할 수 있는 것과 같다. 인간 세계에서 어두움과 밝음이 공존하고 있듯이, 인간과 동일한 운명을 지닌 그들은 천상의 높은 곳에서 내려와 인간과 교류하는 자들인 것이다.

그들은 우리가 밤에 기막힌 꿈을 꾸는 동안
우리에게 우리 선한 행위와 악한 행위의 진정한 기호들을 보여 준다.
바로 거기에서 예언이 나온다 [⋯][22]

---

21) VIII, p. 192, vv. 280-282.

여기에서 우리는 우주 역시 고정된 것이 아니며, 신화의 세계를 구성하는 존재들도 자기만의 공간에 갇혀 있지 않다는 것을 확인하는 롱사르를 만날 수 있다. 숭고한 천상과 열등한 지상이라는 서열화된 세계 안에서, 이 두 세계가 끊임없이 소통하고 있음을 그는 믿고 있는 것이다. 그래서 그의 신화는 지상의 속성을 노래하고 있으며, 그 속성은 바로 신들의 속성을 닮아 있다는 것을 제시하는 데 기여한다고 말할 수 있다. 인간과 인간을 창조한 신들의 세계는 서로 밀접한 연관을 이루고 있기에, 욕망과 열정은 더 이상 시인이 배제해야 할 대상이 될 수 없는 것이다. 롱사르는 신화를 통해 신과 우주의 구성요소들, 별, 행성, 그리고 인간 삶의 운동들이 모두 동일한 맥락 속에서 파악될 수 있다는 것을 제시함으로써 지상이 포함된 우주의 총체를 그려 보이고 싶었던 것이다.

《찬송시집》에서 롱사르는 이렇게 소우주와 대우주가 서로 교통하는 것을 알고 있는 시인, 그것을 언어로 보여 주는 능력을 지닌 시인, 상상의 세계에서 우주의 지식을 간파함으로써 지상의 인간들에게 그들의 위치와 그들의 운명에 담겨진 성스러움을 알려 주는 계시자로서의 시인을 소개한다. 롱사르는 인간을 위협하는 온갖 요소들에 맞서 인간에게 내재된 빛의 요소들을 볼 수 있는 시인의 기능을 정의한다. 단지 중세식의 단편적인 알레고리의 기능이 아닌 새로운 비의적 의미를 그는 신화에 부여하여 그것을 새롭게 해석한다. 그는 신화에게 세계의 감추어진 비밀을 전달하는 기능을 맡겨 신화가 천상을 엿보기 위한 시적 탐색의 도구 그리고 신의 창조의 비밀을

22) VIII, p. 126, vv. 215-217.

환기하여 형언할 수 없는 감탄과 경탄을 자아내는 서정성의 발현에 기여하는 요소가 되도록 만드는 것이다. 그는 지상의 조건에 대한 성찰과 시인의 역할에 대한 고찰에 힘입어 《찬송시집》을 쓰게 된 것이다. 그는 천상의 비밀을 간파하여 신화라는 베일을 통해 인간을 닮은 시를 쓰려고 한 것이다. 그리고 천상과 지상의 중재인intercesseur으로 자신을 파악하는 그는 이 시집을 지상의 인간에게 보내는 최고의 선물로 여기게 만드는 것이다.

《찬송시집》은 분명 교훈적인 기능을 담고 있다. 지금의 관점에서 보면 시의 이런 교육적 기능을 서정시의 범주에 담을 수 없을 것처럼 보이며, 시인의 이런 신성함의 주장이 낯설게 느껴질 수도 있다. 그러나 시인의 위상이 확립되지 못한 당시로서는 새롭고 혁명적인 것이었음을 부인할 수 없다. 신화의 과거에서 현재를 읽고 미래를 예견하며, 영원의 법칙과 그 속에 숨겨진 신비함을 엿볼 수 있는 시인의 능력을 통해서 롱사르는 시가 하나의 신학 그리고 하나의 철학이 될 수도 있음을 주장한다. 그의 《찬송시집》에 의해 시는 언어에 내재된 깊고 다양한 의미의 망을 통해 지상의 인간들에게 천상의 진리를 전달하는 한 방법이 된다. 그리고 별을 포함한 천체와 악마들, 죽음과 신화적 인물, 그리고 영원에 대해 이야기하는 시인은 모든 학문을 포용하며 우주의 지식에 접근할 수 있는 진정한 의미의 학자docte가 된다. 《찬송시집》과 더불어 시인은 지상과 천상을 둘러싼 모든 것들이 동등하며 조화를 이루고 있다는 것을 간파하고 엿보는 능력과 권위를 증명하기에 이르는 것이다.

4장

시대의 고통을 기록하는 시인

《논설시집*Les Discours*》

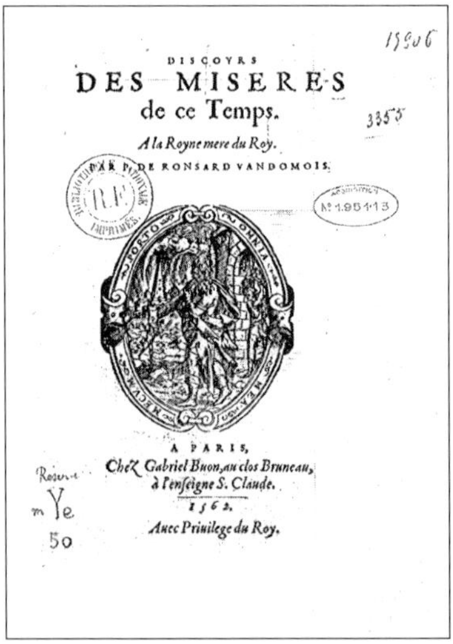

DISCOVRS
DES MISERES
de ce Temps.
A la Royne mere du Roy.
PAR P. DE RONSARD VANDOMOIS.
A PARIS,
CheZ Gabriel Buon, au clos Bruneau,
à l'enseigne S. Claude.
1562.
Auec Priuilege du Roy.

《논설시집》
(파리, 가브리엘 뷔옹, 1562, in-4°)

RESPONCE.

Ou soit que les Destins, à nostre mal, constans,
Soit que l'ire de Dieu face regner long temps
Cette secte aprés moy, race ie te supplie
Ne t'incense iamais apres telle folye,
Et relisant ces vers, ie te pry de penser
Qu'en Saxe ie l'ay veue en mes iours commencer,
Non comme Christ la sienne: ains par force & puissance
Desoubs vn Apostat elle print sa naissance:
Le feu, le sang, le fer en sont le fondement,
Dieu vueille que la fin en arriue autrement,
Et que le grand flambeau de la guerre alumée,
Comme vn tyZon de feu se consume en fumée.

F.I.N.

Aux bons & Fidelles Mede-
CINS PREDICANS, SVR LA
prise des trois pillules, qu'ils m'ont
enuoyées.

MEs bons & fidelles Medecins Predicans, tout ainsi que de gayeté de cueur, & sans froncer le sourcy, i'ay gobbé & aualle les troys pillules que de vostre grace m'auez ordonnées : lesquelles toutesfoys n'ont fait en mon cerueau l'entiere operation que desiriez, come vous

《모욕과 비방에 관한 답변》
(파리, 가브리엘 뷔옹, 1563, in-4°)의 한 쪽

1. 궁정시인의 역할과 시집 발간

흔히 생각하는 것과는 달리 앙리 2세의 통치 기간 중 롱사르는 물질적인 안정이나 정치적인 보호를 받지 못하였다. 그는 궁정에서 지식인으로서의 높은 위상을 누리며 존경과 호기심의 대상이 된 시인이었지만, 앙리 2세가 자신에 대한 찬양에 걸맞은 물질적인 혜택으로 그를 보상해준 것은 아니었다. 그런데 이런 상황이 1559년 초에 변하기 시작했다. 앙리 2세의 총애를 한 몸에 받던 시인 생 즐레가 사망하며 공석으로 남은 "궁정시인 겸 사제장 Poète et Aumônier du Roi"이라는 공식 지위에 롱사르가 오르게 된 것이다. 그리고 같은 해 앙리 2세가 마상 시합에서 얻은 부상으로 갑작스레 사망하게 되자 그 뒤를 계승한 프랑수아 2세와 샤를 9세 시기에 롱사르는 이전에 비해 상대적으로 더 안정적인 삶을 누리게 된다. 특히 시에 대해 각별한 관심을 지닌 샤를 9세는 물질적 안정을 기대했던 그가 오랫동안 기다려 왔던 국왕이기도 했다.

그러나 롱사르에게 궁정시인의 직위는 또 다른 길로 들어서는 계기가 되었던 것 역시 사실이다. 궁정의 문화적 취향에 맞춰 작품을 작성하여 왕족과 귀족들에게 바쳐야 했으며, 정치적 상황을 반영하는 작품들로 왕실의 영광을 노래해야만 했던 것이다. 1559년 그는 〈운명에 관한 비난 논설 Discours contre la Fortune〉에서 궁정의 삶에 대한 자신의 불편함을 이렇게 고백하고 있다.

> 루브르로 가는 길을 자주 알게 되면서
> 그대[국왕]가 자리에 누울 때나
> 자리에서 일어날 때, 원하지 않았지만
> 딱딱한 땅 위에 서 있어야 하는 것을,
> 그대 뒤를 따라야 한다는 것을, 내 천성을 구속해야 한다는 것을 배웠다.
> 즉, 일 년도 안 되어 나는 완전히 변하였다 […]
> 나에게 기쁨을 주었던 아폴론이 이제는 불편하다,
> 이후로 나의 정신은 예전처럼
> 공부에 임할 수도 없게 되었고, 나의 풍성한 펜은
> 사용하지 않다 보니, 곰팡이가 피어 못 쓰게 되었다 […]
> 나는 천진난만한 내 얼굴을 가장하는 것과
> 타인의 죽음을 기대하며
> 엿보고, 들으며, 자리를 바꾸는 것을 배웠다,
> 타인의 죽음으로 자기 재산을 늘리게 되는 가엾은 방법을.[1)]

시적 영감을 상실하게 만드는 궁정의 삶에 대한 시인의 이런 고백은 주문시

1) X, pp. 22-23, vv. 126-131, 135-138, 141-144.

를 작성할 수밖에 없었던 불가피한 상황에 대한 불만의 토로로 여겨질 수 있다. 그래서 위선과 가식이 난무하는 공간에서 롱사르는 자신의 고유한 시의 길을 뒤로 한 채 궁정의 요구에 부응하는 작품들을 쓸 수밖에 없었을 것이라는 견해들이 있어 왔다. 그러나 이런 해석은 궁정시인인 롱사르에 대한 정확한 이해를 반영한다고 말할 수 없다. 또한 종교전쟁 발발에 즈음하여 궁정의 대변인으로서 그가 쓴 일련의 작품들이 지닌 문학적 가치를 소홀히 취급할 위험이 있다. 이를 위해 우리는 내란의 한복판에서 그가 작성한 일련의 《논설시집*Les Discours*》에 관심을 가져 보도록 한다.

1560년대 초반에 시작되어 30여 년 동안 계속된 여덟 번의 종교전쟁은 인간의 삶에서 시선을 떼지는 않았지만 동시에 궁정의 대변인 역할을 수행해야만 했던 롱사르를 무관심하게 내버려 두지 않았다. "그가 《찬송시집》을 통해 추구하고자 했으나 실제로 얻지 못한 그 무엇이 이제는 정치적 사건에 의해 현실이 되고 말았다"라는 지적이 있듯이, 롱사르는 종교전쟁의 한복판에서 후에 가톨릭교의 대변인이었다는 평가를 받게 될 역할을 수행하게 된다. 종교전쟁이 진행됨에 따라 그는 〈이 시대의 불행에 관한 논설Discours des Miseres de ce Temp〉(1562년 5월), 〈이 시대의 불행에 관한 논설 속편Continuation du Discours des Miseres de ce Temps〉(1562년 8월), 〈프랑스 민중에게 보내는 훈계Remonstrance au peuple de France〉(1562년 12월), 〈누군지 모르는 제네바의 몇몇 목사와 사제의 모욕과 비방에 관한 답변Responce aux injures et calomnies, de je ne sçay quels Predicans, & Ministres de Geneve〉(1563년 4월) 등의 4편을 연달아 선보인다. 특수한 상황에서 특별한 목적을 지니고 탄생한 위 작품들 가운데에서 특히 〈이 시대의 불행에 관한 논설〉은 1562년부터 1572년까지 팸플릿 형태로 41번이나 출판이 될 정도로 당시에 즐겨 읽힌 작품 가운데 하나였다. 심지어 이 작품은 시인과 계약을 맺지 않은 익명의 지방 출판사에서 시인의 이름이 삭제된 채 인쇄되어 널리 배급되기도 했다.

책의 이러한 출판 양상은 내란의 갈등을 직접 경험하고 있던 독자들에 대한 그의 영향력이 적지 않았다는 것을 추측케 한다. 그의 작품 활동은 이미 오래전부터 일반 독자가 관심을 가지는 대상이었으며, 따라서 그의 목소리가 지닌 울림은 당시 사회에 상당히 크게 작용했을 것이다. 1586년 2월 롱사르의 추모식을 주관한 뒤 페롱Jacques Davy Du Perron이 소개하고 있는 것도 바로 종교전쟁의 상황에서 출간된 위 작품들의 가치에 관한 것이었다.

> 언제나 확신과 의연함을 보여 주었고, 온갖 세이렌의 마법에 결코 자신을 내맡기지 않았으며, 자기 선조들의 신앙과 종교를 결코 타락시키지 않았던 롱사르는 […] 페스트 같은 작가들에 맞서서 그렇게 교회를 옹호하고 지지하는 자들을 위해 마치 신화를 자기의 것인 양 기막히게 적절히 사용하였다. […] 그리하여 문예와 인문정신의 우아함과 부드러움이—그것들을 자기 것이라 주장한—신교 작가들의 손에 넘어가지 않았다는 것을 사람들은 즉시 인정하게 되었다.

그런데 과연 이 작품을 일시적이고 한정적인 상황에서 탄생한 정치 팸플릿으로 보아야 할 것인지, 아니면 뛰어난 문학작품으로 보아야 할 것인지는 여전히 의문의 대상이 된다. 또한 그가 정치적 색채가 농후한 작품을 쓰게 된 것에는 궁정시인으로서의 역할이 요구했기 때문인지, 아니면 궁정시인의 역할을 수행하기 위해 자발적으로 작품을 쓴 것인지도 문제가 된다. 물론 여기에서 롱사르의 정치적 신념이 중요한 역할을 했으리라는 것을 생각해 볼 수도 있다. 심지어는 그가 이런 작품을 간행하게 된 것에는 세속적인 명성을 얻으려는 이유가 있었다고 지적할 수도 있다. 이런 여러 원인들과 더불어 우리는 과연 문학적 혹은 시적 이유는 없었던 것인지 자문하게 된다. 대체 어떤 이유로 그는 이 작품을 쓰게 되었으며, 작품 속에서 그가 제시하는 시적 비전이 어떠한 것인지 확인할 필요가 있는 것이다. 왜냐하면 뒤에서 말하겠지만 《논설시집》의 출간은 시인의 신념의 문제이자 동시에 시의 문제, 르네상스 시기의 시의 역할이나 시인의 기능과 관련된 제반 문제들을 제기하고 있기 때문이다. 이를 위해 우선 작품이 쓰였던 시기의 상황을 살펴볼 필요가 있다.

2. 암울한 현실 속의 시인

1562년 3월 1일 로렌 가문의 장자이자 가톨릭을 신봉하는 귀족들의 수장인 프랑수아 드 기즈François de Guise 공작은 종교의식을 거행하기 위해 집결한 신교도들(당시엔 위그노라 부름)을 지금의 오트 마른Haute-Marne 지역의 조그마한 마을 바시Wassy에서 발견하게 된다. 도시 성곽 밖에서만 신교도들의 집회를 허용한 1562년 1월 칙령을 위반한 이 모임에 기즈 공은 군사를 이끌고 들어가 70여 명 이상의 신교도들을 학살하기에 이른다.

1517년 루터가 95개의 교리를 선포한 이래 종교개혁파의 확산은 시대의 요청으로 여겨지고 있었다. 성직자들의 부패가 극에 이르고 있었으며, 교구직의 매매가 공공연히 이루어지고 있었다. 초기에 종교개혁파들은 교리의 문제를 다루기보다는 교회 관습의 개혁이 필요함을 역설하며 구교와 꾸준히 협상을 이끌어 갔다. 그러나 일부 가톨릭 교회의 부패는 더 이상 치유될 수 없는 단계에 도달하였고, 이에 로마 교회로부터 독립된 새롭고 순수한 교회, 오직 성서 안에서 정의될 수 있는 신앙의 장소가 될 새로운 교회가 탄생되어야 한다는 주장이 끊임없이 제기되었다. 1534년 루터의 격문 사건은 종교개혁에 있어서 중요한 사건이었지만, 신교에 대한 대대적인 탄압의 원인을 제공함으로써 프랑스에서 신교의 위상을 약화시킨 계기가 되기도 했다. 그러나 1541년 제네바에 정착한 칼뱅이 새로운 교회의 권위에 대한 절대적 복종을 주장함으로써 이 상황에 변화를 가져온다. 1555년 파리에 거주하는 신교에 호의적인 공동체가 최초로 조직화된 종교개혁 교회를 설립한 후, 지방에서의 신교의 확산은 놀라울 정도로 가속화된다. 1561년 카트린 드 메디시스Catherine de Médicis가 신교의 수장 콜리니Coligny 공에게 종교개혁 교회의 수를 물었을 때 그는 2,150개의 교회와 3백만 명의 신도들이 있다고 답할 정도였다.

그런데 위그노들의 이런 확산은 왕권의 약화와도 밀접한 관련이 있다. 앙리 2세의 갑작스런 죽음은 과부인 카트린에게 섭정을, 그리고 어린 두 왕자에게 국왕의 역할을 맡기는 상황을 초래했다. 이에 당시 막강한 권력을 누리는 가문이었던 부르봉Bourbon, 몽모랑시Montmorency, 기즈Guise 가문들은 정치, 종교적 측면에서 왕국의 권력을 얻으려고 시도했다. 나바르 국왕인 앙투안 드 부르봉Antoine de Bournon과 여왕 잔 달브레Jeanne d'Albret는 칼뱅주의로 개종하였고, 당시 프랑스군 총사령관이었던 안 드 몽모랑시는 가톨릭 독신자였으며, 그의 세 조카인 콜리니 경, 오데 드 샤티옹 추기경, 프랑수아 앙들로François Andelot는 반대로 칼뱅주의자였다. 이들에 맞선 프랑수아 드 기즈 공과 로렌 추기경은 가톨릭주의자였다.

귀족사회의 분열은 왕권의 약화를 가속화시켰고, 이런 상황 속에서 섭정을 맡은 카트린은 우리가 흔히 '화해파', 혹은 '중도파'라고 부르는 미셸 드 로피탈이나 장 드 몽뤼크Jean de Monluc 주교 등과 함께 정치세력을 형성하며 귀족 간의 세력 경쟁을 견제하게 된다. 1561년 푸아시Poissy에서 소집된 삼부회의는 두 정치 진영의 화해를 이끌어 내기 위한 것이었으나 실패하게 된다. 그리하여 신교의 빠른 확산이 가톨릭교회의 붕괴를 가져올 것을 염려한 왕실은 1562년 1월 칙령을 통해 신교의 집회 허가를 도시 성곽 밖으로 제한한다. 바로 이때 새로운 종교의 신봉자들에 대한 무력 투쟁을 강력하게 주장해 온 기즈 공작에 의해 신교 학살 사건이 벌어지게 된 것이다. 이 사건은 신교도들에게 무장의 빌미를 제공하였다. 신교는 리옹, 오를레앙, 앙제, 블루아, 툴, 루앙 등의 주요 도시들을 점령함으로써 후에 1차 종교전쟁이라고 불리는 내전의 시작을 알리게 된다. 36년이 지나서야 프랑스는 비로소 이 피비린내 나는 내란에서 벗어날 수 있게 된다. 롱사르의 작품은 이런 정치적 환경 속에서 탄생하였다. 그러나 갈등의 양상이 변함에 따라, 그리고 그것이 자신에게 요구하는 바에 따라 시대상황에 대한 그의 관점와 그것을 표현하는 목소리에서 변화가 발견된다. 이를 위해 작품별로 간략하게 내용을 살펴보도록 하자.

1560-61년 롱사르는 예전의 후원자였으나, 지금은 자신에 대한 관심을 표명하지 않고 있는 로렌 추기경 샤를을 소재로 삼은 〈소송Le Procès〉을 출간한다. 여기에서 자신을 후원하겠다는 예전의 약속을 저버린 그를 심판하는 장면을 연출한다. 그런데 이 작품에 드러나는 롱사르의 실망과 비난의 표현

들은 자신이 궁정 안에서 후원자를 상실하였다는 것을 고백하는 것 이외의 다른 것이 아니었다. 그에게는 또 다른 메세나, 그러나 지속적인 후원을 약속할 수 있는 다른 메세나가 필요했다. 그 후원자를 롱사르는 국왕에게서 발견한다. 이를 위해 그는 10살의 어린 국왕에게 바치는 〈군주의 교육 Institution du Prince〉을 작성한다. 물론, 이런 창작행위는 《에세》 1권에서 여러 번에 걸쳐 국왕에게 조언을 아끼지 않았던 몽테뉴와 그에 앞서 로피탈이 라틴어로 작성한 〈프랑수아 2세의 교육De sacra Franciscii II, Galliarum regis initiatione〉을 프랑스어로 옮겨 출판한 뒤 벨레의 경우가 보여 주듯, 에라스무스 이후 국왕에게 통치에 관계된 가르침을 주는 것을 의무로 삼는 인문주의자들의 전통을 계승하는 것이기도 했다.

국왕에 대한 일종의 교육 지침서라고 할 수 있는 이 작품에서 롱사르는 샤를의 정신적 횃불이 되기를 자처한다. 그는 지적인 미덕이 정치적이고 윤리적인 미덕에 앞선다는 것을 주장하며 수학, 웅변술, 역사, 음악과 같은 기초 학문과 육체적 단련을 권고할 뿐만 아니라 윤리적 미덕의 측면에서 신에 대한 강렬한 봉헌의 자세와 백성을 위한 "관대한 손"이 국왕에게 필요하다고 제시한다.

왕이시여, 프랑스의 국왕이라는 것이 전부는 아닙니다,
그대의 어린 시절은 미덕의 찬양을 받아야만 합니다,
미덕을 갖추지 못한 국왕은 왕홀을 쥐고 있다 한들 소용이 없고,
그대의 손을 담당하고 있는 그것은 그대에게 짐이 될 뿐입니다 […]
빈정거리거나 손을 너무 높이 치켜들지[강압적이지] 마십시오,

언제나 그대가 인간이라는 것을 기억하십시오,
이러저러한 담보나 세금으로 그대 신하들을 갈취하지 마십시오,
까닭 없이 [외국과] 전쟁이나 전투를 벌이지도 마십시오,
그대 선조들과 그대가 모은 부들을 지키십시오,
그대 이곳에서 충분히 만족하며 살 수 있을 터이니 […]
고귀한 육체처럼 그대 고귀한 영혼을 지니셨으니,
관대한 손으로 백성들을 그대에게로 이끌어야 하며,
가장 해로운 악은
인색하고 탐욕스런 왕이라는 것을 명심하십시오 […]
귀족이 백성에게 상처 입히는 것을 용서하지 마십시오,
백성이 귀족을 따르지 않는 것을 용서하지 마십시오,
그대의 재산을 지혜와 이성으로 지배하십시오.
자기 집과 부인, 아이들과 신하들을
다스리지 못하는 국왕은
저 커다란 나라를 지배할 수 없을 것입니다.[2)]

국왕에게 고귀한 교훈을 주는 롱사르의 이런 태도는 분명 섭정이었던 카트린 드 메디시스의 호감을 불러일으킬 수 있었을 것이다. 심지어 그는 예전 국왕들의 숭고하고 화려한 업적을 상기시키는 가운데 카트린 드 메디시스를 노골적으로 찬양하기도 한다.

그대의 소박한 어머니를 찬양해야 하며,

2) XI, pp. 3-11, vv. 1-4, 131-136, 141-144, 153-159.

그녀를 두려워하고 섬겨야만 합니다 [...][3]

물론, 롱사르가 카트린 드 메디시스의 호의를 얻기 위해 전체적으로 이 작품을 썼다고 보기는 어렵다. 오히려 오래전부터 자신이 지켜 온 믿음을 바탕으로 하여 국왕에게 프랑스 선왕의 전통을 유지하기 위한 권고를 하고 있다고 보는 것이 더 적절하다. 그가 프랑스 선조들의 종교인 가톨릭 신에 대한 믿음을 굳건히 간직하기를 요구하기 때문이다. 그런데 이때의 롱사르는 교황이나 교회의 부패에 대한 언급을 자제하고 있다. 다만 그가 상기하는 것은

백성들이 머릿속에
새로운 종교의 그럴듯한 말들을 간직하지 못하도록 하기 위해[4]

종교적 분열의 시기에 개입하여 신교의 확장을 저지해야 한다는 국왕의 사명뿐이다. 롱사르의 이런 주장을 살펴보면 이 시기 새로운 종교의 등장이 그에게 그렇게 위협적인 것도 아니었으며, 그리고 그것을 비난할 필요성을 느끼게 했다고도 볼 수는 없다. 다만 그는 신교의 등장을 "(헛된) 생각", 즉 대중적 여론의 폐해로 간주할 뿐이다.

그러나 1562년 종교전쟁의 발발과 더불어 그해 여름에 출판된 〈이 시대의 불행에 관한 논설〉에서 롱사르는 카트린 드 메디시스에 대한 절대적이고도 한편으로는 순진하기도 한 신뢰를 더욱 강하게 표현한다. 그에 따르면

3) XI, p. 7, vv. 64-65.
4) XI, p. 7, vv. 69-70.

그녀는 험난한 대양에서 배를 항구로 무사히 귀환시키는 일을 담당한 함대의 선장이다. 프랑스의 미래의 안정은 오직 그녀의 권력에 달려 있다.

> 오! 여왕이시여, 잔혹한 폭풍우가
> 프랑스인들을 참혹한 난파로 위협하는 이 시대에,
> 우박과 폭우, 신들의 분노가
> 폭동의 바람으로 바람을 뒤흔드는 이 시대에,
> 쌍둥이별이 더 이상 빛나려 하지 않는 이 시대에,
> 이 가련한 배의 키를 잡아 주시오,
> 폭풍우와 바다와 바람의
> 저 잔인한 힘을 넘어 배를 항구로 이끌어가 주시오.[5)]

그의 어조를 높인 이런 권고의 표현은 카트린이 종교적이고도 정치적인 갈등에 개입해서 그 불화를 치유해 주기를 바라는 당시의 정서적 분위기를 반영하고 있다고 볼 수 있다.

〈이 시대의 불행에 관한 논설 속편〉은 전편보다 좀더 고조된 시인의 목소리를 담고 있다. 여기에서 롱사르는 귀족간의 암살, 교회의 파괴, 동요하는 민중의 소요 등이 평화주의자이자 신앙인인 국왕을 걱정하게 만드는 요소들이며, 이제 국왕이 해야 할 일은 갈등을 치유하는 것이 아니라 갈등을 조장한 자들을 벌하는 것이라고 주장한다. 이를 위해 길에서 도둑들을 만나 가슴에 칼을, 그리고 영혼에 상처를 입은 의인화된 "프랑스"를 묘사한다. 그 도둑

5) XI, p. 21, vv. 43-50.

들은 바로 "신의 신하들"이며, "천년왕국의 계승자들"이라고 외치는 "정신 나간 가련한 자들"이다. 그러나 이 시에서 롱사르는 이들의 믿음 자체를 고발하지는 않는다. 그가 비난하는 것은 이들이 지상에서 신을 위해 벌인 폭력적 행위이다.

> 뭐라구? 집을 불태우고, 약탈하고, 강탈하고,
> 죽이고 암살하고, 강제로 명령하고,
> 더 이상 국왕을 믿지 말라 하고, 군대를 모으는
> 이 모든 것을 개혁 교회라고 부를 수 있는가?
> 가슴이 아니라 그대들이 입으로만
> 부르는 예수는 그렇게 하지 않았다.
> 성 바울은 설교를 하기 위해 겸손과 단식과 눈물 이외의
> 어떤 군대도 모으지 않았다,
> 순교자들은 폭압의 가장 고된 시기에도
> 설교 이외의 다른 것으로 무장하지 않았다.[6]

이런 어조에도 불구하고 〈논설 속편〉의 시인은 여전히 타협적이며 화해적인 입장을 견지한다. 프랑스가 무너지는 것을 막기 위한 시간이 여전히 남아 있다는 믿음을 갖고 있기 때문이다. 심지어 그는 신교의 정신적 주교인 테오도르 드 베즈에게 직접 말을 걸어 신교의 무력 투쟁을 잠재워 줄 것을 호소하기도 한다.

6) XI, p. 37, vv. 45-54.

드 베즈, 나의 벗이여, 프랑스가 그댈 위해
그런 전쟁을 벌이는 것은 아무런 가치가 없소![7]

이와는 달리 〈프랑스 민중에게 보내는 훈계〉는 좀더 흥분되고 정치적인 입장을 이전 작품에서보다 더 노골적으로 드러내는 롱사르를 보여 준다. 푸아시 삼부회의와 콩데Condé 공이 파리로 진격한 시기(1562년 12월)에 작성된 이 작품은 더 이상 카트린에 대한 신뢰를 표현하지 않는다. 그녀가 보인 화해의 시도는 실패했고, 상황은 정치 권력자들의 손을 벗어난 것처럼 보이기 때문이다. 그리하여 이제 시인이 호소할 곳은 다른 그 누구보다도 기독교 신이 된다. 이 신은 "기독교인, 유대인, 터키인, 모두의 공동의 아버지"이기 때문이며, 아직까지 자신에게 복종하지 않은 자들, 즉 프랑스의 전통적인 가톨릭 신도로서의 역할을 저버린 자들에게 벌을 주지 않고 있기 때문이다. 그러나 롱사르는 시대의 불안을 보고서도 침묵하는 신에 대해 원망 어린 외침을 던지기를 주저하지 않는다.

오 전능하신 신이시여, 모든 나라에
진정 인자하셨던 신이시여!
그 높은 곳에서 천둥과 벼락을 지닌들 무슨 소용이 있습니까?
그대가 불꽃으로 지상을 불태우시지 않는다면.
그대는 권좌에 그냥 그렇게 계시렵니까?[8]

---

7) XI, p. 43 vv. 141-142.
8) XI, p. 63, vv. 9-13.

신의 태도에 실망한 그는 작품 말미에 정의로운 군대의 신인 여호와를 불러와 이 혼란의 책임자와 그를 추종하는 자들을 멸해 줄 것을 호소한다.

구름 사이에 머무시는 위대하고 선하신 신이시여,
이 전쟁의 주동자들을 알고 있으신 신이시여,
모든 것을 보고, 듣고, 이해하시는 신이시여,
간청하건대, 봄날의 풀이
들판에서 새로운 꽃을 피우게 되면 즉시
이 불행의 주동자들이 멸하게 해 주소서,
그들이 이 땅을 자신들 피로 물들이게 하소서,
그들의 동료들이 전장의 한복판에서
뜨거움에 헐떡이며 거꾸로 쓰러지도록 하소서,
악다문 그들의 입에 하얀 가루를 물게 하소서,
신이시여, 그대 이름을 의심치 않고 따르며,
꽃으로 월계관을 쓴 수많은 이들이 큰 목소리로
죽은 자들의 한복판에서 그대의 명예를 찬양하게 하소서,
그리고 성가로써 세대를 넘어
미래의 사람들에게 그대 미덕과 은총을 노래하게 하소서.[9]

롱사르는 작품 서두의 기독교의 신에 대한 환기에서 작품 끝 부분의 정의로운 군대의 신에 대한 호소로 자리를 옮기는 동안 프랑스를 구성하는 4개의 계급, 성직자, 법관, 귀족, 민중들을 불러와 평화에 대한, 그리고 신교의 소멸

9) XI, pp. 105-106, vv. 827-844.

을 위한 외침을 부르짖는다. 이전과는 달리 그의 목소리는 고양되고 평화에 대한 외침은 격렬하다. 그런데 이런 태도의 변화는 그가 단지 궁정의 정치적 이해를 대변해야 하는 시인이었기 때문에 가능했던 것은 아니다. 왜냐하면 국왕과 카트린 드 메디시스의 희망을 대신하고 있다고 볼 수도 있는 정치 권력자에 대한 초기의 호소가 시간이 지나며 그의 작품 안에서 사라져 가고 있기 때문이다. 오히려 격양된 어조는 시대의 상황에 대한 그의 개인적인 정치적 신념의 표현으로 보는 것이 더 적절해 보이기도 한다. 사실, 이 일련의 논설시편들에서 롱사르는 결코 종교적 문제를 심각하게 제기하지 않는다. 비록 젊었을 때에는 스스로 고백하고 있듯이 한동안 종교개혁 사상에 매력을 느끼기도 했고, 교회의 자체적인 개혁의 필요성을 역설한 바도 있지만, 기독교와 이방의 종교가 세계 내에서 공존하고 있듯이, 구교와 신교의 어울림 역시 가능하다고 생각한다. 그러나 그는 이 공존이 상호 파괴를 통해 이루어지는 것은 아니라고 판단한다. 여전히 가톨릭 성직자이고 로마 교회에 소속되어 있는 그는 전통의 파괴나 부정을 보게 되길 원하지 않는다.

"가련한 비방자들"인 신교의 〈비방에 관한 답변〉은 그의 이런 신념Credo을 상세히 설명하는 작품이라고 할 수 있다. 그는 자신의 믿음을 위해 죽을 각오를 할 수 있지만, 그것 자체에 대해 왈가왈부하는 것을 바라지 않는다. 오직 신만이 모든 것을 알 수 있을 뿐, 인간의 생각이나 사고는 신의 뜻을 알 수 없다고 그는 말한다. 가장 현명한 인간이라 해도 단지 왜소한 동물일 뿐이며, 꿈과 같은 존재, 연기와 같이 사라져 갈 존재일 뿐이다. 게다가 인간의 생각이란 인간의 눈을 멀게 만드는 요소이기도 하다. 사람들의 의견이라는 것은 제거되어야 하는 괴물인 것이다. 작품에 드러난 약간은 회의적인 그의 이런 신념의 표현은 〈훈계〉에서 "단지 신을 믿어야만 하며 그에 대해 논의해서는 안 된다"라고 말하고 있는 것과 같이, 신의 권위에 대한 변함없는 꾸준한 신뢰의 표현이라고 할 수 있으며, 동시에 신의 아들인 국왕에 대한 절대적 복종을 촉구하는 호소라고도 할 수 있다.

그런데 완벽하고, 영원한 정수로 가득 차고,
미덕, 선의, 힘, 무한한 권위로
넘쳐 나는 이 신은 모든 것을 보고, 모든 것을 알고 있다,
시작도, 중간도, 끝도 없는,
고귀하고 지고한 이 신성은
자신의 재산 이외의 다른 어느 것도 원치 않는다.
그로 인해 시작되고, 그로 인해 끝이 난다.
즉, 백성들의 아버지이고 사제라고 불리는
이 영원한 군주, 이 영주, 이 국왕은
인간의 불행을 안타깝게 여기시어,
죄악을 무너뜨리길 원하시어,
이 세상에 자신의 유일한 아들을 보내셨다,
그와 같이 영원하고, 같은 데서 태어나
자기 아버지의 영광 전체를 얻으신 그를.[10]

이상과 같이 4편의 작품에서 우리는 롱사르의 종교적 신념이 정치적 보수주의와 밀접한 관련을 맺고 있다는 인상을 받을 수 있다. 그러나 그는 종교와

10) XI, pp. 135-136, vv. 359-372.

정치를 구분하길 원치 않으며, 그렇다고 해서 종교적 교리의 문제를 가지고 가톨릭 교회의 전통을 이어 온 정치집단을 지지하려고도 하지 않는다.

> 모든 왕홀, 모든 제국, 모든 지역은
> 종교에 의해 영광되게 꽃을 피우고,
> 종교에 의해 우리는 평화로울 수도 있고 전쟁을 하기도 한다.
> 그것이 인간을 지탱하는 진정한 유대이기 때문이다.[11)]

그가 바라는 것은 로마 교회에 충실하였던 오랜 전통을 현재의 갈등을 극복하고 다시 보는 것이며, 프랑스 왕권에 대한 변함없는 복종의 세계가 펼쳐지는 것을 목격하는 것이다. 이런 롱사르가 보기에 신교의 가장 큰 오류는 바로 왕의 권력과 위상 자체를 무력으로 위협하는 행위이다.

> [···] 그대는 그대의 영주이신 국왕으로부터
> 왕홀을 빼앗는 영광을 얻으려 하는가?
> 자연이 주신 그대의 군주이신 어린 국왕으로부터
> 무기를 사용해 빼앗으려 하는가?
> 그대의 부모들은 선조이신 우리 국왕들로부터
> 명예와 부를 얻어 그대에게 영광을 주었건만 [···][12)]

즉, 그는 종교적 갈등의 근본에는 정치권력을 새로운 권력으로 교체하려는

---

11) XI, p. 84, vv. 397-400.
12) XI, p. 88, vv. 473-478.

앙투안 카롱, 《삼두 정치 치하의 대학살》(1566, 루브르 미술관)

정치적 의도가 있다고 생각한다. 그가 드 베즈를 비난하고 있는 점도 바로 이것이다. 이 신교의 정신적 아버지가 생각하는 종교개혁이란 국왕이 원하지 않는 반란을 통해 "전국을 유혹하려는 미끼" 이외의 다른 것이 아니다. 혼돈의 역사 앞에서 롱사르가 두려워하고 경계하는 것도 바로 군주를 바꾸고자 하는 정치적 의도, 왕권에 위기를 불러와 새로운 정치체제의 출현을 갈구하는 전복의 욕망이었다.

이런 그의 관점에서 우리는 종교전쟁이 진행되고 있는 동안 롱사르가 펜을 들 수밖에 없었던 이유 하나를 발견하게 된다. 단지 종교적 신념을 강조하기 위해, 혹은 궁정의 이해를 대변하기 위해 그가 작품을 작성하였다고 보기는 힘들기 때문이다. 그것은 그가 고백하고 있듯이 "나라와 나라의 법에 대한 사랑"이다. 프랑스에 대한 사랑으로 인해 그는 예전에 로마가

겪었던 황폐화와 독일이 종교개혁으로 인해 거쳐야만 했던 혼란에 프랑스가 머물러 있기를 바라지 않으며, 프랑스 민중들이 이런 시련의 희생자가 되기를 원하지도 않는다. 그는 "살인과 불길의 저 극도의 잔인함"으로 인해 흘러넘치는 피의 강물 앞에서

> 젊은이들의 죽음과 여인들의 탄식,
> 떨리는 손으로 세상을 떠난 아이들을
> 품에 껴안는 노인네들의 외침,
> 한탄과 눈물을 먹는 백성들[13)]

의 처절한 장면이 펼쳐지는 것을 거부한다. 참담한 현실의 고통에서 벗어나길 희망하는 것이다. 갑작스런 변화는 왕국의 비참만을 가져온다. 롱사르가 보기에 자기 시대는 이미 키르케의 시대, 헛된 욕망을 불러일으키는 변화만을 끊임없이 추구하는 시대 외의 다른 것이 아니다. 그는 종교개혁의 갑작스런 등장으로 인해 인간의 도시 질서가 무너진 것을 안타까워한다. 왕국의 구성원들이 자신들의 본분을 버리고 신교의 새로운 설교를 듣기 위해 달려가는 것을 목격하는 그는 일상과 가정, 국가의 안정과 평화에 닥쳐 온 변화의 흐름이 조화와 질서를 파괴하는 원인이 되고 있다고 비난한다. 이미 다양한 이름으로 등장하는 종교개혁의 여러 교회들은 새로운 질서를 가져왔다기보다는 오히려 새로움이라는 가면을 쓰고 세계를 전복하려는 "욕망, 탐욕, 정신 나간 실수"들일 뿐이다.

---

13) XI, p. 102, vv. 752-755.

이 괴물은 아들을 무장시켜 아버지에 맞서게 하고,
형제를 무장시켜 (오, 불행이여) 서로 맞서게 하고,
자매를 무장시켜 서로 맞서게 하고, 사촌들로 하여금
사촌의 피로 손을 적시도록 만든다,
삼촌은 조카를 피해 달아나고, 하인은 주인을 피해 달아나며,
아낙네는 더 이상 남편을 알아보길 원치 않는다.
아이들은 생각 없이 신앙을 놓고 다투게 되니,
모든 것이 질서 없이, 법도 없이 내팽겨쳐진다.[14)]

롱사르의 시에서 "큰 것부터 작은 것까지 모든 것이 뒤집힌" 혼란과 무정부 상태의 세계를 추구하는 자들이 고발의 대상이 된다. 그는 독일이 평화와 안정을 얻기보다는 오히려 종교개혁으로 인해 끊임없는 갈등과 소요에 빠지게 된 것을 잊지 않고 있으며, 루터가 독일의 전통적인 법 체제를 뒤엎어 버린 것을 알고 있다. 그는 이런 방식의 변화를 거부한다. 변화 자체가 부정적인 것은 아니지만, 그 변화가 초래할 혼돈은 바로 그가 간절히 추구하는 평화와 안정 그리고 질서의 정착을 방해할 것이기 때문이다.

앞에서 우리는 《찬송시집》에서 노래된 것이 우주의 질서였다는 것을 언급한 바 있다. 특히 〈악마들〉에서는 주어진 공간에서 벗어남을 허용하지 않는 우주의 법칙이 소개되기도 했다. 시인은 봄과 여름, 가을과 겨울이 순서에 따라 변함없이 순환하는 질서의 원칙을 따른다는 것과 거인족의 반란이 결국은 주피터의 벼락에 의해 진압됨으로써 천상의 질서가 확립된 것을

14) XI, p. 28, vv. 159-166.

기억하고 있다. 그는 믿음을 자유로이 재검토하는 신교의 교리나 인간의 헛되고 자의적인 생각에 대항해서 오직 신만이 허용한 이성이 중요하다는 것을 알고 있다. 그 이성은 정치적으로는 왕국의 이성, 왕국의 존립을 가능하게 만드는 근거들, 즉 국왕의 법이 된다. 여기에서 우리는 롱사르가 시에서 노래한 정신적 신념이 정치적 신념과 교차하는 지점을 발견하게 된다. 그의 시에 대한 생각은 자기 시대의 정치적 입장과 맥을 같이 하고 있는 것이다. 그런데 이처럼 자기의 시적 정신과 현실의 정치적 상황 사이에서 조우의 지점을 발견하는 시인의 모습은 예전의 그의 모습과 다르다고 할 수 있다. 그는 뿌려진 핏물의 강 위에 서 있는 자이며, 그 위에서 언어로 세상을 그려 보이는 자이기 때문이다. 그는 한 전사 그러나 언어로 무장한 전사의 모습을 갖추고 있기 때문이다.

3. 현실의 불행을 기록하는 시인

롱사르의 《논설시집》은 새로운 길로 접어선 한 시인을 보여 준다. 이 시인은 인간의 정치에 대한 철학적 어조의 작품들을 작성한 바 있던 예전의 그가 아니다. 과거에 그는 국왕에 대한 영광, 신하들에 대한 찬양을 통해서 일반 대중들의 목소리를 대변하고자 했으며, 그들의 입이 되기를 희망했다. 그러나 1560년 이후의 악화된 정치적 상황은 지금까지의 이런 그의 시적 호소가 현실에서는 무용하다는 것을 증명하고 말았다. 따라서 이제 그가 쓸 작품들은 또 다른 시의 길을 개척하는 시인의 모습을 담아야 했다. 그리고 그는 미래의 작품을 단지 궁정인의 이해나 정치적 목소리의 대변자로서가 아니라 현실의 고통 앞에서 시의 역할 전체를 다시 재검토하는 한 시인의 산물이 되도록 만들어야 했다.

당시 인문주의 시인들은 1562년 이후에 정치적 상황이 변화하였음을 잘 인식하고 있었다. 그렇지만 그 누구도 롱사르가 펜을 들기 이전까지 종교개혁이 초래한 갈등을 고발하거나 그것을 부정하기 위한 투쟁에 참여하지 않았다. 이런 상황에서 롱사르의 참여는 일종의 내기라고 할 수 있을 것이다. 물론 롱사르는 정치적 상황에 대한 정보를 잘 알 수 있는 위치에 있었으며, 어떤 면에서는 정치적 사건의 증인이기도 했다(푸아시 종교회의 참가와 1562년 11월 파리에서 일어난 신교의 소요 목격 등). 그래서 그는 작품의 현실적 효용성을 위해 팸플릿 형태로 작품들을 서둘러 간행할 수밖에 없었다. 예를 들어, 844행에 이르는 그의 〈훈계〉는 단 3일 만에 작성된 작품이다. 롱사르는 자기 작품을 통해 파악하기 힘든 정치적 상황이나 종교적 차원의 논쟁들을 쉽게 이해시키기 위해 작품들을 작성한다. 그의 작품들이 평탄운의 산문체 성격을 지닌 이유도 여기에 있으며, 《오드집》의 난해한 신화적 언급들을 가급적 피하고 있는 까닭도 바로 이것에 기인한다.

그래서 《논설시집》은 시어의 정치적 역량을 검토하기 위한 내기라고도 할 수 있다. 종교개혁으로 개종하거나 그것을 신봉하는 작가들이 글을 통해 자기 교리를 전파함으로써 민중의 호의를 이끌어 내려고 하고 있다면,

> 적들이 방황하는
> 백성들을 책으로 선동하여, 그들이 잘못 따르게 하는 동안,[15]

15) X, p. 350, vv. 19-20.

롱사르 역시 바로 그들이 의지하는 수단을 이용해서 그들에 맞설 필요가 있다고 생각했다. 그리하여 그는 책을 통한 전쟁을 제안하고,

> 책으로 논쟁을 벌이며 그들을 쓰러뜨려야 하고,
> 책으로 그들을 공격해야 하며, 책으로 그들에게 답해야 한다,
> 급박한 상황에게 우리가 용기 없다는 것을 드러낼 필요는 없다,
> 더 강하게 [무기로써] 저항할수록, 우리는 공격을 더 받게 될 것이기에[16)]

창과 검이 아닌 오직 "목소리"를 무기로 삼아 투쟁할 것을 요구한다.

> 지금은 국왕과 군주들이 무기로써
> 영토를 지켜야 할 때가 아니다.
> 대포나 갑옷을 살 필요는 없다,
> 오히려 단지 목소리로 영토를 지켜야만 한다,
> 그것은 능란하게 저 소요하는 무리들의
> 가슴을 달래고, 심정에 호소할 수 있을 것이다.[17)]

목소리와 책은 시인의 무기가 된다. 그것은 시인과 독자 사이의 정서적 소통을 마련해 줌으로써 새로운 종교의 출현에 불안해 하는 자들에게 혹은 신교에 호의를 느끼고 있는 자들에게 예전의 전통을 유지하거나 그곳으로 돌아갈 필요성을 설득하는 길을 제시하게 된다. 따라서 목소리와 책에 의지하는

---

16) X, p. 350, vv. 21-24.
17) X, p. 350, vv. 9-14.

시인은 새로운 문학의 장을 열어 보이려는 의도를 지닌 자라고도 할 수 있다. 일련의 《논설시집》을 종교개혁에 대한 그의 문학적 비판이라고 부를 수 있는 이유가 여기에 있다.

여기에서 작품을 쓰게 된 문학적 차원의 이유를 찾을 수 있다. 롱사르는 신교도들에 의해 작성된 결투 선언문cartel에 해당하는 수많은 비방과 팸플릿의 유포를 목격하지 않을 수 없었을 것이며, 글쓰기를 직업으로 삼는 자로서 그들의 성공에 충격을 받았을 것이다.

> 오호라! 루터파의 교리는 대단히 사악한데
> 그들은 그것을 [책으로] 잘 옹호하지만, 불행한 운명에 의해
> 훌륭하고 신성한 우리 교리는 잘 변호되지 못한다.[18]

신교는 교리의 전파를 위해 인쇄술이라는 새로운 기술의 혜택을 이용하였다. 신교의 정신을 소개하는 책의 출판은 공식적인 억압을 피해갈 수 있는 우회의 길이었고, 그것은 대중에게 직접적인 호소를 할 수 있는 최선의 방식이었다. 칼뱅과 그의 정신적 지지자들의 논쟁적인 글, 교리에 관한 글, 성경 번역본, 기도문들은 프랑스 전체를 통해 확산되고 있었다.

특히 다윗의 《시편*Psaumes*》은 마로와 드 베즈에 의해 프랑스어로 번역되었으며, 그들은 의미의 전달을 용이하게 만들기 위해 책 말미에 악보를 붙여 간행하였다. 이 종교적 작품은 당시 엄청난 성공을 거두었다. 모든 음악가들이 《시편》을 악보로 옮기기 위해 뛰어들 정도였다. 그런데 이 작품의 성

18) X, p. 355, vv. 114-116.

공은 단지 음악화에만 있는 것은 아니었다. 오히려 표현의 단순성과 가독성, 그리고 의미의 투명성이 성공의 배경이 되었다. 교리의 전파를 위해서라면 텍스트 자체가 이해되어질 수 있는 것이어야 했던 것이다. 사용된 언어는 그 자체의 아름다움에 관심을 불러일으키기보다는 오히려 종교적 정신을 전달하는 매개체의 역할에 만족해야만 했다. 마로가 번역한 《시편》 130편을 살펴보자.

내 생각 깊은 곳에서
모든 번민의 깊은 곳에서
밤낮으로 나의 탄식은
그대에게 향하고 있으니,
서러운 내 소리를 들어주시오,
신이시여, 때가 되었나이다,
그대의 예민한 귀가
내 호소를 따르도록 해 주소서.

읽기에 쉽고 노래 부르기 용이한 짧은 음절(6음절)로 옮겨진 이와 같은 작품들이 유행하던 상황에 대해 롱사르가 무관심하였을 것이라고는 추측할 수는 없다. 신성한 시, 의미가 숨겨져 있는 시, 수없이 많은 화려한 장식으로 표현된 시, 신화라는 베일로 감춰진 시의 개념을 지닌 롱사르에게 이런 문화적 현상은 시에 대한 일종의 위협으로 간주될 수밖에 없었을 것이다. 신교 작가들이나 성직자들의 《시편》 발간은 롱사르의 시에 대한 일종의 도전으로 여겨질 수 있었다. 바로 이런 까닭에 롱사르는 새로운 작품을 통해 신교에 대항해야 한다고 생각했을 것이다. 예전에 "무지Ignorance"라는 괴물을 무찌르기 위해 글로 된 무장을 촉구했던 롱사르에게서 우리는 《논설시집》을 쓰게 된 이유를 발견할 수 있는 것이다. 칼이든 검이든, 결국엔 모두 글의 문제로 환원될 수밖에 없다는 것을 그는 잘 인식하고 있으며, 바로 그것만이 신교의 교리를 전달하는 데 결정적인 역할을 하고 있는 뛰어난 문인들, 예전엔 벗이었으나 이제는 신교로 개종한 데 조텔이나 벨로의 영향력에 대항할 수 있는 유일한 방법이라고 파악한 것이다. 그래서 이제 그의 참여는 역사적이지만 동시에 말과 글의 측면에서 문화적 혹은 시적 참여라고 불리게 될 모습을 띠게 된다.

새로운 종교의 사람들이 자신들의 이성에 대한 믿음을 통해 자기 종교의 확산을 꾀하고 있다면 신은 그들에게 정의의 심판을 내려야만 하지만, 롱사르가 보기에 그 심판을 위한 수단은 이제 창이나 검이 아닌 "약간의 가루"이다.

> 그는 공기 중에 약간의 가루를 뿌린다, 그러면
> 이 두 진영의 분노는 가라앉게 되고,
> 약간의 모래로 그들의 분쟁은 평온을 찾게 된다.[19)]

이 "약간의 가루"는 바로 신의 신비한 권력을 의미하며, 동시에 신에 봉헌한 여왕의 권력을 말하기도 한다. 신비로움으로 가득한 이 가루는 신에 대항하는 인간의 헛된 이성을 패배시키고, 마치 벌을 키우는 자들이 벌들의 요란스

19) XI, p. 206, vv. 206-208.

러움을 잠재우기 위해 가루를 뿌리듯이 여왕과 그녀의 신이 지상의 갈등을 치유하기 위해 사용할 수 있는 수단이 된다. 바로 이 가루에 의해서 평화와 정의의 정착은 가능하다.

> 때로는 화창한 날에도, 때로는 폭풍우 치는 날에도
> 여행을 계속하는 항해사 […][20]

의 여정을 닮은 평화와 갈등의 순회, 그것은 지상을 지배하는 자연의 원칙이기도 한 것이다. 그런데 여왕에게 자연의 원칙에 따라서 지금의 갈등을 벗어날 길을 마련하는 롱사르의 이러한 태도는 바로 영원히 반복되는 역사를 자신의 목소리를 통해 전달하려는 의도의 표명이라고 부를 수도 있다.

그래서 첫 행에서부터 여왕을 환기하는 〈논설 속편〉은 롱사르가 종교전쟁의 한복판에서 정치적 맥락을 노골적으로 드러내는 작품을 쓰게 된 이유와 그가 이렇게 정치적 현실의 공간 안으로 진입하려는 까닭을 제시하고 있기도 하다.

> 여왕이시여, 자연에 의해 프랑스인으로 태어난 내가
> 다가올 세기에 우리 프랑스를 가득 메우고 있는
> 고통과 이 극도의 불행을 이야기하지 않는다면,
> 나는 납이나 나무로 만들어진 존재일 것입니다.[21]

---

20) XI, p. 20, vv. 24-25.
21) XI, p. 35, vv. 1-4.

그런데 2행에서 알 수 있듯이 실제로 롱사르가 맹세하는 대상은 여왕이 아니다. 그것은 바로 후세의 사람들, 지금의 불행한 역사를 '읽게' 될 미래의 사람들이며, 바로 그들을 위해 그는 "철로 만든 펜으로 강철 종이 위에" 글을 쓰려고 한다. 금속의 견고함을 가지고 자기의 글이 어쩔 수 없이 갖게 될 연약함을 대체하려는 이런 시인이 앞으로 쓸 책의 내용은 바로 불행한 역사이다. 그는 이 불행의 역사를 시어로 기록하여 영원한 것으로 만들고자 원한다. 수사적 기법으로 가득한 설교를 통해 프랑스의 전통을 망각하게 만들고, 민중을 선동하여 국왕에 맞서는 무기를 들도록 만드는 신교의 정신적 수장에게 롱사르가 다음과 같이 말할 수 있는 것도

> 드 베즈, 간청컨대, 내 말을 들어 주오[22]

자기가 목도한 역사의 비참한 드라마를 보여 줌으로써 자신의 언술이 일개 시인의 목소리를 통한 것이 아니라 바로 미래에 영원히 남게 될 작품을 쓰게 될 한 시인에게서 나오는 것임을 알리기 위해서인 것이다. 그는 자신의 시적 창작을 두려워하도록 만들려고 한다.

롱사르가 여러 곳에서 신교들이 민족의 과거를 망각하는 것을 그들의 무장보다 더 중요한 폐해로 간주하는 이유도 이런 의미에서 파악될 수 있다. 역사를 쓴다는 것은 기억을 환기하는 것이며, 지상의 구원은 기억에 의해 가능하고, 기억만이 인간에게 지금의 행위를 인식하게 만들 수 있다는 교훈을 줄 수 있다. 그런 까닭에 롱사르는 드 베즈에게 고향 땅을 잊지 말기를

22) XI, p. 40, v. 95.

권유할 수 있었다.

> 드 베즈, 이곳은 고트족의 땅도,
> 타르타르인의 땅도, 스키티아인의 땅도 아니다.
> 네 어머니가 베즐레에서 너를 잉태하셨다면,
> 이곳은 네가 태어난 땅, 부드럽게 너를 받아들인 땅,
> 이 땅은 너를 키웠고, 너의 여린 유년시절부터
> 너에게 학문과 예술을 가르친 땅이다.[23]

그러나 드 베즈는 롱사르가 요구하는 인문학자들의 이상理想을 혐오스러운 것으로 취급한다. 그는 전적으로 다른 세계에 속한 사람이다. 롱사르의 언술에 귀를 기울이지 않을 드 베즈는 여전히 롱사르의 언술과는 다른 언술을 통해 신교의 교리를 전파한다. 반면, 롱사르가 보기에 그의 언술은 거짓으로 가득 차 있다. 바로 이 거짓에 대항하여 롱사르는 역사적 진실을 다시 쓰고자 한다. 진정한 교회가 무엇이며 진정한 신의 모습이 어떠한지 그리고 폭력에 의지하는 것이 얼마나 무상한 것인지를 고발하려고 한다. 글을 씀으로써 그는 이 헛된 말의 거짓을 속속들이 끄집어내려고 한다. 신교의 교리 전파자들은 말을 남용하는 자들, 말을 가슴의 고백으로 삼기보다는 말과 심정을 분리하여 비참함의 위치로 떨어뜨린 자들일 뿐이기 때문이다.

> 그러나 그대를 따르는 대부분의 수사가들은

23) XI, pp. 41-42, vv. 107-112.

가슴속에 담고 있는 것과는 다른 것을 그대에게 설교한다.[24)]

따라서 "분칠한 언어"로 장식된 그들의 외모를 언제나 의심해야 할 것이며, 말의 비참으로 지상의 비참을 가져온 그들에게 자기들이 한 말을 증명하도록 요구할 필요가 있는 것이다.

그대의 그럴듯한 광기를 추종한 이후에
삶의 변화를 얻은 자가 있다면 나에게 보여 주시오.[25)]

키르케가 지배하는 시대, 진실이 담겨지지 않는 시대, 그리고 언어를 통해 과거를 환기할 수 없게 된 시대에 롱사르는 역사의 한 장을 기록함으로써 후세의 사람들에게 이 시대의 연대기를 이야기해 주고자 한다. 그는 시대의 고통을 기록하는 자의 모습이 자기에게 필요하다고 느끼고 있다. 그의 노래가 임무를 저버린 역사가들의 무능을 대체해야 한다고 생각하고 있다.

오, 그대 역사가여, 거짓되지 않은 잉크로
우리 시대의 이 기괴한 역사를 쓰시오,
우리 아이들에게 이 모든 불운을 말해 주오,
그대의 글을 읽으며, 그들이 지금의 고통에 눈물 흘리고,
그런 불행에 떨어질까 두려워하면서
아버지의 죄에서 교훈을 얻도록 하시오

24) XI, p. 46, vv. 180-181.
25) XI, p. 51, vv. 259-260.

오, 지조를 버린 세기여, 대체 그들은 어떤 머리와 눈으로
이 시대의 역사를 바라볼 것인가!
오래전부터 강성하게 자라 온
프랑스의 명예와 왕홀이
전투심으로 자라난 생각 때문에
커다란 바위처럼 아래로 처박히는 것을 읽게 된다면.[26)]

롱사르는 자기가 부를 노래의 소재는 현재 벌어지고 있는 역사의 장면들이어야 한다고 생각한다. 《논설시집》의 그는 갈등의 한복판에 자기 자리를 마련하고 있기 때문이며, 이 변화된 새로운 상황 속에서 죽음을 두려워하지 않는 전사의 모습을 취하고 있기 때문이다.

파스칼Paschal, 죽음에 관해서라면 나는 결심이 단단하오,
그들 손에 죽는 것이 신께서 원하신 것이라면 죽을 것이며,
그러나 진실을 사랑하고, 진실을 강변하며, 그것을 말하고
쓰는 것을 관두기를 나는 원치 않는다오.[27)]

이 전사는 칼 대신 글을 손에 쥔 전사이다. 그의 무기는 말로 된 칼이자 검이며, 그의 전쟁터는 바로 책이라는 공간이 된다.

이제 신에게 무엇을 바라야 한단 말인가?

---

26) XI, p. 25, vv. 115-126.
27) XI, p. 91, vv. 541-544.

온화하고 관대하신 그는 참으로 오랫동안
자기 교회가 떠도는 것을 견디지 않았는가? 그가 이 잘못의 원인인가?
오랫동안 몸을 숨기시다가 루터의 글 안에서만
모습을 드러내신다면 대체 이 높으신 분은
어떤 이익을, 어떤 명예를, 어떤 특권을 얻으실 수 있단 말인가?[28]

《논설시집》의 롱사르는 지상을 비참 속으로 끌고 가버린 자들에 대항하는 한 시인이자 전사의 모습을 띠지 않을 수 없었던 것이다.

우리는 여기에서 언제나 새로움을 창조하려 했던 롱사르가 이 작품을 통해 프랑스에 다시 한 번 '애국시la poésie patriotique'라는 새로운 시의 한 형태를 소개하고 있음을 알 수 있게 된다. 국가를 위한 일반 대중의 표현과 피에르 드 롱사르라는 프랑스를 대변하는 한 사람을 결합함으로써 그는 원칙적으로는 당시의 상황 안에서만 작성될 수밖에 없었던 한 작품을 프랑스 역사에 대한 비판의 순간으로 나아가게 하여 영원히 지속되는 건축물로 변화시킨 것이다. 따라서 《찬송시집》 이후 궁정에 종속되어 시적 영감의 소멸 혹은 퇴보를 염려하던 롱사르가 《논설시집》을 작성하게 된 것에는 정치적 필요성 이외의 시인으로서의 기능에 일종의 추진력을 불어넣기 위한 목적이 있었음을 확인할 수 있다. 그리고 바로 이런 이유로 인해 《논설시집》은 일회적 팸플릿이 아니라 하나의 문학작품으로 남게 된다고 말할 수 있다. 롱사르는 이 시집을 통해서 현실과 관련하여 시가 지닌 새로운 기능을 제시하고자 희망했던 것이다. 그리하여 《논설시집》의 마지막 작품이라고 할 수 있

28) X, p. 353-354, vv. 71-76.

는 〈답변〉은 이러한 새로운 길에 들어선 시인, 그러나 그가 주창해 온 시의 길을 결코 잊지 않고 있는 한 시인의 모습을 드러내는 공간이 된다.

4. 시인의 위엄과 글쓰기

1차 종교전쟁은 막을 내렸지만(1563년 3월 19일) 롱사르는 여전히 내란의 한복판에 놓여 있는 자신을 발견하게 된다. 자마리엘A. Zamariel과 몽 디외B. de Mont-Dieu라는 작가들이 롱사르를 비난하는 세 편의 작품을 묶어 《논설시집과 그 후속편에 실린 비방에 대한 답변*Réponse aux calomnies contenues au Discours et suite du discours sur les misères de ce temps, faits par Messire Pierre Ronsard jadis poète et maintenant prêtre*》을 출판한 것이다. 이 작품은 제목 자체가 말해 주고 있듯이 정치적 상황에 개입한 롱사르를 문제 삼는다. 여기에서의 롱사르는 속인이고 비도덕적이며, 방탕하고 영감을 잃은 자로 등장한다. 롱사르는 시적 영감을 상실한 시인, 과장된 언어의 시인, 일관성 없이 짜깁기된 시를 쓰는 시인, 자기의 것이 아닌 다른 시인들에게서 표현을 빌려오는 파렴치한 시인일 뿐이다.

이런 비난에 롱사르는 〈답변〉이라는 작품으로 강력하게 응수하지 않을 수 없었다. 왜냐하면 그들이 겨냥하는 것은 자신의 정치 참여이기도 했지만, 그 핵심은 바로 시인으로서의 자기를 문제 삼고 있기 때문이었다. 영감을 상실한 시인이라는 그들의 비난에 대해 롱사르는 조목조목 반박을 한다. 이 반박에서 그가 드러내는 자기 모습은 궁정에 종속되어 대변인 노력을 해야만 했던 한 시인이 아니라 자유를 누리며 즐거움을 위해 시를 쓰는 시인의 모습이다.

너의 시나 나의 시나 신탁은 아니다.
나는 단지 즐기기 위해 뮤즈를 붙들고 있다,
웃으며 나는 시를 쓰고, 웃으며 나는 읽는다,
바로 거기에서 내가 쓴 모든 결실이 나온다,
이와 다르게 하는 자들은 즐거움을 위해 탄생한
시를 고를 수 없는 자들이다.[29]

물론, 롱사르의 이런 답변은 예전의 신성하기만 했던 시인의 정의와는 거리가 있어 보인다. 그러나 즐거움을 추구하는 시인의 모습에서 여전히 진정한 영감을 얻은 자신을 확인하는 롱사르를 발견할 수 없는 것도 아니다. 그가 사랑을 노래하든, 종교를 노래하든, 혹은 정치 상황에 개입하든, 그것은 모두 뮤즈들의 부름에 의한 행동이라고 언급하고 있기 때문이다. 시적 영감이 변한 것처럼 보일지라도 실제 그 영감의 정체는 언제나 신성이라는 통일된 모습을 지니고 있다는 것을 롱사르는 암시하고 있기 때문이다. 따라서 신교들이 롱사르의 정치 개입을 비난하는 것은 그의 진정한 의도를 간파하지 못한 것이라고 할 수 있다. 그를 비방하는 자들은 롱사르가 보기에 어리석은 자들일 뿐이다.

나는 나일 뿐이다. 내 의식은 명료하며
인간의 마음을 바라보시는 신은
내 의지를 재어 보신다. 오직 그만이 그것을 아신다.[30]

---

29) XI, p. 163, vv. 921-926.
30) X, p. 364, vv. 47-48.

그래서 그들의 비난은 오히려 자신들의 무능함을 증명하고, 자신들에게 시적 재능이 없다는 것을 고백하는 행위와 다르지 않다고 할 수 있다. 그들을 시인이라고 부를 수 없는 것이다. 단지 그들은 생기 없고 투박하며 무거운 말이나 고안해 내는, 영감을 만나 보지도 못한 "작시법가들"일 뿐이다.

> 시법에 대해 말하자면, 시는 그대 사제들이
> 말하는 기법, 마음으로 고안된 훈계를 한 발짝 한 발짝 뒤따르고,
> 상황의 흐름을 언제나 따르는 산문과 같은
> 연설가의 그런 기법을 필요로 하지 않는다.
> 천성이 즐거운 시인들은 그만의 기법을 지니고 있다,
> 그들에게는 작시법가들의 기법을 닮지 않은
> 숨겨진 기법이 있다, 그만큼 그들은 뮤즈들이 인도하는
> 자유로운 속박 속에서 산책을 하고 있다.[31]

작품에 나타난 롱사르의 어조는 그 어느 때보다도 격앙되어 있다. 그것은 프랑스 시를 지금의 위치, 고대와 겨룰 수 있는 지위까지 끌어올린 자신의 능력과 기여를 인정하지 않는 그들의 태도 때문이다. 그러나 그 격앙은 가볍지 않으며, 오히려 프랑스 시의 왕자라는 위엄마저 갖추고 있다. 그가 보기에 이 두 비방자들은 단지 위대한 자신을 모방한 흉내쟁이들일 뿐이다.

> [⋯] 나의 완전함으로
> 그대의 속은 진정 채워졌다, 나는 그대의 유일한 연구 대상이다.

31) XI, p. 160, vv. 869-876.

그대는 내 위대함에서 태어났으며,
그대들은 나의 하인들이고 나는 그대들의 법이다,
그대들은 내 강물이며, 나는 그대들의 원천이다,
그대들이 나에게서 물을 길을수록, 나의 풍요로운 수맥은
그대 다른 강물들을 만들기 위해
모래들을 밀쳐 내며, 영원한 샘물을
새로 만들어 뿌려 댄다.[32)]

시인이라는 역할과 관계된 그의 〈답변〉은 이후 자신을 비방하는 수많은 팸플릿을 만드는 계기를 제공하였으며, 1564년에 간행된 《새로운 시 모음집*Recueil de nouvelles poësies*》에서 롱사르는 다시 한 번 그들의 비방을 상기하게 된다. 1563년의 신교들의 비난이 그에게 깊은 상처를 남겼기 때문이리라. 그들의 비방은 롱사르라는 한 개인으로서의 시인의 위상과 명성을 직접 겨냥하였기 때문이다. 위 시집의 서문에서 롱사르는 자신에 대한 비방을 그치기를 종용한다.

> 그대들이 누구이든, 그대들은 나를 비난하는 신전, 지옥, 내 삶을 다루는 논설, 두 번째 답변, 한 편의 옹호론, 내 고귀함을 문제 삼는 논집, 한 편의 서곡, 내 이름을 마음대로 사용하여 쓴 개종시, 다른 제3의 답변, 내 답변에 대한 주석, 수많은 오드들, 수많은 소네트들 그리고 태어나자마자 유산하고야 마는 그렇고 그런 너절한 무더기들을 만들어냈다. 그대가 술 취한 것이 아니라면, 내 조언하건대, 그렇게 계속 쓰시구려, 그러면 그것은 내

32) XI, pp. 168-169, vv. 1035-1042.

가 받을 수 있는 최고의 명예가 될 것이니.[33]

롱사르는 시인으로서의 위엄과 자기 시의 고귀함에 대한 확신을 제시하고자 한다. 이런 확신은 《논설시집》으로 인해 초래된 비난의 상처가 깊었던 만큼, 자신의 역할을 다시 추슬러야 한다는 필요성을 느꼈기 때문에 가능했다. 새로운 시의 길로 나아가기 위해서는 지금까지의 여정을 찬찬히 거슬러 갈 필요가 있다고 롱사르는 판단하였을 것이다. 그에게는 시란 무엇보다도 자유로움을 누리는 시인의 창작물이어야 한다는 확신이 있다.

> 그대가 만약 내가 어떤 때는 이런 논조를, 다른 때에는 저런 논조를 다루는 이유를 알고 싶어 한다면, 그렇게 하는 것이 마음에 들기 때문이라는 답변만을 그대는 내게서 듣게 될 것이나. 그만큼 나는 환상이 아니라 내 의도에 따라서 도자기를 만드는 도공처럼 그렇게 내 종이를 다루고 있기 때문이다.[34]

내란의 참담함이 다른 시인들, 특히 도비네Agrippa d'Aubigné와 같은 시인들을 《비극적 장면들*Les Tragiques*》과 같은 작품을 쓰는 연대기 작가로 만들어 버리던 시절, 단순하고 직설적인 언어들을 시라는 공간을 빌미 삼아 쏟아 내던 시절, 롱사르는 시대의 참담함의 원인들을 단지 고발하는 것뿐만 아니라 그것을 넘어서 자기 시대에 대한 통찰을 시어로 옮겨 놓는다. 그의 시에는 그동안 걸어온 시적 여정과는 사뭇 다른 어조가 담겨 있지만, 신교 시인들의

33) XII, p. 10.
34) XII, p. 6.

비난에 대한 그의 긴 답변이 보여 주듯 그 안에 담긴 그의 격정과 호소는 당시 종교전쟁이 만들어 낸 작품들에서 볼 수 있는 시적 관념과는 매우 상이한 길을 펼쳐 보인다.

> 그대는 또한 내 시가
> [그대의] 가련한 기법을 따르지 않고, 상상에 의해 나아가고 있다는 것을,
> 그리고 내 영감이 무질서하게 이어지며
> 바람에 흔들리는 낙엽처럼 시행들을 흩뜨리고 있다고 비웃는다 […]
> 그렇다, 그대가 말하듯, 내 뮤즈는 고삐에 묶이지 않았다,
> 영감이 이끄는 대로 흩어져서 방황한다.
> 아, 그대가 눈을 조금만 더 크게 뜨고
> 내 시를 훔칠 수 있다면, 그것을 훔쳤을 때
> 그대는 말하리라, 내 뮤즈는 기법으로 가득 차 있다고,
> 나의 변덕스런 미덕이 그대에게 단점으로 보이지는 않을 터인데.[35)]

롱사르는 자신의 현실 정치 참여를 항변하고 변호한다. 그의 참여는 결코 시인의 길에서 벗어난 것이 아니기 때문이다. 오히려 그것은 시인이란 자가 걸어가야 할 길 가운데 하나인 것이다. 진정한 시인이란 통제되면서도 자유로운 의지에 따라 다양한 시적 세계를 탐색하는 자다. 그가 오드와 소네트 그리고 찬송으로써 시 세계의 다양함을 증명해 보였듯이, 논설이라는 장르의 사용은 이런 다양성 추구의 한 과정으로 여겨질 수 있다. 뮤즈들의 옹호를 받는 시인은 종교적이고도 정치적인 논쟁을 일으킬 수 있는 작품을 창조할

---

35) XI, p. 160, vv. 847-850, 865-868.

수 있는 능력이 있다는 것을 논설의 장르로 롱사르는 증명하고자 원한 것이다. 그리고 그것을 시적 기법에 치우치는 대신, 그리고 단순하기 그지없는 수사적 기법에 전적으로 의존하는 대신, 여러 영감으로 가득한 문체들을 사용함으로써 소개한다. 그는 수사적 기법에 의지하는 "시인 나부랭이들poëtastres"과는 비교가 될 수 없는 한 시인의 등장을 알리고자 한다.

그래서 우리는 그의 시집에서 뒤 벨레가 《옹호》에서 말한 "이 신성한 착상, 이 웅장한 문체, 휘황찬란한 용어, 진지한 문구, 대담하면서도 다양한 문채"를 발견할 수 있게 된다. 논쟁의 상황은 그의 문체에 많은 변화를 가져왔다. 이전에 롱사르가 다양한 문체를 한 작품에서 시도한 경우는 많지 않았다. 《찬송시집》의 문체는 거의 일정한 수준을 지탱하고 있다고 할 수 있다. 그의 핀다로스풍 오드와 카상드르에게 바치는 소네트들이 고상한 문체를 유지하였다면, 마리에게 바치는 사랑시편들의 문체는 소박하였다. 롱사르는 엄격하게 각각의 작품에는 고유한 문체가 적용되어야 한다는 시법 규칙을 준수한다. 그러나 《논설시집》의 경우는 다르다고 할 수 있다. 일련의 《논설시집》에 실린 각 시편들은 서로 상이한 문체를 사용하고 있다. 시대의 불행을 고발하는 시인의 등장을 알리는 작품에서 롱사르는 키케로가 《웅변가》에서 지적하였던 사항, 즉 위대한 웅변가란 같은 웅변에서도 서로 다른 수준의 문체를 사용해야 한다는 것을 잘 알고 있었던 것 같다.

예를 들어, 첫 번째 〈논설〉은 카트린 드 메디시스에 대한 헌사로 시작하는 도입부와 신에 대한 기원으로 끝나는 결론 부분, 그리고 악의 근원인 "의견Opinion"의 알레고리가 등장하는 중간 부분은 근엄하고 엄숙한 어조를 띠고 있다. 그러나 과거의 역사(25-86행), "의견"이 방문한 신학자의 사무실에 대한 묘사(149-154행), 그리고 불행의 묘사(179-184행)는 다음과 같은 친근한 문체로 쓰여 있다.

> 때로는 프랑스인들의 역사를 읽고 들음으로써
> 정신을 즐겁게 만드는 그대 여왕이시여,
> 그대는 기억될 만한 수많은 업적에
> 비견될 만한 것이 과거에는 없었다는 것을 알고 있습니다.
> 어떤 국왕은 잔인하였고, 어떤 국왕은 그러하지 않았으며,
> 그런 자의 야망은 많은 논쟁을 불러일으켰습니다.
> 어떤 국왕은 무지했고, 어떤 국왕은 현명하고 슬기로웠으며,
> 어떤 국왕은 용기가 전혀 없었지만, 다른 국왕은 지나친 용기를 지녔습니다.
> 바로 이런 자들이 국왕이었으며, 그들의 신하들이었습니다,
> 왜냐하면 국왕이란 언제나 백성의 표적이기 때문입니다.
> 따라서 젊은 날의 국왕은 배워야만 합니다,
> 신중함을 가지고서 왕국을 다스려야 하기 때문입니다.[36)]

고상한 문체와 중간문체의 결합은 어조의 변화를 가져와 작품의 유기성을 손상할 수도 있다. 그러나 이런 다양한 문체는 오히려 하나의 통일성을 유지한다. 그것은 시인의 고양된 어조로 대변된다. 〈논설 속편〉의 드 베즈에 대한 호소(95-292행)에서 사용되는 과거의 영웅적 행위의 환기와 신학적 언급 등은 작품의 어조를 고상하게 만들면서도 동시에 대조법, 의문문, 의인화된 프랑스 등의 비유법 등을 통해 작품에 빠른 리듬을 부여하며 독자의 쉬운

36) XI, p. 20, vv. 29-36.

동의를 촉구하고 있다.

〈훈계〉에서도 키케로식 논쟁(1-56행)과 아이러니한 비방(211-238, 207-226행), 콩데 공에 대한 간청(587-611행)의 고상한 문체, 신학적 논쟁(97-154행)과 교회의 부패에 대한 비난(345-490행)의 중간 문체, 그리고 민중에 호소(509-526행)의 소박한 문체 등의 문체의 혼합이 발견된다. 이런 문체는 작품의 생명력을 보장하는 요소이며 동시에 역사적 상황을 바라보는 롱사르의 다양한 감정의 상태를 반영한다. 그리고 리듬의 변화는 설득에 나서는 한 시인의 간절함을 증명하는 요소가 되기도 한다. 따라서 논설이라는 장르에 대한 여러 의문이 있고, 이 장르의 산문성이 시인의 결함을 드러내는 요소가 된다는 지적에도 불구하고 혼합된 문체의 사용은 시적 고양을 롱사르가 지향하고 있음을 설명해 준다.

결국 《논설시집》의 롱사르는 일반 대중을 대상으로 작품을 작성한 것이며, 이를 위해 대중의 감정을 이해했던 자라고 할 수 있다. 그는 대중의 고통을 가슴으로 읽고, 그것을 언어로써 표현하는 데 성공한 작가인 것이다. 이런 면에서 볼 때 그는 뒤 벨레가 시인의 기능으로 지적한 "감정의 고삐를 쥐는 것"을 증명해 보인 시인이라고도 할 수 있다. 그의 《논설시집》은 결코 그의 시적 영감의 고갈로 인해 탄생한 작품이거나 그것을 증명하는 작품은 아닌 것이다. 오히려 그리스와 로마 그리고 이탈리아의 모델들에서 벗어나 풍자와 조롱, 진지함과 신랄함이 뒤섞인 목소리로 자기 시대에 대한 고유한 관점을 드러내는 새로운 시의 길을 개척하고 있다고 보는 것이 적절할 것이다. 종교전쟁의 시작과 함께 작성된 《논설시집》은 자율적인 시의 길을 저버린 '궁정시인'이 아니라 오히려 역사의 전개 속에서 시에게 열려진 가능성의 길을 여전히 탐색하는 한 시인을 갈등에 빠진 프랑스에 소개하고 있는 것이다.

5장

궁정축제와 궁정시인의 시적 비전

《가면극시, 전투시, 결투시*Les Mascarades, Combats et Cartels*》

ELEGIES,
MASCARADES
ET BERGERIE,
Par P. de Ronsard Gentilhomme Vandomois.

A PARIS,
Chez Gabriel Buon, au clos Bruneau,
à l'enseigne S. Claude.
1565.
Avec privilege du Roy.

《엘레지, 가면극시, 목가》
(파리, 가브리엘 뷔옹, 1565, in-4°)

가면극의 배우
(르네 부아냉, 연도 미상)

1. 궁정시에 대한 평가

플레이아드 시인들의 수장이자 1559년부터 샤를 9세가 사망하는 1574년까지 "궁정시인 겸 사제장"이라는 공식 직위를 수행한 롱사르가 궁정축제를 위해 작성한 작품은 일회적이고 정치적인 축제를 위해 작성된 작품이라는 이유 때문에 문학적 가치가 결여된 작품이라는 평가를 받아 왔다. 특히 19세기 중반 이후 20세기 전반까지 활동한 연구자들에 따르면 궁정의 요구에 의해 작성된 롱사르의 궁정시는 《오드집》에서 소리 높여 주장한 시적 영감의 숭고함을 담고 있지 못하다. 비록 궁정축제의 화려함을 장식하는 데에는 효과적이었을지라도 시적 측면에서는 평범한, 진정한 시의 개화를 위해서는 별로 도움이 되지 않는 선전 투 가식이 작품에서 발견될 뿐이며, 그것은 궁정에 '종속'된 한 '관직시인poète officiel'의 밋밋한 아첨 투로 점철되고, 내용의 깊이가 결여된 보잘것없는 작품일 뿐이라고 평가받아 왔다.

그런데 롱사르가 그 어떤 시기에도 자기 작품의 시적 가치에 대한 배려를 저버리지 않았다는 사실과, 《논설시집》의 경우에서 알 수 있다시피 그의 작품에서 영감을 얻고 있던 동시대 시인들이 그의 시적 비전을 언제나 주시하였다는 점, 그리고 궁정축제란 당시의 삶을 지배하고 있던 정치적 이념들을 해석해 낼 수 있는 주요 요소들이 시인들에 의해 가시적으로 재현되는 문화적 공간이라는 점을 상기한다면, 기존 견해들은 재고될 필요가 있어 보인다. 과연 롱사르는 궁정축제 참여로 인해 급격하게 시인으로서의 위상이 추락하는 것을 경험하였는지, 혹은 예전에 신교를 비난하는 정치적 색채의 《논설시집》에서 '시인'의 위상을 강도 높게 외친 그와 궁정축제에 기여한 롱사르 사이에는 건널 수 없는 심연이 가로놓여 있는지 그리고 그런 까닭에 궁정축제를 위한 작품에는 문학적 가치가 결여될 수밖에 없는 것이었는지 고찰해 볼 필요가 있다. 이를 위해 1565년과 1571년에 펼쳐진 궁정축제에 참여한 롱사르의 작품들을 살펴보도록 한다.

2. 궁정축제의 정치성

강렬한 삶을 지향하였던 시대인 르네상스 시기의 궁정축제는 음악과 시, 건축과 춤 등의 여러 장르가 혼합되어 제시된 총체적 예술의 공간이다. 또한 일상의 단순함과 소박함을 탈피한 풍부함과 화려함이 다양한 소리와 역동적 동작들 속에서 펼쳐지는 환상의 공간이기도 하다. 롱사르의 궁정시 모음집 《가면극시, 전투시, 결투시*Les Mascarades, Combats et Cartels*》(이하 《가면극시》)의 헌시인 〈빌루아경에게 바친 소네트A Monsieur de Villeroy〉가 노래하는 것도 바로 현실의 고단함을 벗어나는 쾌락의 공간으로서의 축제이다. 헌시를 바친 아마디스 자맹Amadis Jamyn은 이 소네트에서 축제를 지상에서의 고된 역할을 잊도록 인간에게 주어진 하나의 조건으로 묘사하며, 마치 꿀을 얻기 위해 벌들이 부지런히 움직이는 공간, 잿빛 현실로부터 벗어나는 일탈의 순간으로 정의하고 있다.

> 마르스가 훌륭하게 고안해 낸 가면극이나
> 먼지 풀럭이는 기마 시합이
> 즐거운 수단을 사용해서 인간을 고민하게 만드는
> 정신의 걱정거리를 쫓아내고,
> 일상의 압력들을 사라지게 하듯이 […]
> 프랑스의 아틀라스인 그대여, 중대사의
> 그 무거운 짐을 언제나 지고 있을 필요는 없다오.
> 빌루아여, 기쁨을 즐겨야 한다오.
> 벌들이 언제나 달콤한 꿀을 얻기 위해
> 벌통 안에서 일을 하는 것은 아니라오, 가끔씩 마음 내킬 때마다
> 아름다운 꽃들의 부드러움을 그러모으려 할 뿐이오.[1)]

다양한 꽃에서 벌들이 "달콤한 꿀"을 마련하듯, 축제는 혼돈과 무질서 그리고 갈등의 색채로 점철된 지상에서는 맛볼 수 없는 즐거움이 창조되는 공간이다. 궁정축제는 현실을 벗어나려는 욕망이 반영된 '상상의 공간'인 것이다.

그렇지만 화려하고 역동적으로 움직이는 벌의 동작으로 채색된 궁정축제는 역설적으로 가장 현실적인 공간이라고도 할 수 있다. 궁정축제의 대부분은 국왕의 권위를 가시화하고 그것의 절대적 필요성을 전달하려는 정치

---

1) XV, pp. 339-340, vv. 1-5, 9-14.

적 목적에서 실행되었기 때문이다. 축제는 군주의 영광과 위대함을 직접 보여 주고, 보도록 만들기 위한 수단이었다. 강력한 힘을 지닌 존재로서의 국왕의 등장과 더불어 정치적 대립이 소멸되기를 희망하는 정치권력은 축제가 이러한 의사소통의 기능을 효율적으로 보장할 수 있는 도구임을 인식하고 있었다. 의사소통 과정이 쉽지 않았던 당시에 공동의 가치를 강조하며 사회의 이질적 요소들을 결합하는 공간이었던 궁정축제는 '공동의 이해'를 위한 그리고 국왕과 민중 사이의 유대 관계를 강화하기 위한 수단이었던 것이다.

그래서 종교적 갈등으로 분열된 사회에서 궁정축제에 동원된 인문주의자들과 예술가들은 상징의 힘을 통해 국왕의 권력 강화라는 정치적 의도를 전달하고, 축제의 화려함을 통해 그 의미를 설득적으로 제시해야만 했다. 상징의 의미는 명확하게 전달되어야 했으며, 축제 프로그램 작성자들은 이러한 상징의 효과를 염두에 두어야 했다. 모호하거나 불분명한 것은 축제에서 제거되었다. 일상적으로 널리 알려지고 수용된 상징을 이용하여 일관된 성격을 지닌 축제의 구상이 필요했기 때문에, 상상의 공간인 축제는 또한 현실적인 공간, 정치적인 공간이라고 할 수 있는 것이다. 따라서 축제는 정치적 메커니즘을 드러내는 미학적 수단의 하나이다. 예술가들이 메세나의 영향력에 기댈 수밖에 없었던 당시에 자신의 역량을 제시할 기회로 축제를 간주하지 않을 수 없었던 예술가들과 인문주의자들은 축제 프로그램의 작성에서 정치적 목적을 전달할 문화적 방식들을 준비해야만 했다.

3. 1565년 궁정축제의 배경

1565년에 간행된 《엘레지, 가면극시, 목가*Elegies, Mascarades et Bergerie*》 역시 이러한 정치적 환경에서 탄생한 작품이다. 1564년 1월 24일 이후 2년여에 걸친 궁정의 '프랑스 순회la tour de France' 중에 출판된 이 시집은 퐁텐블로Fontainebleau, 바르 르 뒤크Bar-le-Duc, 바이욘Bayonne 축제를 위해 작성된 시편들과 영국과 프랑스의 궁정인들에게 헌정된 작품들을 싣고 있다.

'프랑스 순회'는 대내외적인 정치적 목적을 위해 시도되었다. 당시 프랑스 궁정은 종교 내란으로 인해 심각하게 분열된 각 지역들을 돌아보면서 어린 샤를 9세의 왕권을 강화하기 위해 신교도들의 일부 주장들을 수용해야 했으며, 동시에 신·구교간의 대립 종식을 위한 대내정치에 압력과 위협을 가하는 스페인(당시 국왕은 펠리페 2세)을 견제하기 위해 영국의 엘리자베드 1세 여왕과의 평화협상을 맺을 필요성을 느꼈다. 국왕의 입성과 체류 중에 펼쳐진 각 지역에서의 축제들은 '화합정치'가 그 결실을 이루게 되는 상상의 공간으로 작용하였다. 왕족들과 궁정인들은 정치적 성향과 신분을 버리고 평화를 주제로 삼는 축제에 참가하여 작가들이 건네준 작품들을 음악에 맞춰 낭송하거나 노래 불러야 했으며, 외국의 대사들은 이런 축제에서 프랑스의 강대함과 화려함을 발견하였다. 때로는 문학, 음악, 미술, 무용, 기술, 건축 등의 다방면에서 자신의 협력자들을 선택하며 축제의 총지휘자로서 그 진행을 관장하였고, 때로는 몇 편의 시들을 제공하며 축제의 진행을 도왔던 롱사르는 1565년 중반기에 바이욘으로 향하는 궁정과 헤어진 후 파리에서 시집을 간행할 때까지 궁정시인인 자신에게 주어진 역할을 수행한다.

롱사르는 정치적 성격을 지닌 축제의 의미를 상징적으로 전달하기 위해 당시 궁정에서 유행하였던 여러 경향들, 고대, 프랑스, 그리고 무엇보다도 이탈리아적인 여러 표현들을 존중하고 수용해야 했다. 그는 페트라르카와 신플라톤주의에 심취하고, 아리오스트의 《분노한 롤랑》과 《아마디스 드 골》과 같은 기사도 로망을 열렬하게 탐닉하던 궁정에서 시의 소재들을 찾아내었다. 그리고 궁정축제의 전통에 따라 영원하고 신성한 평화, 소우주와 대우주와의 일치를 통해 현실적인 갈등의 소멸을 주장하는 신플라톤주의를 그 토대로 삼았다.

그런데 평화를 위한 노력이 진행되던 시기에 동시대인들에게 화합정치의 현실적 의도를 전달하려는 롱사르가 이런 집단적 상상력이 요구하는 다양한 경향들을 시어로 해석하는 방식에는 유행을 좇기보다는 여러 사상의 본질적 의미를 추구하여 인간세계에 대한 자신의 고유한 시선을 담으려는 의도를 보여 준다. 그것을 "황금시대"의 신화를 해석하는 롱사르의 방식에서 찾아보도록 한다.

4. 궁정시인의 황금시대 해석

롱사르는 "신의 가호와 도움" 덕택에 여러 세기 동안 거의 자연스럽게 증가해 온 "원한들과 분쟁들"이 소멸되는 시간으로 축제를 고려한다. 그는 불행한 과거가 평화를 정착시키기 위한 여러 정치적 노력들이 시도되는 현재에 장애가 되어서는 안 된다고 생각한다. 그래서 그는 인간과 동물이 서로 소통하고, 인간의 활동에 신들이 대립하지 않는 고대 목가에서 '평화의 회귀'라는 소재를 가져온다. 그는 동시대인들에게 이상화된 시간과 공간의 상징인 고대 아르카디아의 평화로움을 묘사하며 불안이 제거된 삶에 대한 열망을 대변한다. 그러나 1565년의 롱사르가 제시하는 평화의 공간은 인간사의 범위를 넘어서서 이상적 아르카디아를 추구하는 동시대인들의 기대에 부응하는 것 같지는 않다.

퐁텐블로에서 상연된 것으로 추측되는 〈목가Bergerie〉(총 1,100행)는 이러한 관점을 대변하는 작품이라고 할 수 있다. 샤를 9세, 앙주 공작, 미래의 앙리 3세, 앙리 4세와 결혼한 마르그리트 드 발루아, 미래의 앙리 4세, 기즈 공작의 아들 등이 카를랭Carlin, 앙즐로Angelot, 오를레앙탱Orléantin, 마르고Margot, 나바랭Navarrin, 기쟁Guisin 등의 이름으로 무대에 직접 올라 상연한 이 작품은 제목이 의미하듯 프랑스 궁정을 전원으로 그리고 역사적 인물들을 신화적 목자로 변화시키며 고대시인들이 즐겨 묘사한 자연의 순수함을 노래하고 있는 것처럼 보인다. "첫 번째 연주자"와 "목자들의 코러스"는 목자들이 머무르고 있는 공간이 인위적으로 만들어진 "영광스런 어떤 '왕궁'의 뜰"이 아니라, 한밤중에 "은빛 연못가"의 요정들을 인간들이 맞이하는, "꽃봉오리"로 가득한 정원이라는 인상을 준다. 그러나 뒤이은 시행들이 묘사하는 공간은 목자들 간의 언술을 통한 대립이 암시하듯 인간의 열정들이 그 힘을 상실하는 낙원, 인간의 접근이 금지된 낙원이 아니다. 그것은 "천상"이 파견한 "선한 카를랭"의 통치를 받는 "이곳ça bas"의 숲이다.

> 선한 카를랭에게 천상은 네스토르처럼
> 세월의 무게에 짓눌리는 이곳에서
> 대대손손 그의 자손이 이어지는 것을 보는 은총을 내리신다.

신들이 약속한 이 카를랭의 치하에서
늙은 사투르누스와 행복한 황금시대의
최고의 시절이 구현될 것이다.[2)]

목자들 사이의 대립은 롱사르가 묘사하려는 아르카디아의 성격을 더더욱 파악하기 힘들게 한다. 이들은 자연의 우월성을 모두 노래하는 "첫 번째 연주자", "코러스" 그리고 "샘의 요정"들에 대립한다. 그런데 이들이 목가의 전통에 따라 서로 다투고 있을지라도 그들이 제시하는 사슴, 숫염소, 배, 지팡이, 티티새 등의 담보물들은 더 이상 자연 그대로의 생산물들이 아니다. 그것들은 유용성을 추구하는 인간의 욕망에 의해 변형되었다. 예를 들어, 미래의 앙리 3세인 오를레앙탱이 자신의 사슴을 소개하는 시행들은

[…] 나는 노래를 더 잘 부르는 자에게
내 가는 곳 어디라면 나를 따르는
길들인 사슴을 상으로 주겠노라.
나는 어린 사슴을 깊은 계곡에서
피부가 반들반들한 그의 아버지로부터 빼앗아서,
자주 문질러 주고, 어루만져 주고,
쓰다듬고, 빗어 주고,
때로는 초원 위에서 샘물로 씻어 주며 키워서
그의 야성적 성질을 부드럽게 만들었다[3)]

2) XIII, pp. 80-81, vv. 81-86.
3) XIII, p. 82, vv. 104-112.

자연의 산물들이 가변적인 "욕망"에 사로잡힌 인간의 인위적 손질을 받고 있음을 묘사한다. 하지만 다른 이들이 상금으로 내놓은 길들여진 종달새와 커다란 숫염소 역시 자연의 흐름을 감지할 줄 알며, 또 다른 상품인 배 겉면과 지팡이에 새겨진 신화적 장면들은 신화시대 때보다도 더 생생하고 역동적이다. 이것은 궁정시인에 의해 묘사된 황금시대가 인위성이 제거된 시대에 대한 그리움을 토대로 삼지 않으며, 그 실현은 자연과 인간적 기술의 결합을 통해 가능할 수 있음을 암시한다.

롱사르의 펜에서 인위성은 더 이상 위선이나 가식이 되지 않는다. 그것은 진지성이 결여된 공허한 외관도 아니다. 사슴을 길들이는 자신의 노력을 밝히고 있는 오를레앙탱을 통해 알 수 있듯이, 자연은 섬세한 손질의 대상이 된다. 자연은 인간의 노력을 필요로 한다. 비록 "자신의 전원풍 노래"를 잊도록 훈련받았을지라도 마르고가 담보로 제시한 티티새는 자연이 펼쳐 보이는 수많은 아름다움에 비견될 만한 "아름다운 교훈"들을 노래한다.

> 이 새는 숲속에서 들을 수 있는 수없이, 한없이
> 아름다운 노래를 양치기 소녀들에게 불러 줄 수 있다.[4)]

자연이라는 인간세계의 밖에 존재하는 공간은 인간의 인위적 세계와 조화를 이룬다. 새로운 황금시대의 묘사에서 오를레앙탱, 앙즐로, 나바랭, 기쟁, 마르고 등의 역사적 인물들은 스스로를 자연이 제공하는 부드러움의 보호를 받는 목자들이라고 주장하며, 역사가 자신들에게 부여한 현실적 신분을

4) XIII, p. 92, vv. 319-320.

잊으려 한다. 황금시대의 도래는 주인공들인 목자들에 의해 가능하지만, 그들은 자연의 가치를 거부하는 자들이 아닌 것이다.

이러한 자연과 인위성의 결합은 특권적인 공간에 머무르고자 하는 욕망에 의해 이루어진 상상적인 공간으로서의 황금시대가 아니라 인간이 차지하는 공간, 그러나 자연을 존중하는 인간세계의 내부에서 이루어질 수 있는 황금시대의 도래에 대한 희망을 소개한다. 목자들이 모두 노래하는 대상인 꽃으로 가득한 자연은 인간의 접근을 거부하는 추상적인 공간으로 남아 있지 않다. 펠리페 2세와 카트린 드 메디시스의 외교협상이 열린 바이욘에서 벌어질 축제를 위해 작성된 〈스탕스Stances〉가 묘사하는 자연은 황금시대가 도래한 그 자연이 아니다. 이 자연은 황금시대가 이루어졌다는 것을 말하는 대신 오히려 그 시대의 도래를 준비하기 위한 전제조건을 구성하는 자연일 뿐이다. 스페인 펠리페 2세의 왕비 엘리자베트(샤를 9세의 누이)와 그의 모친 카트린 드 메디시스가 꽃으로 만발한 자연을 불러올 수 있었던 것은 그들이 자연의 순환성과 같은 흐름을 존중했기 때문에 가능했다.

왕실의 여인들이 지나갈 그 길에는
꽃들이 피어나고, 강물들이 흐를 것이며
꿀맛 나는 온갖 향기들이 들판에
퍼져 나갈 것이다.
그들이 지나는 발 밑에서
촉촉한 들판은
신의 음식들과 이슬들에 흥겨워 할 것이다.[5)]

시간의 순환 원칙을 인정하는 〈목가〉의 기쟁 역시 반복되는 자연의 흐름을 따르는 인간의 욕망에 의해 자연의 봄은 역사적인 세계에 되돌아올 수 있으며, 황금시대의 새로운 통치는 역사적 인물들이 계절의 순환성을 찬양할 때 가능할 수 있다고 노래한다.

> 해마다 새로워지는 이 울창한 숲과
> 이 샘물들은 카를랭, 그대 이름을 부르고,
> 바위, 전나무, 하늘은 그대의 새로운 통치를
> 축하하기 위해 더 아름답게 치장을 한다.[6]

분명, 군주들의 총애를 얻기 위해 동시대 사건들을 찬양의 대상으로 삼는 당시 문학이 목가와 전원시의 옛 테마들을 수정하던 시기에 롱사르가 프랑스 궁정을 황금시대를 맞이한 특수한 공간으로 변환시킨 것이 놀라울 수는 없다. 그러나 그는 자기 시대의 현실을 잃어버린 낙원의 조화로움과 대립시키지 않는다. 동시대 대부분의 시인들이 시의 틀로서 에덴의 본질이 복원된 이상적 전원을 택하고, 현재 시간보다는 신화적 시간을 선호한 것과는 달리 〈목가〉의 시인은 자신이 선택한 프랑스 궁정에 영원한 봄이 와서 정착하였노라고 노래하지 않는다. 이런 시도는 황금시대의 다양한 양상들을 묘사하는 목자들을 통해서도 분명하게 드러난다.

평화의 여신을 열렬히 옹호하는 오를레앙탱은 황금시대의 지나간 과거

5) XIII, p. 229, vv. 49-54.
6) XIII, p. 106, vv. 595-598.

에 대한 향수를 거부하는 듯하다. 그는 봄날의 숲을 황폐화시킨 가혹한 겨울에 의해 파괴된 자연과 인간이 소통하지 못함을 노래하면서 먼 과거보다는 가장 최근에 벌어진 불행을 환기한다. 그 과거는 자신들의 "잘못된 행위를 부끄러워하는" 인간 앞에 신들이 모습을 드러내지 않는 시간이다. 그러나 동시대인들의 열망을 만족시키기 위해 그는 역사적 인물인 왕모 카트린 드 메디시스를 팔라스Pallas, 주노Junon 혹은 시벨레Sybèle 등과 동일시하며 그녀 덕분에 예기치 않게 도래한 황금시대를 찬양한다.

> 왕모는 우리들에게 들판과 숲을 다시 주었다,
> 그녀로 인해 우리들은 목장으로 다시 돌아가게 되었다.[7]

겨울에 맞서 더 이상 패배를 알지 못하는 고대 봄의 결정적인 회귀를 노래하는 오를레앙탱은

> 오 목자여, 저 울창한 버드나무는 더 이상
> 어린 양떼들에게 풍족한 식사를 마련해 주지 않으며,
> 봄의 여신도 꽃들을 기쁘게 하지 않고,
> 초원의 장미나 금빛머리칼의 벌들도
> 장미와 백리향에 즐겨 입맞춤하지 않는구나[8]

라는 노래에서 고대의 아르카디아에 대한 향수를 완전히 떨쳐 버리지 못하

---

7) XIII, pp. 95-96, vv. 387-388.
8) XIII, p. 97, vv. 413-417.

고 있다. 그의 노래에서 인간은 늑대의 위험을 모르며 "밤에 양떼를 몰고 오는" 신화적 목자이고, 카트린 드 메디시스라는 역사적 실제 인물을 새로운 여신으로 찬양하는 과거의 목자일 뿐이다.

오를레앙탱과 마찬가지로 앙즐로 역시 앙리 2세가 통치했던 가까운 과거를 환기한다. 앙리 2세의 죽음과 더불어 지상의 인간들은 왕이 그 감미로움을 맛보았던 풍요로움과 기쁨을 알지 못하게 되고, 태양의 신은 더 이상 지상에 머무르지 않게 되었다. 작고한 왕은 천상에 머물며 이제 인간들과 그들의 헛된 "생각들"을 비웃고 있다. "해마다 고통의 고랑을 파야만 했던" 우리 시대를 노래하는 그는 작품 속에 등장하는 다섯 목자들 중 가장 염세적인 성격을 지녔기 때문에 단지 죽은 왕에 대한 기억만을 간직하면서 지상의 자연이 아닌 더 숭고한 공간을 노래의 대상으로 삼는다. 그에게서 황금시대는 다시 오지 못할 과거일 뿐 현재에 돌아오기를 희망할 수 있는 대상이 되지 못한다.

목자들의 노래의 한 중앙에 등장하는 나바랭은 중재의 역할을 맡으며 과거와 현재의 거리를 좁혀가는 역할을 수행한다. 분명 그의 노래는 《아르카디아》의 시인 사나자로가 묘사한 신화적 황금시대의 찬양에 바쳐진다. 그에게는 인간의 욕망이 제거되었기에 순수하고, 계절의 순환적 반복을 알지 못하기에 풍요로운 신화적 황금시대에 대한 향수가 남아 있다.

> 소박하고 순수하고 행복한,
> 지금 우리 이 커다란 불행을 찬양하는
> 철과 쇠가 잘못 사용되어 가치를 전혀 갖지 못했던

그 시대는 세상에 돌아오지 않는단 말인가![9]

그러나 풍요로움을 누리고 무구한 행복을 누린 시대를 그리워하는 그가 현재의 시간을 잊으려 하는 순간에 역사적 지명인 나바르 왕국의 수도 "베아른Béarn의 요정"이 등장하여 그에게 구체적인 어떤 비밀을 전해 준다. 그녀는 지상의 국왕 카를랭을 "가서 만나보기"를 권유하며 신들이 소중히 여기는 신권을 소유한 국왕과의 직접적인 접촉이 필요함을 주장한다. 나바랭의 향수에서 인간과 신과의 친밀하고도 밀접한 관계가 가능하다는 신화적 주제를 소개하며 롱사르는 이런 관계가 과거와 현재에 놓인 격차를 좁힐 수 있다는 것을 암시한다. 즉, 이전까지의 세 명의 목자에게서 발견되는 신화적 시간에 대한 향수는 이런 간격을 소멸시키기 위해 필요했던 것이다. 신화적 자연에 머무는 신들은 나바랭에 의해 현재 진행되는 목자들의 노래 표면 위로 떠오르게 된다. 그의 노래를 통해 시인은 신화의 황금시대가 지금의 현재로 되돌아 올 수 있는 가능성을 제시한다.

그리하여 나바랭의 뒤를 이어 신들과 친밀함을 공유할 수 있는 인간을 예견하는 기쟁의 노래가 시작된다. 그에 의하면 신들은 지상에 내려올 것이며,

인간들은 신들이 지상에 다시 되돌아오는 것을 보게 될 것이며,
천둥과 벼락으로 더 이상 무장하지 않은 신은
더 이상 큼직한 우박을 굴러 떨어지게 하지 않을 것이며,
들판 위에 풍요의 음식들을 펼쳐 놓을 것이다[10]

---

9) XIII, p. 101, vv. 511-514.

다시 회복된 대지는 신화의 황금시대가 창조하였던 풍요로움과 충만함을 맛보게 될 것이다. 그런데 이런 기쟁의 예언은 우주의 생성 법칙과 관계된다. 기쟁에 의하면 카를랭은 현재의 시간 속으로 황금시대를 되돌아오게 할 수 있는 능력을 지녔으며, 그것은 신이 요구했기 때문이다.

> 결국, 모든 것은 바뀔 것이다, 오늘날 악에 의해
> 흉측해진 세상은 새로운 모습을 그대[카를랭]의 통치하에
> 얻게 될 것이다, 그리하여 그대 이런 행복을 보게 될 것이니,
> 오 행복하신 왕이시여, 이 행복의 지배자가 될 것이니.[11]

샤를 9세의 통치하에서 황금시대가 올 수 있다는 예언에 기초하는 기쟁의 확신은 정치적 황금시대에 대한 염원을 담고 있다고 볼 수 있다. 그러나 그 역시 신화적 시간에 대한 향수에서 자유롭지는 않다. 그에 의하면 현재의 인간은 신화적 인물이 될 수 있으며, 위에서 인용된 655-658행에서 볼 수 있듯이 그는 인간과 신들이 중개자 없이 소통하는 시대, 그리고 영원한 봄의 푸르름을 맛보는 시대를 환기하기 때문이다.

이처럼 평화를 위해 경쟁하는 네 명의 목자들의 노래에서 발견되는 신화적 시간과 그것에 대한 향수는 마침내 마르고의 노래와 더불어 사라진다. 황금시대를 현재 속으로 불러들이는 그녀의 노래에서 신화적 시간에 대한 향수나 최근의 비극적 내란에 대한 흔적을 발견할 수는 없다. 프랑스를 둘러

10) XIII, pp. 108-109, vv. 655-658.
11) XIII, pp. 109-110, vv. 679-683.

싼 자연과 그 도시들의 비옥함과 풍부함을 열거하는 그녀는 신화적 시간에 결코 집착하지 않는 목자이다.

저 오래된 아르카디아와 그 바위,
그 나무들을 찬양할 필요는 없다,
비록 이 아르카디아가 자신의 목자들이
초승달이 하늘에 떠오르기 전에
태어났다고 할지라도 […][12)]

그녀가 프랑스 옛 왕들의 명성과 덕성에 대해 말하는 것은 단지 과거를 환기하기 위해서가 아니다. 오히려 그것은 "목자들의 우두머리"인 카를랭의 선함과 관용 그리고 너그러움을 드러냄으로써, 그로 인해 풍요로워진 대지에서 인간들이 서로 화합할 수 있다는 것을 지적하기 위해서이다.

그리고 목자들의 주인이신, 그들의 왕자 카를랭의
신하들이 도처에서 모습을 드러낼 수 있도록 해 주소서,
그리하여 영원히 우리 프랑스가 서로 떨어지지 않는
저 잘 뭉친 양떼들을 닮을 수 있게 해 주소서.[13)]

신화적 인물들과 역사의 왕족, 즉 샤를 9세와 카트린 드 메디시스를 일치시켜 여러 다양한 의견들이 하나로 모이고 정치적 정념들이 소멸하게 된다는

---

12) XIII, pp. 110-111, vv. 697-700.
13) XIII, p. 116, vv. 779-783.

것을 노래하는 마르고에 의해 다른 네 명의 목자들이 품었던 신화시대로 회귀하려는 욕망과 희망은 결정적으로 거부된다. 〈목가〉의 황금시대는 신화적 자연의 품 안에서 평온함을 만끽하는 지중해적 목자들이 아니라 당시의 여러 정치적 사건들에 개입하고 또 미래에 그러할 어린 왕족들에 의해 추구되는 현실의 프랑스와 밀접히 연관되어 있다.

5. 궁정시인의 지상의 철학

이렇듯 정치적, 사회적 현실에 지배받지 않는 인간들이 완벽한 조화를 이루며 삶을 유지하는 배경이 되는 베르길리우스와 그의 계승자들이 노래한 전원시의 영원한 봄은 평화의 선전자 역할을 맡은 궁정시인 롱사르에게서는 시적 묘사의 대상이 되지 않는다. 고대의 시간에 머무르지 않는 황금시대를 암시하는 시인은 그 시대에 대한 향수를 거부한다. 황금시대는 '지금'을 사는 인간들에게 뼈아픈 상처를 가져다주기만 하는 과거 대신 '현재의 정치적 공간 안'에서 이루어질 수 있다고 그는 노래한다. 물론 그렇다고 해서 그가 별들의 움직임을 알지 못하는 영원한 봄을 계절로 삼은 것은 아니다. 그가 〈스탕스〉에서 두 개의 봄, 즉 왕모가 딸들을 만나게 되는 바르 르 뒤크 축제의 봄과 바이욘의 또 다른 봄을 동시에 노래하듯이,

> 들판에서 저 꽃들이 활짝 피어 자라난다,
> 이런 만남은 봄에나 볼 수 있는 것이기 때문이다 […]
> 저 봄에 왕모는 딸[로렌 공작부인 클로드 드 프랑스]을 만났으며,
> 이 봄에 그녀는 또 다른 딸[스페인 왕비 엘리자베트]를 보게 될 것이다.[14)]

황금시대는 천상의 분노와 질시를 굴복시킨 반복적인 계절의 원칙에서 역시 벗어날 수 없다.

> 그런 아름다운 만남을 시기하는 신은
> 마치 질투에 빠진 듯, 이런 만남에서
> 영광을 얻고자 한 유월의 달을
> 화나게 해,
> 대기 중에 분노를 일으켜
> 우박과 비를 내리고 바람을 뿌려댄다.[15)]

따라서 고대의 황금시대를 가능케 했던 사투르누스는 그것을 희망하는 자들의 신이 될 자격을 상실하게 된다. 바르 르 뒤크 축제의 가면극에서 황금시대에 관한 자신의 권한을 인정받으려는 사투르누스의 노력도 황금시대를 도래하게 할 수 있는 권력을 소유한 지상의 왕을 지지하는 주피터에 의해 거부되었다.

> 그대 원소들이여, 그대 행성들이여,
> 진정하시오, 더 이상 권력을 누리려 하지 마시오,
> 그대들의 통치하에서 인간들이 보잘 것 없듯,
> 내 왕권하에서 그대들 역시 보잘 것 없소 [···]
> 내가 천상과 천둥을 가지고 있다면,

---

14) XIII, p. 228, vv. 31-32, 37-38.
15) XIII, p. 228, vv. 25-30.

저 국왕은 자기 몫으로 지상을 가질 것이오,
그렇게 우리 둘은 우주 전체를 갖게 될 것이오.[16]

황금시대의 도래는 우주의 창조주로 자처하는 신들의 사악한 의도를 거부하는 자연의 순환적이며 독자적인 움직임을 존중하는 국왕의 의지에 의해서만 가능하다. 그것을 위해 목자로서의 군주들은 자신들의 헛된 다툼과 권위를 뒤로하고 서로 결합해야 한다. 왜냐하면 "만남"을 거부하지 않는 국왕의 절제된 욕망, 자신의 뿌리를 인정하려는 열정, 그리고 주피터와 공유하는 자신의 권력에 대한 확신 속에서 평화를 이루려는 염원, 바로 이것들이 황금시대의 도래를 보장하는 요소들이기 때문이다.

이런 황금시대는 주피터의 법률로써 자신의 "위대한 도시"를 통치하며 무질서 속에서 질서를 찾으려 하는 국왕의 덕성과 관대함에 의해 가능하다. 그것은 마치 퐁텐블로 축제의 '세이렌들Sirenes'이 환기하는 앙리 2세의 "아름다운 황금시대"가 단지 과거와 현재를 대립시키기 위해서가 아니라, 과거의 역사에 대한 인식이 황금시대의 도래를 약속하는 조건들 가운데 하나이며, 그런 까닭에 "현재"의 국왕은 지난 시간의 덕스러움을 자신의 것으로 삼아야 한다는 것을 강조하기 위한 것과 같다.

미덕은 그의 영토를 지배하였고,
그의 영토는 그에게 영광을 주었고,
즉, 그때는 아름다운 황금시대였다,

16) XIII, p. 225, vv. 1-4, 12-14.

앙투안 카롱이 그린 퐁텐블로 축제에 등장한 《세이렌들 혹은 바다의 괴물들》(뉴욕, 피어포인트 모건 도서관)

사투르누스는 아스트레이아와 함께 활짝 피어났었다.[17]

1564-66년의 화려한 궁정축제는 이렇듯 신화적 양상에서 벗어난 '새로운' 황금시대의 주제를 중심으로 펼쳐진다. 그러나 엄격히 말해 이것의 도래는 현실화되지 않았으며 아직 약속으로 남아 있다. 현재의 시간이 황금시대라는 것을 말하기 전에 시인은 조만간 다가올 그 시대를 기원할 뿐이기 때문이다. 롱사르가 황금시대의 도래를 위해 필요한 여러 조건들을 실현해야 한다고 말하며 국왕에게 바치는 새로운 "교시Institution"로 〈목가〉를 종결하는 것

17) XIII, p. 233, vv. 27-30.

은 현재 시간이 단지 아스트레이아를 맞이하기 위한 준비의 시간이라는 것을 분명히 하기 위해서이다. "목자들의 코러스"의 한 대목인 다음 시행에서

만약 우리가 다시 오는 황금시대를 보게 된다면,
그것은 목자이신 카트린의
은총 덕분이다[18]

"다시 오는"이라는 동사형 형용사가 자연의 순환법칙에 따른 황금시대의 준비를 지시하고 있듯이, 롱사르는 여러 번에 걸쳐 황금시대의 완성보다는 국왕의 통치하에서 가능한 황금시대의 약속만을 노래한다. 또한 황금시대의 도래에 관한 묘사에서 자주 사용되는 미래시제는 분명 동시대인들에게 희망을 불어넣기 위한 의도에 기인할지라도,

잔인한 전쟁의 열기가 지나면
나는 아름다운 황금시대가 꽃피우는 것 보게 되리,
그때 그대는 그대 백성들의 찬양을 받게 되리,
그대의 타고난 품덕 덕분에[19]

그것은 평화에 대한 기원을 종종 배반하는 지상의 여러 사건들에 관한 시인의 불안을 담고 있기도 하다. 그런 까닭에 영국에 파견된 프랑스 대사인 〈푸아 경에게 바치는 엘레지Elegie à Monsieur de Foyx〉는 "황폐화된 프랑스"의 "정념

18) XIII, p. 79, vv. 47-49.
19) XIII, p. 240, vv. 1-4.

에 동요된" 인간들, "공포에 떠는" 성직자들, "민중을 불같은 분노"로 인도하는 제상들에 관한 언급을 담고 있다. 특히 신교 탄압을 위한 스페인과 프랑스 사이의 협상이라고 여겨지는 바이욘 회담l'entrevue de Bayonne에 관한 롱사르의 불안은 〈스탕스〉에서 빈번히 사용된 미래시제로 표현된다.

바람은 호흡을 가라앉혀 잠이 들 것이고,
화산은 손에 쥔 망치를 놓을 것이며,
단지 제피르는 친구 플로라와 함께
새로운 초원으로 가게 될 것이다,
모든 것이 기쁨과 행복으로 가득 차리라,
저 여왕이 도착하는 모습에서.[20]

그러나 이런 불안함이 흔히 지적되는 것처럼 현재라는 시간과 공간에 대한 시인의 불만족을 표현하고 있다고 보기는 어렵다. 미래시제에 담긴 그의 염원은 "지금"에 대한 불평이 아니다. 왜냐하면 롱사르는 현재와 무관한 먼 과거로 거슬러 올라가거나 먼 미래를 기다리는 대신 가까운 미래에서 황금시대의 신화를 경험하기를 원하기에, 그에게 있어 현재는 애정을 가지기에 불안한 시간 그리고 공간이기 때문이다. 퐁텐블로 축제가 "부정과 교활함으로 가득한" 인간세상을 한탄하기를 주저하지 않았듯이

즉, 이 모든 세상은 장터와 같다,

20) XIII, p. 229, vv. 55-60.

물건을 파는 자, 훔치는 자, 사는 자, 바꾸는 자가 있다,
상대를 비난하는 자와 그를 찬양하는 자가 있다,
어떤 이에게는 미덕인 것이 다른 이에게는 죄악이 된다[21]

롱사르는 운명의 여신la Fortune이 "줄질하며 우리를 갉아먹고" 있다는 생각에서 언제나 자유롭지 못하다. 그에 의하면 "덕성의 신"과 "정의의 신"이 노동이라는 생산적인 활동이 배제된 이 지상에서 자신들의 모습을 드러내지 않는 한, "진실의 신"은 인간세상으로 다시 내려오지 않을 것이다. 왜냐하면 이들은 천상의 복이 보장되는 곳에 자신들의 거처를 마련했기 때문이다. 앙리 2세가 "눈속임의 세상"을 고발할 수 있었다면 그것은 인간의 삶이 변화와 둔갑의 신들인 키르케, 메데이아 혹은 프로테우스의 지배를 받았기 때문이다. 퐁텐블로 축제에서 불만족스럽고도 불안한 어조의 현재시제를 사용하는 무대의 한 배우가 연극을 바라보는 궁정인들에게 주는 다음과 같이 끔찍한 교훈은

이 세상에서 완벽해지리라고 희망해서는 안 된다,
모든 것은 바람이고 연기이며 밀려가고 밀려오는 파도일 뿐이다[22]

큐피드의 변덕스러움과 시간의 끝없는 반복이 인간이 추구하는 영원한 행복을 보장하지 않으며, "정념"에 이끌리는 인간은 이 세상에서 자유를 보장할만한 어떤 수단도 발견할 수 없다는 의미와 관계된다.

21) XIII, p. 213, vv. 27-30.
22) XIII, p. 213, vv. 37-38.

〈고인 안보에게 바치는 묘비명Epitaphe de feu Monseigneur d'Annebault〉 서두는 인간의 운명에 불만족해 하고 그것에 진저리를 치면서 자신 역시 "인간이라는" 사실에 분노하는 궁정시인 롱사르를 소개하는 듯하지만, 이 시인은 "퇴폐적"인 인간세계의 잘못을 인간 자신에게보다는 "이성" 곁에 "고삐 풀려 날뛰는 말"과도 비교될 만한 "환상"을 위치시킨 신의 잘못으로 돌리는 자이다. 지상의 인간들은 신성한 장난의 희생자들일 뿐이다. 〈콩데 공에게 바치는 소네트Sonet à Monseigneur le Prince de Condé〉에서 인간 삶을 지배하는 법칙에 놀라지 않는 롱사르는 지상의 조건, 즉 지상의 변환성과 인간들의 다양한 의견이 존재한다는 것을 인정하며 그것으로부터 벗어나려고 몸부림치지 않는다. 또한 그는 자신의 법률을 지상에 적용하며 그것을 즐기는 천상의 호의를 기대하지도 않는다. 바르 르 뒤크의 가면극에 등장하는 주피터는 더 이상 무질서하고 불안정한 인간의 현실을 구제할 수 있는 신이 아니다. 그는 단지 자신이 창조한 지상을 지배할 권한을 국왕에게 양도할 뿐이다.

롱사르는 더 이상 "시간과 변화의 희생양"인 인간세계에 대한 다른 해석을 찾기를 거부하고 자연의 순환적 움직임을 존중하는 가운데에서 지상의 가치를 찾기를 희망한다. 그리하여 혐오스럽다고 종종 느끼는 지상의 인간들에게 희망을 부여하기 위해 그는 주피터와 권력을 나눈 국왕, 그리고 그를 섬기는 자들에게 지상의 대한 올바른 시각을 요구하기에 이른다. 왜냐하면 그것만이 그들을 인간의 잘못, 지상의 오류에서 벗어나게 할 유일한 방법이 되기 때문이다.

〈국왕 전하께 바치는 엘레지Elegie à la Magesté du Roy mon maistre〉는 바로 "뛰어난 기술을 사용해서 천상에 새겨진 신들의 고귀한 비밀들"을 보게끔 만드는 "그리스 여신"을 등장시킨다. 이 여신에 대한 찬양을 통해 롱사르는 인간세계에 천상이 숨겨 놓은 진실들과 그의 의지로 형성된 이 세계의 가치를 찾는 것을 인간에게 부여된 중요한 역할로 파악한다. 지상의 삶이 천상에 위치하는 '진정한 빛의 그림자'일 수 없다고 생각하는 그는 자신을 고통스럽게 하지만 동시에 그 다양성과 변화로 인해 연민을 불러일으키는 지상에 시선을 둔다. 지상의 속성은 천상이 지상에 감춰둔 진실의 하나이기 때문이다. 변화와 그것이 초래하는 다양성으로 정의되는 지상의 가치에 대한 시인의 이러한 탐구는 더 이상 신화가 궁정시인에 의해서 단지 축제의 장식적 요소로서 사용되지 않게 되었다는 것을 드러낸다.

이렇듯 퐁텐블로 등의 주요 지역에서 펼쳐진 축제에 참가한 궁정시인 롱사르는 인간에게 숨겨진 '알지 못할 그 드높은' 것을 추구하지 않는다. 16세기 당시 사상적 주류 가운데 하나인 신플라톤주의가 인간이 추구하는 행복은 지상에 머물지 않으며 인간에게는 천상의 충만함에 이르는 통로가 막혀 있기에, 인간은 '끝없이 고통스런 노력 속에서 신의 정신과 결합'하려는 절망적인 시도를 하는 존재라고 말하고 있을지라도, 그리고 인간은 영원불변의 정신 속에 머무는 "유일한 진리une Vérité"를 찾아 떠돌아다닐 수밖에 없다는 지상적 조건에 얽매여 있다고 주장할지라도, 그리고 이런 주장에서 궁정인들이 이상적 세계를 동경하고 있을지라도, 롱사르는 자신의 한계를 벗어나 있는 진실을 알기 위해 지나친 학문으로 무장하려는 인간의 무모함을 주저 없이 경고한다.

어떤 자가 너무 많이 알게 되면,

그는 즉시 내 알지 못할 저 드높은 것을 추구하게 되어,
그를 짓누르는 속박의 굴레에서 벗어나,
그것을 끊어 버리기 위해 자신의 욕망을 실현해 줄
수많은 수단을 끌어 모아 고안해 낸다고 하는데,
그것은 진정 사실이다.[23)]

시인의 시선에 많은 지식을 소유한 사람들은 신으로부터 지상의 지배권을 양도받은 국왕과 그의 권력을 위협하는 무질서의 원인 제공자일 뿐이다. 보이지 않는 헛된 허상들만을 불러일으키는 "알지 못할 저 드높은 것"을 찾아 헤매는 까닭에 그들은 진실과 거짓을 구분할 능력을 상실한 자들이다. 따라서 롱사르에게 무엇보다도 중요한 것은 인간적 지식을 남용하여 신의 소유인 것을 해석하려고 자만하기보다는 현재에 존재하는 것들의 진정한 본질을 암시하고 발견케 할 수 있는 '행동'을 지상에서 보여 주어야 하는 것이다.

따라서 궁정시인 롱사르는 지상에 대한 관심의 장애물로 작용하는 잃어버린 낙원에 대한 향수를 지니는 대신 현실 속에서 자신의 시적 소재들을 발견하고 지상의 변화와 다양성의 가치에 집착한다. 이런 시인의 모습은 신플라톤주의의 영향에서 자유롭지 못한 궁정시인의 일반적인 이미지와는 구분된다. 지금의 시간과 지상의 공간에서 삶을 영위해야만 하는 시인의 조건을 의문시하지 않는 롱사르는 스스로에게 지상의 가치를 드러내 보일 것을 의무로 부여한다. 그는 현실에 내재된 진실을 오직 영원에 대한 추구에서 발견할 수 있다고 생각하기보다는, 항상 변화를 겪기 때문에 모든 것이

23) XIII, p. 155, vv. 105-110.

일시적인 것으로 남게 되는 현실의 상황에서 찾을 수 있다고 생각한다. 신플라톤주의에 힘입어 펼쳐진 궁정축제에서 롱사르는 '지상의 철학'에 집착하는 한 궁정시인을 소개하고 있는 것이다. '천상의 철학'을 추구하며 초월적이기에 신비스런 그런 진실에 집착하는 대신 현실을 회피하지 않고 가시적인 것을 올바르게 보게 하면서 지상의 진실을 밝혀 내려는 궁정시인의 관점을 제시한다.

이상에서 본 것처럼, 당시 궁정에 유행하던 여러 경향들을 수용하며 시적 효과를 높이지만 동시에 그것들의 공통된 사상인 '초월성la transcendance' 대신 지상에 대한 새로운 사랑을 호소하는 궁정시인의 시적 비전은 지상의 인간들에게 자신들의 조건을 견디게 하고, 우주의 조화를 닮은 화합의 삶을 영위할 가능성을 제공하려는 시도를 그 토대로 삼는다. 이런 까닭에 〈푸아 경에게 바치는 엘레지〉의 종결부에서 롱사르는 스스로를 국왕이 얻게 될 미래의 영광을 인간세계에 전달하는 "현재의 대변자"라 부르게 된다.

> 이제 나는 [미래에 울려 퍼질 그대 영광의] 현재의 대변자이니,
> 아폴론이 뮤즈들을 통해 [지상에] 알리고자 원하는
> 신탁을 거부할 필요는 없도다.[24)]

6. 1571년 궁정축제의 배경

1571년의 국왕의 파리입성에 즈음하여 펼쳐진 축제는 샤를 9세와 오스트리아의 엘리자베트 왕녀와의 결혼을 찬양하기 위한 목적에서 준비되었고 실

24) XIII, p. 157, vv. 150-152.

행되었지만, 그 배경에는 프랑스 궁정과 합스부르크 왕가의 결합에서 프랑스의 국가권력을 미화하고 강화하려는 목적이 자리하고 있었다. 생 제르맹 평화 조약(1570년 8월)을 통해 국왕이 신교도들에게 제한적인 집회의 자유를 부여한 이후, 구교의 도시라 할 수 있는 파리는 국왕의 입성을 위한 축제를 준비한다. 그러나 평화를 인정하고 국왕의 결혼을 축하하는 이 축제가 그 주요 책임자들의 구성에서 시대 상황에 걸맞은 평화적 의미를 담고 있는 듯이 보일지라도, 생 제르맹 평화를 통해 신교에게 집회의 자유를 포함하여 많은 양보를 한 국왕의 당시 권력은 그렇게 강건한 편이 아니었다. 신교의 요구를 수용함으로써 프랑스 국왕은 구교의 의심과 불만을 살 수밖에 없었으며, 신교의 활동은 프랑스 왕국의 분열을 여전히 초래하고 있었다. 이런 상황에서 샤를 9세의 결혼은 독일 제국주의의 위상에 언제나 이의를 제기하였으며, 유럽 제국주의를 희망하였던 프랑스에게는 강력한 국왕의 위상을 전 유럽에 드러낼 수 있는 계기가 될 수 있었다. 결혼을 통해 샤를 9세는 유럽을 연결하는 "고리의 양 끝을 쥐려는" 야망, 가톨릭 국왕의 통치하에 대서양에서 러시아에 이르는 전 유럽을 통치하려는 시도의 구체적인 한 단계를 넘을 필요가 있었던 것이다.

이런 정치적 목적에 부응하기 위해 축제의 기획자들은 프랑스 국왕과 막시밀리안 황제의 손녀딸과의 결혼에 프랑스와 신성제국의 결합이라는 이미지를 부여하게 된다. 자신의 스승이자 박식한 고전문학 연구자였던 도라, 제자인 자맹, 동료 시인 바이프와 데포르트Philippe Desportes, 그리고 당시 명성이 높았던 조각가 제르망 필롱German Philon, 화가 니콜로 델라바테Niccolo dell'Abbate, 목수 샤를 르 콩트Charles Le Conte, 장식가 피에르 당제Pierre d'Angers 등과 함께 롱사르는 축제에서 전달될 메시지를 준비한다. 그리고 축제의 총책임은 파리 행정관(지금의 부시장)이자 신교도를 대표하는 나바르 공국의 여왕 잔 달브레의 비서이기도 했던 시몽 부케Simon Bouquet에게 부여된다.

궁정축제는 매우 화려하고 우아하며 풍성한 공간으로 구상된다. 이러한 시각적 측면은 무엇보다도 국왕의 위대한 영광이라는 정치적 메시지가 효과적으로 전달되도록 만들기 위해 필요한 것이었다. 롱사르가 이듬해 《축제문집*Bref et Sommaire Recueil*》을 발간할 부케를, 가슴에 장식할 꽃다발을 위해 꽃을 고르는 정원의 처녀에 비유하는 것도

> 온갖 색깔로 뒤덮인 초원을 보고는
> 그 안으로 들어가서 꽃들을 골라내어
> 아름다운 꽃다발로 가슴을 장식하는
> 흥에 겨운 한 처녀처럼25)

다양한 색채로 채색된 축제의 공간이 보는 자들에게 그리고 축제를 요구한 자들에게 만족감과 즐거움을 줌으로써 축제의 정치적 의도에 대한 동의를 얻어내려는 목적에 기인한다. 축제의 다양성과 화려함은 전통적인 국왕의 위대함과 강력한 힘의 기호로 고려될 수 있기 때문이다. 축제가 국왕에 대한 존경과 복종을 이끌어 내려는 목적을 지니고 있다면, 이것은 과장적 장식을 통해 놀라움을 자아냄으로써 가능한 것이었기에, 축제를 준비한 예술가들

25) XV², p. 391, vv. 1-4.

은 국왕의 영광을 드러내기 위해 대부분 신화를 바탕으로 하는 장식을 새롭고도 화려하게 고안할 필요가 있었던 것이다. 롱사르 역시 이런 상징의 효과를 이용해 정치적 메시지가 효과적으로 전달되도록 주의를 기울인다.

7. 국왕 찬양과 신화의 해석

종교적 갈등과 정치적 투쟁이 추방된 이상적 공간인 궁정축제의 중심에 자리하는 것은 국왕이며, 그는 천상의 은총을 받은 신성한 존재로 등장한다. 〈메르쿠리우스의 독백Monologue de Mercure aux dames〉에서 묘사된 프랑스 국왕은 괴물과 거인 그리고 악마와 같은 상징적 인물들에게 패배를 안겨줄 수 있는 기사이다. 그리고 그가 무엇보다도 기사로서 찬양 받을 수 있는 것은 신의 말씀을 지상에 전달하며 지상에 사랑의 제국을 건설하려고 시도한 그의 노력 덕택이다.

> 나는 바람을 타고 프랑스에 왔노라,
> 인간과 신들을 진정시키는 만물의 아버지인
> 이 신의 부름을 받아,
> 이 셋 중에서 가장 강하고 결투에 기꺼이 나서는
> 한 프랑스 기사를 보내노라.
> 그에게 천상은 천운을 부여하며
> 사방이 위험으로 둘러싸인,
> 사랑의 신이 갇힌 저 위기의 성을
> 오랫동안 지배하도록 명하였도다.[26)]

생 드니 개선문에 세워진 프랑쿠스와 파라몽의 개선문(시몽 부케, 《축제문집》, 파리, 드니 뒤쁘레, 1572, f. 13 r°)

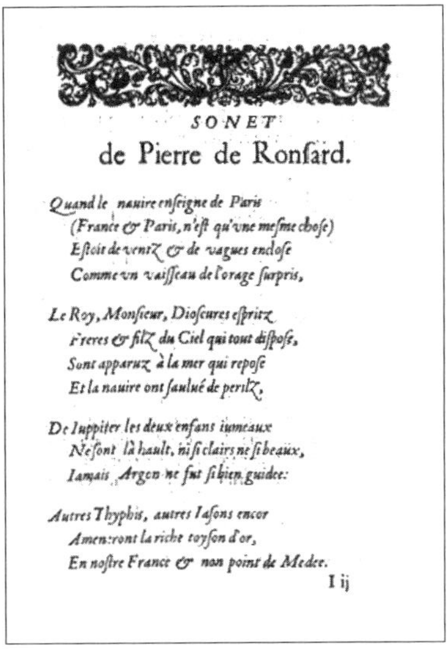

SONET
de Pierre de Ronſard.

Quand le nauire enſeigne de Paris
(France & Paris, n'eſt qu'vne meſme choſe)
Eſtoit de ventz & de vagues encloſe
Comme vn vaiſſeau de l'orage ſurpris,

Le Roy, Monſieur, Dioſcures eſpritz
Freres & filz du Ciel qui tout diſpoſe,
Sont apparuz à la mer qui repoſe
Et la nauire ont ſaulué de perilz,

De Iuppiter les deux enfans iumeaux
Ne ſont là hault, ni ſi clairs ne ſi beaux,
Iamais Argon ne fut ſi bien guidee:

Autres Thyphis, autres Iaſons encor
Amen'ront la riche toyſon d'or,
En noſtre France & non point de Medee.

I ij

시몽 부케의 《축제문집》에 실린 롱사르의 〈여왕에게 바치는 소네트〉 (f. 34 v°)

그렇지만 사랑의 신으로부터 모든 것을 능가하는 능력을 부여받은 국왕은 단지 신의 뜻을 따르는 수동적 존재는 아니다. 지상에서의 악의 제거는 신이 바라는 바이나 그것의 실현은 전적으로 기사인 국왕에게 맡겨져 있다. 이를 위해 롱사르는 무엇보다도 인간의 진보에 대한 강한 신뢰와 "사랑"이 군주에게 필요하며, 그가 만들 "아름다운 정원"이 "거대한 우주"로 표현된 하늘의 "정원", 풍요와 다양함으로 가득한 정원을 닮은 것이어야 한다고 주장한다. 이때 국왕에게 주어진 역할의 본질은 바로 신성한 자신의 "힘"을 사용하는 데 있다.

---

26) XV^2, p. 362, vv. 4-12.

덕성으로 이 위험을 물리친 후
날카로운 검의 힘으로
명성과 영광의 월계관을 쓰고는
이 [사랑의] 성을 쟁취하여 승리하리라.[27)]

정신적인 미덕의 힘과 물리적인 힘의 사용에서 지상의 질서가 회복될 수 있다는 견해를 드러내는 위 시행들은 지상에 파견된 기사로서의 국왕에게 미덕의 완성을 위해, 즉 신의 말씀을 실현하기 위해 힘에 근거하여 지상의 악들을 소멸시킬 사명을 부여하고 있다. 그렇지만 국왕의 힘이 폭력에 근거하는 것은 아니다. 오히려 그의 힘은 사랑의 관대함으로 무장한 힘이다. 그의 힘은 모든 갈등을 해소하여 우주의 조화와 평화를 가져오는 지상의 유일한 덕목이 될 수 있는 관용의 힘이다.

롱사르의 시에서 국왕이 태양으로 비유되는 것도 바로 여기에 있다. 모든 이들에게 자신의 광채를 공평하게 나누어 주는 태양은 관대한 존재 그 자체이다. 샤를 9세와 엘리자베트의 성대한 결혼식이 끝난 후 센 강을 배경으로 펼쳐진 야간 축제에서 낭송된 〈국왕의 전투를 위한 결투시Cartel fait pour un combat que fit le Roy en l'isle du Palais〉에 등장하는 국왕 역시 물리적 힘의 미덕을 내세우며 모든 위협적 요소를 제거하는 방랑하는 기사이지만, 동시에 그 힘이 태양에 비유되는 성스러운 존재이기도 하다.

저 강렬한 태양은 구름의 방해를 받지 않으며,

27) XV^2, p. 363, vv. 39-42.

지상에 알려진 나의 덕성도
참혹한 결투를 결코 두려워하지 않노라 […]
나는 떠돌이, 방랑자, 이방인이로다.
세상이 창검으로 무장하지 않도록
도처에서 위험에 맞서
오직 옳은 길로 미덕을 따르련다.
또한(태양이 잠에서 깨어나 아래 몸을 일으키기 전에)
날카로운 일격으로 그대에게 상처를 입혀
뛰어남의 징표들을 등에 지닌 나를
그대에게 알리련다.[28)]

그런데 이 시행들에서 흥미를 끄는 것은 롱사르가 국왕을 천상의 태양에 비유될 수 있는 강력한 힘의 소유자로 소개하면서도 그를 태양 그 자체로 고려하지는 않고 있다는 점이다. 국왕은 결혼식 직전 빌루아 저택에서 열린 축제에서 불려진 〈가수들이 부른 노래Chanson recitée par les chantres〉에서처럼 지상의 "새로운 태양"일 뿐이다.

샤를은 국왕들 중 가장 위대하니,
프랑스에 자신의 광채를
퍼뜨리는 젊고, 강하고, 잘생긴
위대한 국왕이로다.
마치 길을 나서려는

28) XV^2, pp. 353-355, vv. 1-3, 15-22.

빛나는 새로운 태양과 같도다.[29)]

여기서의 국왕은 "쫓아내다chasser", "죽이다tuer" 등의 동사가 암시하듯 전체적으로는 힘의 미덕을 소유한 자이고, 이때의 국왕의 모습은 프랑스의 자연에 걸맞은 민중의 풍요와 영광 그리고 그들에게 빛의 광채를 안겨 준 주체이지만, 그렇다고 해서 천상의 태양과 동일한 존재는 아니다. 신을 닮은 국왕은

신성한 법의 명을 내리며
별들의 흐름을
처음과 끝 모르도록 완벽하게 제어하는
신과 국왕들은 서로 닮았으니,
이 위대한 신을 본받아
그들은 지상을 지배하[는][30)]

자로서, 인간으로서의 신성함을 지닌 자, 신의 세계를 모방하여 지상을 안배하려는 신성한 인간일 뿐이며, 승리를 통해 세계를 조화롭게 만들어야 하는 지상의 태양일 뿐이다. 이런 정의에는 지상의 국왕이란 신의 뜻을 인간에게 전달하는 자, 신의 공간인 천상의 모습을 닮은 지상을 창조하는 사명을 지닌 자라는 의미가 담겨져 있다.

위 작품 바로 뒤에 낭송된 것으로 보이는 〈태양과 국왕의 비교Comparaison du Soleil & du Roy〉 역시 "비교"라는 용어 자체가 의미하듯 신성한 능력을 지닌

29) XV^2, pp. 347-348, vv. 25-30.
30) XV^2, pp. 346-347, vv. 1-6.

국왕, 그러나 태양과 동일한 존재는 아닌 국왕의 위상을 소개한다. 여기에서 롱사르는 자연의 태양은 소멸하지만, 지상의 태양인 국왕은 자신의 의무를 다한 후 천상에서 또 다른 삶을 살 것임을 예언한다. 그리고 지상의 질서와 조화를 위협하는 존재이자 "불화discord"의 주체들인 "전쟁"과 "시기심envie"을 고발한다. 롱사르가 보기에 당대는 악덕으로 가득 찬 시기이다. 그가 바라보는 현실은 질서가 파괴된 세계, 혜성의 등장으로 인해 미래에 대한 불안으로 가득 찬 세계, 귀족과 국왕에 대항하는 어리석은 민중의 세계, 그리고 "철이 지배하는 세계"이자 "진흙탕 같은 세계"이다. 시인이 두려워하는 것은 바로 이런 질서의 부재이다. 그것은 자연의 법칙을 거스르는 행위이기 때문이다. 하지만 시인이 더욱 두려워하는 것은 바로 정의를 염려하지 않는 세계, 그리고 정의가 사라진 세계 안에 있음을 부끄러워하지 않는 인간들의 존재이다. 이런 까닭에 그는 귀족과 궁정인들을 "별들"로 비유하며 "고상하고 신성한 영혼"인 국왕을 중심으로 결합하는 것만이 진정한 지상의 질서를 회복할 수 있다고 파악한다.

> 타오르거나 숨죽이는 불꽃으로
> 태양의 머리는 둘러싸여 있기에
> 천상을 순회하는 모든 별들은
> 그를 바라보고는 안내자로 삼는다.
> 우리 군주의 관대함으로
> 한데 모인 수많은 영주들은
> 저 별들 전체보다
> 더 많은 광채를 내뿜는다.[31)]

현실의 어두움에 대한 시인의 불안감이 다소간 내포된 이 시행들에서 국왕은 귀족들의 복종을 자아내며 권력의 집중을 실현하는 자로 나타난다. 이것은 이후 판본에서 "안내자"로서의 국왕에 대한 비유가 "선왕"으로 되고 되는 것에서 알 수 있듯이, 현실의 혼돈을 극복하기 위해서는 그 누구도 거부할 수 없는, 그러나 그 실체를 감히 해석하려고 시도할 수 없는 강력한 국왕의 탄생을 롱사르가 노래하고 있다고 할 수 있다. 태양은 밝은 빛으로 인해 상호작용이 아닌 오히려 단선적인 숭배의 대상으로 남게 되며, 이런 태양의 밝음을 지상의 인간은 올바로 바라볼 수 없기 때문이다.

따라서 태양으로서의 국왕에 대한 찬양은 결국 지상의 존재들이 자신을 망각하고, 자신의 존재를 상실하며, 자신의 의지에 관계없이 태양을 따르게 만들려는 목적을 지닌다고 할 수 있다. 모든 사고와 인식은 국왕으로부터 나오고, 〈국왕을 위한 결투시Cartel pour le Roy Charles IX habillé en forme de soleil〉가 노래하듯 국왕은 자신의 신성한 의지에 따라 지상을 재구성한다. 그가 의지하는 것은 모든 것을 능가하는 불의 힘이다. 마치 꽃들이 생명을 영위하기 위해 태양을 바라보고 쫓아가듯이, 국왕은 지상의 생명줄이며 심장이고, 지상의 운명은 국왕의 힘에 의해 결정되는 것이다.

> 신에 맞서 대항하는
> 온갖 것들을 불꽃이 이겨내듯이,
> 날카로운 내 검의 일격에
> 모든 기사들이 바닥으로 쓰러진다,

31) XV^2, p. 351, vv. 33-40.

가장 용맹한 이들도 내 힘을 두려워하니,

죽음이 내 창 끝에 걸려 있도다.[32)]

국왕을 태양에 비유하는 이러한 방식은 사실 조화의 구현을 미의 가장 중요한 요소로 강조하는 전통적인 신플라톤주의에 부합한다. 신플라톤주의에 심취하여 화려하고 장중하며 광대한 효과에서 조화와 질서의 반영을 찾는 당시 궁정의 취향을 받아들인 결과이다.

그리고 이런 국왕의 이미지는 국왕의 위상을 문제 삼아 정치적 분열을 조장하는 신교의 입장과 그 맥을 달리한다. 신교의 교리 측면에서 본다면 국왕은 단지 신의 연출에 따른 연기자일 뿐이기 때문이다. 그는 신성한 사명을 지녔지만 단지 일시적인 인간에 지나지 않으며, 언제나 신의 복수와 분노에 노출되어 있는 자이다. 자기 스스로 마련한 것이 아닌 자기에게 부여된 신성한 임무를 완수하지 못할 때, 그는 백성의 목자라는 자격을 상실하게 되는 존재이다. 따라서 국왕의 권력은 태양과 같이 영원한 것이 아니라 일시적이고 한정적일 뿐이다. 허영에 찬 인간적 권력의 상징인 국왕에 대한 복종보다는 신의 권력에 대한 헌신을 신념으로 삼을 필요가 있다고 주장하는 신교의 입장에서 국왕은 결코 롱사르가 그려 보이듯 조화로운 세상의 담보자이거나 총체성과 통일성을 유지하는 자가 아니다. 신과의 관계에서 그는 다른 자들과 마찬가지로 단지 인간일 뿐이다. 만약 그들과 다른 한 가지가 있다면 그것은 신이 완수하라고 부여한 임무에 의해서인 것이다.

따라서 롱사르가 구축한 국왕의 이미지는 구교를 중심으로 질서와 조화

32) XV^2, p. 352, vv. 1-6.

의 구축을 강요하고, 왕실 간 혼인을 통해 그것을 현실적으로 실현하려는 전통적인 궁정의 정치적 목적을 대변하고 있다고 말할 수 있다. 태양왕으로서의 국왕의 이미지는 바로 구교의 신봉자들에게 친밀한 소재를 궁정축제에서 다루기를 희망한 파리 시 위원회의 의견을 롱사르가 수용한 것으로 볼 수도 있다. 그래서 여러 연구자들은 이 새롭지 않은 주제에서 롱사르 시의 문학적 결함을 지적하기도 한다. 그러나 이런 해석은 전통적 개념을 수용하는 그의 의도를 충분히 반영하지 못하고 있다. 롱사르의 전통적 해석의 수용은 축제의 관습적 형식을 따르는 것 그리고 정치적 목적을 수용하는 것 이상의 또 다른 고유한 관점을 담고 있기 때문이다. 그것은 바로 위에서 언급된 것처럼 전통에 대한 수용이 개인적 목소리의 단계를 넘어 집단적 믿음을 대변하기 위한 것이었다는 점에서 찾을 수 있다.

8. 궁정시인의 목소리

롱사르가 국왕을 찬양하기 위해 신화에 의지한 것은 바로 그에게 주어진 집단의 대변자라는 역할에 의해 설명된다. 사실, 르네상스 서정시는 효용성을 지향하는 현실적인 문학의 한 장르라고 할 수 있다. 그것은 정치적 소재에 음악성을 부여하여 정치가 구현한 조화로움을 보존하거나 그것을 복구하는 것을 토대로 삼는 장르이다. 정치와 시 그리고 정치인(귀족과 왕족)과 시인은 서로 뗄 수 없는 관계를 맺고 있다. 이는 비단 르네상스 시에만 국한된 것은 아니다. 뤼트뵈프Rutebeuf와 크레티앙 드 트루아Chrestien de Troyes, 샤를 도를레앙Charles d'Orléans과 비용의 시에서 우리는 정치적 목소리의 반향을 충분히 들을 수 있다. 르네상스 시는 이런 서정시의 창조를 위한 효과적 수단의 하나로 암시의 저장고인 신화를 선택하였다. 물론, 르네상스 시기의 신화가 시인 개인의 감수성과 취향에 따라 사용되었다는 점을 부인할 수는 없다. 그러나 시인과 찬양 대상 사이에 폭넓게 알려지고 이해된 표현 방식으로 규정될 수 있는 신화는 그 사용이 고고학의 발견처럼 있는 그대로 수용되는 것이 아니라 창작자에 의해 새로운 생명을 얻게 되는 표현 수단이기도 했다. 따라서 이 시기의 서정시의 개념은 현대의 서정시를 정의하는 요소인 시인의 개인적 정서의 반영이라기보다는 오히려 집단성을 띠고 있다고 말할 수 있다.

헤라클레스의 개선문(시몽 부케, 《축제문집》, 파리, 드니 뒤 프레, 1572, f. 23 r°)

롱사르가 전통적인 상징을 통해 국왕의 찬양을 시도할 때, 그에게는 과거의 이미지를 환기하고 그 이미지를 '현재'에 적용함으로써 국왕의 위엄과 권위를 부각시키려는 의도가 있었던 것으로 보인다. 그는 상징물을 통해 국왕에게 과거 국왕들의 명성을 상기시키고, 그것과 어깨를 겨루려는 욕망을 현재의 국왕에게 불어넣기를 희망한 것이다. 국왕의 영광은 프랑스의 영광이기 때문이다. 따라서 널리 알려진 신화에 대한 믿음을 사용하여 집단이 바라는 바를 표현하려는 측면에서 신화적 상징의 '관습성'과 '상투성'의 수용은 롱사르 개인의 차원을 넘어서 '현실'과 '지금'에서의 일반에 의한 수용을 지향한다고 할 수 있다.

《가면극시》의 빌루아에게 바친 여러 시편에서 노래되는 것도 바로 현실에 대한 관심의 촉구이다. 이 작품들에서 롱사르는 부와 명예에 대한 지나친 집착과 화려함에 대한 욕망을 경계할 것을 귀족들에게 요구한다. 경계의 대상인 된 욕구들은 넓은 의미에서 귀족 사회의 분열과 타락으로 인해 초래될 수 있는 왕국의 분열, 나아가 국왕에 대한 비난과 왕권에 대한 도전의 빌미를 제공할 수 있다. 그래서 롱사르는 이 시편들에서 무력의 상징이지만 동시에 천상에서 지상으로 내려온 인간적 영웅인 헤라클레스에 국왕을 비유하며, 그를 중심으로 한 귀족들의 결집을 요구한다.

게리옹의 영토와 소들을
장악할 수 있었던 이 위대한 헤라클레스는
승리와 영광과 희망에 가득 차,
에반드로스의 집에서 저녁을 먹으려는 용기를 가졌다,
예언의 불길과 벼락으로
천상을 쪼갤 수 있는 이 아버지,
이 위대한 군주는 하늘을 버리고
필레몬의 집으로 내려가려 했던 것이다.
이런 예를 본받아, 나의 군주들이시여,
부와 명예를 멸시하는 것을 배우십시오,
저 화려한 재산을 경멸하는 법을 배우십시오,
거짓된 희망으로 자신을 속이지 마시오,
인간이 가질 수 있는 최고의 재산은

건전한 정신, 건전한 육체 그리고 젊음이기 때문이라오.[33]

천상의 덕목을 추구하기보다는 지상의 미덕에 충실한 영웅에 군주를 비유하는 롱사르가 마지막 시행에서 "건전한 정신, 건전한 육체"를 언급하는 것도 "거짓된 희망"보다는, 즉 미래의 구원에 대한 약속보다는 지상의 원칙에 충실해야 한다는 정신적 교훈을 전달하기 위한 것으로 보인다.

또한 그는 현재를 즐기라는 '카르페 디엠Carpe diem'의 주제를 전개하며 귀족들에게 미래의 영광보다는 현재에 충실하기를 권고하고 있다.

귀하신 분들이여, 세 개의 시간이 지상에 태어났소,
과거, 현재, 미래,
미래는 우리에게 너무 애매하오,
우리가 알 수 없기 때문이라오.
과거는 내일을 만들기 위해
돌아오리라는 희망 없이 달아나서
우리 곁으로 결코 돌아오지 않으오.
오직 현재만이 그리할 수 있소.
그러니, 귀하신 분들이여, 현재를 즐기시오,
현재는 금방 달아날 것이니.
내 술잔을 축이시오, 이 커다란 잔을 채우시오,
지금이 즐거움을 마련해 주는 동안,
술과 사랑과 쾌락은

33) XV^2, p. 342, vv. 1-14.

시간과 근심과 전쟁을 쫓아낼 것이니.[34)]

시인이 보기에 지상에서의 노고만이 신의 세계로 진입하는 영광을 보장할 수 있다. 지상에서의 실천만이 불멸을 얻을 수 있는 길인 것이다. 따라서 시인에게 있어 현재만이 "유일한 선물"이다. 특히 마지막 시행을 명령문 "쫓아내다charmons"로 끝내고 있는 것에서 알 수 있듯이, 현재에 대한 충실은 미래에 대한 불안을 극복하도록 돕는다. 그것은 현재의 어둠을 기쁨과 희망의 시간으로 바꾸고, "어두운" 미래를 바라보기보다는 현재의 시간 속으로 사랑의 신을 불러올 수 있다. 이런 까닭에 신화적 상징의 사용에서는 현실의 굴곡을 인정하는 롱사르가 발견된다. 그는 현실을 도피하려는 욕망을 지니지 않는다.

여기에서 그가 국왕을 찬양하는 이유가 밝혀진다. 국왕을 중심으로 한 질서의 확립을 희망하는 그가 찾는 '이상적 공간'은 현실 저 밖의 세계가 아니라 현실 안에서 형성되는 세계이기에, 그는 현실 안에서 질서를 이룰 수 있는 수단을 마련하길 원하고, 그것을 통해 현실의 모습과 내용, 즉 외관과 내면을 변화시키고자 하는 것이다. 따라서 신화의 집단성과 전통성을 수용하여 현재의 국왕을 찬양하는 롱사르에게 있어 축제는 단순히 화려한 공간도, 혹은 정치적 메시지의 전달 공간으로 그치지 않는다고 할 수 있다. 그것은 시인의 현실에 대한 관점과 국왕의 영광을 노래하는 궁정시를 위해 필요한 공간으로 기능하고 있기도 하다. 축제는 과거와 미래의 시간 사이에 놓인 일시적인 것이지만, 그 순간성과 일회성은 오히려 과거의 갈등과 미래

34) XV^2, pp. 344, vv. 1-14.

에 대한 염려에서 벗어난 세계를 제시하려는 그에게 유일한 시적 공간이 될 수 있다. 미래에 대한 희망보다는 일시적이고 인위적일지라도 현재 안에서 미래의 안정을 찾도록 만들 수 있는 공간이 축제이기 때문이다. 그래서 롱사르는 축제의 시인이기를 자처한다. 그는 축제를 빛나게 하는 국왕을 위해 도취와 기쁨의 술을 따르는 주연자로서의 역할을 기꺼이 수행하지 않을 수 없는 것이다.

> 옛 사람들은 식사 후에
> 메르쿠리우스에게 경의를 표하며 술을 따라
> 어두운 밤 동안 우리를 현혹시킨
> 헛된 꿈들을 내치었다.
> 그렇게 나는 바닥에 술을 쏟아
> 가득 적시고 싶다, 그 술은 미래에 영광을 얻게 될
> 내 위대한 국왕이 빛나는 머리로
> 저 별들을 물리치리라는 좋은 징조이니.[35)]

이러한 시인의 창작 행위는 일상적 즐거움을 주기 위한 것이지만 동시에 인간의 일상적 행위를 넘어서는 숭고함을 띠고 있다. 왜냐하면 고대인처럼 술을 따르는 행위를 모방하는 것은 디오니소스의 목숨을 구한 바 있던 메르쿠리우스에 대한 숭배와 더불어 그 숭고함과 신성함을 국왕에게도 부여한다는 의미를 지니기 때문이다. 롱사르가 추구하는 시간은 어두운 밤의 헛된

---

35) XV^2, p. 341, vv. 1-8.

꿈들이 지배하는 시간이 아닌 영광으로 빛나는 시간이다. 그런데 그 지향은 축제의 시간, 현재를 벗어나려는 시간이자 현재일 수밖에 없는 시간 안에서 이루어지고 있으며, 궁정시인은 바로 그런 시간을 만드는 자가 된다. 아니 빌루아를 비롯한 국왕의 신하들이 세상의 '증인'이라면, 롱사르 역시 그들의 미덕을 증언하는 증인으로서의 역할, 그리고 국왕의 영광과 위대함을 증명하는 현재의 증인으로서의 역할을 스스로에게 부여하는 것이다. 축제가 롱사르에게 필요한 것은 바로 여기에 있었으며, 그가 축제에 참여한 이유 또한 여기에 있다고 할 수 있는 것이다.

이런 면에서 볼 때 축제를 위한 《가면극시》는 즐거움의 장르, 현재의 장르, 디오니소스의 도취의 장르 그리고 분열과 대립의 욕망을 소멸시키는 화합의 장르라고 할 수 있다. 롱사르가 축제를 위한 시편들을 《가면극시》로 묶어 세상에 내놓은 것은 바로 여기에 기인한다. 그는 축제의 힘을 빌려 실현 불가능한 세계를 현실에 구현하려고 한 것이다. 국왕의 찬양을 통한 질서와 평화와 조화의 정착은 오직 축제 안에서만 인위적으로나마 구현될 수 있으며, 충만하게 칭송될 수 있기 때문이다. 따라서 축제는 롱사르의 시적 욕망이 분출되는 세계이며 실현되는 세계라고 할 수 있다. 그 안에서 궁정시인 롱사르는 국왕의 결혼이 마련할 수 있을 평화를 만끽하려는 인간세계의 집단적 희망을 대변한다. 국왕의 찬양을 통해 질서가 회복되고, 평화가 정착되는 세계를 위한 롱사르의 신화적 상징의 사용은 결국 집단적 욕망이 분출되는 세계를 노래하기 위한 가장 적절한 방식이라고 할 수 있다. 신화적 상징은 축제를 장식하기 위한 단순한 수단이 아니라, 신화를 선택하는 자신의 개인적 목소리와 더불어 집단의 목소리를 전달하기 위한, 그리고 신성한 국왕의 권위가 중심이 되는 현실을 분석하고 현실을 인도하기 위한 근거였던 것이다.

9. 시적 공간으로서의 궁정축제

국왕에 대한 롱사르의 이러한 찬양 방식은 사실 르네상스 시기의 기호의 세계에 대한 이해 그리고 이 시기의 정신망을 구성하는 '아날로지'의 개념과 밀접한 관련을 지니고 있다. 궁정축제의 전통적 배경인 신플라톤주의를 반영하는 국왕에 대한 찬양은 세계의 '유사성'을 드러내는 행위와 동일한 맥락에 위치한다. 신성한 인물로 비유된 국왕을 소개하는 것은 신과 국왕의 밀접한 관계처럼 기호 사이에 서로 상응이 이루어지고 있다는 신뢰를 지녔기 때문에 가능했다. 이 우주의 유사성을 롱사르는 국왕과 민중 사이에서 형성되는 '바라보기'의 방식을 통해 제시한다. 축제에 도입된 이미지는 초인간적인 국왕의 존재와 그의 정의로움, 물리적이고 정신적인 힘과 건장함을 받아들이도록 만들기 위한 것이기에, 축제에 참여하는 그는 일종의 '수사적 놀이'를 하고 있다고 말할 수 있다. 그는 이미지의 수단을 사용하여 정치성을 수용하도록 만드는 것이다. 그는 신화적 믿음이라는 전통적인 양식을 사용하여 국왕의 역할과 위상을 직접 바라보게 만들고, 과거의 신화적 인물과 비교하고 평가할 수 있는 기회를 제공해 주는 것이다. 국왕의 모습을 시각적으로 제시함으로써 정치적 이데올로기를 수용하도록 만드는 그의 창작은 문학적인 즐거움을 국왕의 영광을 위해 사용함으로써 그가 지닌 위엄의 본질을 구축하는 데 기여하는 것이다.

여기에서 태양에 비유된 샤를 9세에 대한 찬양의 본질적 의미가 밝혀진다. 태양인 국왕의 찬란한 빛을 바라보는 대중으로서는 존재론적 단절을 감수해야 하고, 그들은 국왕의 존재를 진정한 신의 현현théophanie로 간주하지 않을 수 없게 된다. 지상의 혼돈을 체험하는 인간은 축제의 화려함과 장중함 그리고 태양에 비유된 국왕의 모습을 바라보면서 놀라움을 체험하게 되고 무력화된다. 여기에서 지상의 존재들은 국왕의 페르소나에서 결코 소멸하지 않는 그 무엇을 '발견'하게 된다. 국왕의 덕성이라고 부를 수 있는 그것은 갈등과 분열의 강박관념에서 벗어나지 못하는 인간에게 질서와 화합의 세계를 반영하는 '거울'이 되는 것이다. 국왕을 태양에 비유한 것이 현대적 관점에서 보면 상투적이지만, 르네상스 시기에는 전통의 계승으로 고려되었으며, 이것은 보여 주고 바라보게 함으로써 인식의 망을 확대해 나가는 수단이었다. 즉, 국왕의 권위를 설득적으로 제시하기 위한 것이었으며 동시에 그것을 받아들이도록 촉구하기 위한 것이었다. 따라서 롱사르는 새로운 신화로써 전달해야 할 정치적 메시지를 감추거나, 그것의 의미를 오랫동안 파악하도록 만들기보다는 즉각적이고 직접적으로 그것을 간파하도록 만들기 위해 전통적인 믿음의 방식에 의지하는 것이다.

이렇듯 화려함과 우아함 그리고 세련됨이 어울린 총체적 성격의 축제에서 궁정시인인 롱사르는 정치적이고 심리적인 당대의 욕구를 수용하고 표현하는 가운데 평화와 조화를 유지하는 국왕의 권력과 능력을 언어로 제시하고 있다. 그는 지상과 우주의 상응이라는 형이상학적인 목적을 시어의 힘을 사용하여 축제의 공간에서 제시하고 있다. 이런 측면에서 놀라움과 감탄 그리고 기쁨을 자아내려는 목적을 지닌 롱사르는 '고착된 질서'의 시인이 아니라, 다양하고 역동적인 축제에서 국왕을 중심으로 형성된 질서를 추구하는 궁정시인이라고 할 수 있다.

그래서 다음과 같이 롱사르가 여러 곳에서 피력하고 있는 철학적 성찰에 힘입은 다음과 같은 언급은

> 물질은 남아 있고, 형태는 변한다[36)]

> 영원한 물질은 남게 되지만,
> 형태는 매 순간 변화하고, 변질된다[37)]

단지 물질과 형태에 대한 개념만을 피력한 것이라고 볼 수는 없다. 그것은 궁정시인이라는 직책 이전의 '시인'의 사명과도 관계한다. 즉, 어느 곳에 위치하더라도 지상의 다양한 기호가 우주라는 책과 서로 상응하고 있다는 것을 보여 주고 강조하는 것이 '시인'의 사명이며, 일회적인 축제에서의 국왕 찬양도 바로 그 우주의 질서를 지상 안에서 발견하기 위해 혹은 그 발견의 가능성을 찾기 위해 반드시 '시인'에게 요구되는 것임을 증명하고자 한 것이다. 국왕이 지상의 중심임을 만인이 인정하고 인식하고 있다면, 그 중심의 역할이 우주 안에서 지니는 의미, 즉 우주와 지상의 상호 소통이 가능함을 제시하는 것이 '시인'의 역할인 까닭에 롱사르의 궁정시인으로서의 축제 참여가 시적 열망과 무관한 정치적 요인에 의해 출발했다고 말할 수는 없는 것이다.

이것은 초기 시에서 다양성을 추구하는 가운데 통일성을 유지하며 새로

---

36) XVIII, p. 147, v. 68.
37) XVIII, p. 290, vv. 31-32.

운 시의 세계를 창조하려 했던, 즉 질서와 무질서의 결합과 조화를 통해 우주를 닮은 시의 창조를 희망하였던 롱사르의 모습이 궁정축제를 위한 작품들에서도 발견된다는 것을 말한다. 그가 태양왕으로서 국왕의 이미지를 제시할 때, 신화적 상징의 힘을 빌려 프랑스의 정치적 목적을 대변할 때, 축제는 우주의 조화원칙과 상응이 이루어지는 가상공간으로 변화하게 되고, 그로 인해 시의 세계와 우주와의 조화가 가능해지는 것이다. 따라서 축제는 롱사르의 시적 사상을 통제하고 구속하는 공간이 아니라 지금까지 추구해 온 시적 구상을 전개하고 발전시키는 공간으로 기능하고 있다고 지적할 수도 있다.

바로 여기에서 우리는 역설적으로 집단적 성격의 축제를 위한 작품에서 롱사르의 '시인'으로서의 고유한 목소리가 담겨져 있음을 확인하게 된다. 그는 단지 국왕의 영광을 노래하는 데 그치지 않고, 국왕의 영광이 고대에 그러했던 것처럼 '시인'에 의해 주어지는 것임을 묵시적으로 전달하고 있기 때문이다. 앞에서 인용한 〈태양과 국왕의 비교〉에서 국왕의 운명을 위해 미래형 시제를 사용한 것은 예언을 통해 국왕의 이미지를 확고히 하고, 그에게 위안을 주기 위한 것이었지만 동시에 국왕의 운명 자체가 '시인'의 목소리에 의해서만 밝혀질 수 있다는 것을 전달하기 위한 것이기도 했다. 국왕의 찬양은 '시인'의 기능에 대한 암시와 언제나 함께 하며 서로 떼어질 수 없는 것이 된다. 국왕의 기능이 지상의 질서인 것처럼, '시인'의 역할 역시 지상의 조화를 언어로써 가능케 하고 그것을 노래하는 것이다. 따라서 '시인'과 국왕의 운명은 그 궤를 같이한다고 말할 수 있다. 국왕의 영광이란 '시인'의 시선, 그리고 일반 집단이 바라는 바를 전달하는 지상의 대변자로서의 '시인'

의 목소리에 의해 주어질 수 있는 영광인 것이다.

롱사르는 바로 이것이 언어로 쓰인 시를 위협하는 외적 요소에 대항할 수 있는 유일한 수단이라고 생각한다. 그가 우주의 사랑을 둘러싼 갈등이나 우주를 구성하는 여러 요소들의 갈등을 소재로 삼아 지상의 속성은 우주의 순환적 속성을 반영한다고 노래하는 것과 지상의 다양성과 통일성 그리고 불안정함과 안정의 반복을 노래하는 것, 이 모두는 시를 구하기 위해서였다. 그에게는 여전히 《오드집》의 서문에서 주장한 것처럼 고귀한 자들의 찬양이 시의 유일한 목적이었던 것이다. 국왕의 위엄이란 지상에 머문 신성인 까닭에 신화적 상징을 통해 초월적인 권한을 보여 주려고 한 시도는 국왕과 더불어 자신의 시 세계 역시 구하려는 그의 의도를 반영하고 있다고 할 수 있다.

롱사르의 1587년 사후 《전집》은 1550년 《오드집》 서문에서 밝힌 서정시를 이루는 주제들의 목록에 가면극시라는 장르를 포함하고 있다.

> 그대가 알아야 할 것은 모든 시는 […] 사랑, 술, 질펀한 향연, 춤, 가면극, 용맹한 검술, 창 시합, 마상 시합, 집단 기마 시합, 그리고 약간의 철학적 논거 등과 같은 주제에 걸맞은 고유한 논거를 지니고 있다는 점이다.[38]

왜냐하면 국왕의 찬양이 오드의 목적이었듯, 그것은 가면극시의 소재이자 주제가 되기 때문이다. 《오드집》에서 '시인'의 영광이 국왕을 찬양하는 가운데 노래된 것처럼, 가면극시의 롱사르는 국왕의 영광에서 자신의 고유한

38) I, p. 59.

시인에 대한 관점을 전개하고 있기 때문이다. 따라서 오드와 가면극시는 그 형식의 상이함에도 불구하고 동일한 내용을 다루고 있다는 면에서 여전히 서정시라고 불릴 수 있을 것이다. 이것은 1550년 롱사르의 시학이 여전히 1571년의 축제의 시인에게서 발견된다는 것을 뜻한다. 따라서 국왕에 대한 롱사르의 찬양에서 그가 궁정의 은총을 얻기 위해 종속적인 역할을 충실히 수행하고 있다고 보는 관점은 적절하지 않다. 궁정의 시간이 영원하고 그것의 미덕 역시 신성하고 순결한 것이라면, 롱사르에게 주어진 역할은 국왕이 머무르는 이 거처의 신성함을 노래하는 것이며, 그 노래가 안정된 지상에서 시의 상징적 버팀목이 될 수 있다는 점을 제시하는 데 있다. 그런 까닭에 그는 국왕과 태후의 초월적 자질을 노래하는 '가수chantre'의 역할을 궁정축제 안에서 의도적으로 수행하는 것이다.

국왕에 충실하기 위해 당시의 정치적 상황에 주의를 기울이며 동시에 자신의 시적 역할과 그 산물의 질적 가치를 염려한 롱사르는 자기 시대의 정치를 위하여, 동시에 자신의 시를 위해 정치적 삶에 궁정시인으로서 개입하고 있는 것이다. 카트린 드 메디시스가 지향하는 정치적 이데올로기에 대한 시인의 화답은 자신의 시적 영역을 보존하고 그것을 계발하려는 시인에게 장애로 작용하지 않았으며, 또한 자신의 고유한 사상들을 표현할 기회를 그에게서 박탈한 것도 아니었던 것이다. 언제나 정치적 관심사는 항상 시의 가치에 주의를 기울인 시인의 손끝을 거치며 표출되었다는 사실에서, 우리는 시인으로서의 독립성과 위엄을 상실한 채 정치적 목적에 원하지 않았지만 봉사할 수밖에 없는 '관직시인'으로서가 아니라 정치와 시를 아우르는 이상적 공간을 마련하는 '궁정시인poète de cour'으로서의 롱사르를 찾을 수 있다.

궁정축제는 롱사르라는 한 시인의 정치에 대한 종속을 요구하는 공간이 아니라 오히려 '시인'의 역할이 무엇인가를 밝힐 수 있는 기회를 제공하는 공간이라고도 할 수 있다. 축제를 통해 국왕의 정통성을 노래한다는 것, 그의 덕목을 찬양한다는 것, 그리고 축제의 예술가가 된다는 것은 롱사르에게서 모두 동일한 의미를 지니고 있다. 롱사르는 궁정시를 통해 국왕에게 미래의 국왕을 위한 덕목을 제시하는 가운데 시인인 자신의 모습 역시 투사하고 있다. 게다가 롱사르의 시인은 국왕이 실현할 세계에 대한 동시대의 집단적 의지를 반영하는 시인이기도 하다. 그는 전통적인 상징의 의미를 낡은 것으로 여기지 않도록 시적 표현에 주의를 기울이며 찬양을 노래의 목적으로 삼는 시인이고, 또한 과거의 훌륭함과 뛰어남이 가득한 '새로운 올림포스'라는 프랑스 궁정의 이미지를 전달함으로써 새로운 문화의 형식을 형성하는 데 기여하는 시인이기도 한 것이다. 그래서 그가 사용하는 언어는 개인적이지만 동시에 집단의 언어라고 할 수 있다. 그가 환기하는 국왕의 영광을 하나의 이미지로 옮겨 놓는 그의 언어 역시 시인 자신이 바라는 바이자 동시에 모든 이들의 희망을 담는 매체가 되고 있기 때문이다.

궁정축제는 롱사르가 거부해야 할 대상이 아니었다. 국왕의 찬양에서 롱사르 자신을 찬양할 수 있는 기회를 궁정축제는 제공하고, 개인을 벗어나 집단의 희망을 언어로 표현할 수 있는 기회를 그에게 부여하였다. 궁정시인 롱사르는 궁정축제에서 자신의 언어를 통해 세상이 아직 포착하지 못한, 그러나 희망하였던 바를 제시하는 시인, 언어에 대한 믿음과 언어가 새로운 정신적 지형을 만들어 낼 수 있다는 확신하에서 시적 창조에 나서는 시인을 소개하고 있는 것이다. 시가 그 영역을 확고히 다지지 못한 시기에 궁정시인 롱사르는 자기 시대의 시인의 역할을 정의하려는 또 다른 시도를 궁정축제를 통해 보여 주었던 것이다.

6장

역사와 시인의 글쓰기

《라 프랑시아드*La Franciade*》

LES
QVATRE PREMIERS
LIVRE DE LA FRANCIADE.
AV ROY.
TRES-CHRESTIEN, CHARLES,
NEVFIEME DE CE NOM.
PAR PIERRE DE RONSARD,
GENTILHOMME VANDOMOIS.

A PARIS,
Chez Gabriel Buon, demeurant au Clos bruneau, à l'enseigne saint Claude.
1572.
AVEC PRIVILEGE DV ROY.

《라 프랑시아드》
(파리, 가브리엘 뷔옹, 1572, in-4°)

1573년 판본 속표지에 실린 롱사르의
영원한 군주 샤를 9세의 초상

1. 서사시의 구상

프랑스 최초의 서사시이자 미완으로 남게 된 롱사르의 《라 프랑시아드*La Franciade*》(1572)는 프랑스 사람들과 프랑스라는 한 나라의 기원을 찾으려는 시적 욕망이 낳은 작품이다. 프랑스 국왕에 대한 찬양을 자기 시의 주요 소재로 삼은 롱사르에게 있어서 프랑스 역사를 가득 메우고 있는 영광의 순간들은 그의 시가 마땅히 다루어야 할 대상으로 고려되었을 것이다. 이러한 그의 의도는 동시대 작가들과 공유된 것이기도 하다. 고대를 능가하는 프랑스 고유의 문학을 제시하려는 인문주의 작가들은 서사시가 없는 문학이란 소위 이류문학으로 규정될 위험이 있다는 것을 알고 있었다. 뒤 벨레가 《옹호》 2권 5장에서 호메로스의 《일리아드》에 비견될 수 있는 프랑스 서사시의 필요성을 주장한 바 있듯이, 이 장르의 실현은 오래전부터 여러 작가들의 희망이었다. 때로는 "위대한 작품", 때로는 "프랑스어로 된 장시" 혹은 "영웅적인 작품"이라고 명명되는 서사시는 그 어떤 것보다도 그리스와 라틴 문학에 버금가는 프랑스 문학의 발전을 위해 가장 시급히 개척되어야 할 장르의 하나로 고려되었다.

그런데 서사시의 소재에 대한 관점이 언제나 같은 것은 아니었다. 뒤 벨레는 "랑슬로, 트리스탕, 혹은 기타 우리의 저 훌륭한 예전의 로망Roman을 선택하자"라고 말하며 무훈시에서 소재를 취하는 것이 적당하다고 생각하지만, 장 르메르 드 벨주Jean Lemaire de Belges의 《골족의 현양과 트로이아의 특이성 *Illustrations de Gaule et singularité de Troies*》(1510-1513)과 아버지 루이 드 롱사르의 절친한 친구였던 장 부셰Jean Bouchet의 《프랑스 국왕 연보*Anciennes et modernes Genealogies des Rois de France*》(1527)를 탐독하였으며, 베르길리우스의 《아이네이스》를 즐겨 읽었던 롱사르는 다른 소재를 서사시의 내용으로 삼고자 하였다. 그것은 많은 사람들의 가슴속에 남아 있는 믿음이자 전설이고 당시 연대기 작가들이 마치 역사적 사실처럼 여기고 있던 '프랑스의 트로이아 기원론'이었다. 롱사르는 이미 오래전부터 트로이아 기원론을 민족의 영광을 보장할 수 있는 시적 소재로 파악하였으며, 호메로스의 《일리아드》에 맞설 수 있는 민족의 영광을 위한 작품을 저술하려는 의도를 갖고 있었다.

1549년에 작성된 〈프랑스 찬송Hymne de France〉에서 그는 트로이아의 국왕이자 프리암Priam의 아들인 헥토르Hector의 적자로서 묘사되는 프랑스를 노래하였고,

> 뭐라고? 행복할 정도로 풍요로운 우리 프랑스는
> 그의 자손들에게 유용한 것을 주었다,
> 영원한 금은 프랑스에 부족하지 않고,
> 은빛 샘물은 마르지 않는다.

철과 청동은 뗄 수 없는 친구로
프랑스를 풍요롭게 만드는 풍부한 광물이다.
철은 휘어진 트럼펫을 만들 때나
신들의 얼굴을 조상으로 만들 때 유용하며,
청동은 우리를 헛되이 위협하는
적의 오만함을 고치는 데 사용된다,
천상의 좋은 징조가 우리에게 전해지고,
그리고 주피터가 프랑스인을 자신의 합법적 적자인
헥토르의 아들로 여기면서
왼손으로 천둥을 내리쳤기에.[1]

이듬해에는 프리암의 딸이자 예언자이기도 한 카상드르의 입을 통해 자신이 계획하고 있는 서사시의 영웅이 될 프랑시옹Francion, 즉 아스티야낙스Astyanax라는 가명을 지닌 프랑쿠스Francus의 또 다른 이름을 〈평화의 오드Ode de la Paix〉에서 언급하기도 하였다. 특히 《오드집》 5권에서는 자신이 저술할 이 영웅적 작품의 제목을 마침내 밝히기도 했다.

그리하여 나에 의해 그대는 노래될 것이다,
아폴론이 내 생각에 자양분을 준다면,
나의 프랑시아드는 시작될 것이다.[2]

1) I, pp. 29-30, vv. 107-120.
2) III, p. 176, vv. 109-111.

게다가 그는 서사시를 쓰는 데 국왕의 후원이 절대적으로 필요하다는 것을 잘 알고 있었다. 자신의 서사시를 빠른 바람을 타고 나아가는 범선에 비유하는 그는 국왕의 지원이 있는 한에서 안정적으로 서사시를 지을 수 있게 될 것이라고 주장하기도 한다.

> 인간은 어떠할 것인가?
> 아침에 그들이 꽃을 피운다 할지라고
> 저녁에는 결코 그리하지 못할 것이다.
> 잡초를 만드는 저 들판과 같으리라.
> 그 누구도 자신의 영광을 바쳤노라고
> 자찬할 수는 없을 것이다,
> 뮤즈가 그를 기억하는 찬송을
> 노래하지 않는다면.
> 그러니 국왕이여, 시를 찬양하고
> 그것을 그대의 지고하심의 선물로
> 장식하실 이는 바로 그대라오,
> 나의 범선을 밀어주시오, 그러면 나
> 내 동료들을 빠르게 인도할
> 최초의 사람이 될 것이니.[3]

그러나 르네상스 시인의 현실적 상황을 암시하는 위 글에 나타난 요청에도 불구하고, 롱사르보다는 루브르 장식을 담당한 피에르 레스코Pierre Lescot와

3) III, p. 29, vv. 387-400.

같은 건축가를 선호한 앙리 2세는 그의 찬양에 물질적 보상을 마련해 주지 않았다. 롱사르의 불만과 회의 그리고 실망은 커져갔다. 비록 1554년 자신의 메세나인 랑슬로 드 카를르의 적극적인 주선에 힘입어 동료 시인 타워로 Jacques Tahureau가 국왕 앞에서 "롱사르는 그대를 노래하리라, 자신의 프랑시아드를 울리면서, 그곳에서 프랑스는 저 위대한 일리아드를 굴복시키리라" 라고 언급하며 롱사르의 서사시에 대한 집착과 그가 쓸 서사시가 국왕의 영광을 위한 작품이 될 것임을 전달했음에도 불구하고, 롱사르는 안정적인 상황에서 민족의 역사를 시어로 표현하려는 시도를 충족시켜 줄 단 하나의 교구 직도 얻지 못하는 상황에 처하게 된다.

이때의 안타까움을 그는 여러 곳에서 토로하게 되는데, 특히 1555년에 간행된 《오드집》 3판에서는 본격적인 최초의 서사시 완성이라는 그의 커다란 야심과 커다란 만큼이나 깊은 그의 실망이 표출되고 있다.

> 내가 얻고자 하는 용기와 지복은
> 유럽 전체를 지배하기 위해
> 아시아의 저 막강한 군대와 그대의 프랑쿠스를
> 이끄는 무장한 수단이라오,
> 그러나 그의 채비와 부대에 그대는 돈을 지불해야만 하오.[4]

서사시의 집필에 대한 국왕의 후원은 시인에게 용기를 가져다 줄 수 있으며, 서사시를 통해 국왕은 시인이 부여하는 영원한 영광을 누릴 수 있게 될 것이

4) VII, p. 9, vv. 81-85.

라는 이런 태도는 일면 국왕에 종속된 시인의 간청으로 보일 수도 있지만, 보상에 대한 대가로 서사시를 쓰겠다고 밝힘으로써 시인과 국왕의 동등한 관계, 시로 국왕을 찬양함으로써 국왕의 불멸을 보장할 수 있는 시인의 숭고한 능력을 암시하고 있기도 하다. 그의 국왕에 대한 호소는 일종의 거래였으며, 또한 시인의 역량을 시대가 인정해 줄 것을 바라는 것이기도 했다.

> 선을 베풀어 달라고 국왕을 성가시게 할
> 나를 비난하시오, 국왕이여, 나로서는
> 그런 간청을 드리는 것에 부끄럽지 않을 것입니다 [···]
> 아, 선하신 신들이여! 국왕의 관대함이 없이
> 누가 라 프랑시아드를 완성할 것이란 말이오? 그대에게 말하노니
> 나의 이 대담한 뮤즈가 더욱 노래를 잘 부르도록 하기 위해서
> 그대의 신성함이 때로는 그에게 이 말을 해 주시기 바랍니다,
> 베르길리우스는 카에사르의 도움이 없었다면
> 그토록 용맹하게 노래할 수 없었을 것입니다. 경험으로 아는 바
> 가난한 자는 위대한 작품을 시도할 수 없을 것입니다 [···]
> 오랜 호흡을 요구하는 라 프랑시아드는
> 그런 식으로는 완성될 수 없을 것이오,
> 그것을 끝맺기 위해서는 십년의 긴 시간을 저는 견디어야 합니다.
> 그토록 위대하고, 온갖 고안으로 가득할 책은
> 그렇게 가꾸어지지 않은 손에서 나오는 것은 아닙니다.[5]

---

5) VIII, pp. 343-345, vv. 377-379, 389-395, 400-404.

대답이 없는 국왕의 태도와 궁정 내에서의 시인의 위상이 다른 예술가에 비해 열등한 대접을 받는 상황에 실망한 롱사르는 이후 앙리 2세를 위한 어떤 작품도 작성하지 않게 된다. 심지어 국왕의 사망에 즈음하여 여러 시인들이 그의 생전의 업적을 찬양할 때조차도 침묵을 지키게 된다. 더불어 그의 서사시 계획도 6년 뒤, 종교전쟁의 발발 시기로 미루어지게 된다. 귀족 간의 분열과 갈등이 국왕의 위상 약화를 초래할 것이라는 궁정의 우려는 서사시의 필요성을 비로소 인식하는 계기로 작용했던 것이다.

종교전쟁의 와중에서 국왕 샤를 9세의 섭정을 맡은 카트린 드 메디시스는 무엇보다도 어린 국왕의 위상을 견고히 할 수 있는 정치적 분위기 형성에 전력을 다하게 된다. 물론 그녀는 시인의 글 역시 이런 정치적 목적을 달성할 수 있는 하나의 수단이 될 수 있다는 것을 잘 알고 있었다. 1565년 마침내 롱사르는 생애의 마지막을 보낼 장소가 될 생 콤Saint-Cosme 수도원장 직을 국왕으로부터 받게 되며, 이런 기쁨의 표시로 그는 이곳을 몸소 방문한 국왕에게 서사시의 계획과 그것에 대한 지지를 요구하게 된다.

> 그러니 나의 국왕이시여, 제가 긴 시간의
> 작품이자 오랜 노고의 산물일
> 라 프랑시아드를 쓰기를 바라신다면,
> 이미 가을의 폭풍우가 40년 동안 쏟아 부은
> 우박을 받아 머리가 하얗게 세기 시작한
> 가련한 나를 지금은 그대가 배려하실 시간일 것입니다 […]
> 저에게 명을 내리십시오, 나를 전적으로 사랑해 주십시오,

> 그리고 칭송해 주십시오, 이 세 가지 사항은 제가 보기엔
> 시인을 행복하고 영광스럽게 만드는 것이며,
> 그를 기쁘게 하는 것이고, 그를 천상에 오르게 하는 것입니다.[6)]

어린 국왕의 롱사르에 대한 배려는 각별했다. 선왕과는 달리 샤를 9세는 시인의 시적 야망을 현실화할 수 있는 배경을 마련해 준다. 단, 시에 심취했으며, 직접 시를 작성하기도 한 샤를 9세는 두 가지 조건을 전제로 그에게 서사시를 다시 시도할 수 있는 기회를 준다. 우선, 그것은 과거 무훈시의 경우처럼 "평범한 시행vers commun"인 10음절로 된 서사시를 작성하는 것이었고, 또 다른 하나는 프랑스 왕들의 이름을 서사시에서 언급해야 한다는 것이었다. 그런데 전통적인 음절보다는 더 웅장한 효과를 발휘할 수 있는 12음절을 선호하였던 롱사르로서는 시 형식에 대한 이런 요구를 만족스럽게 받아들이기는 어려웠다. 《프랑스 시법 개요》 재판(1567)에서 그는 국왕의 요구에 대한 불편함을 숨기지 않고 드러낸다.

> 내가 나의 프랑시아드를 12음절로 쓰기 시작하지 않았다면 [···] 내 의지가 아닌 나에게 명령을 내린 자들을 비난해야만 한다. 왜냐하면 내 뜻에 반해 그리되었기 때문이다. 나는 알렉상드르의 운율에 맞춰 프랑시아드를 걷게 만들고 싶었다. 그러나 이번에는 복종해야만 한다.[7)]

"이번에는 복종해야 한다"는 시인의 고백은 다시는 이런 기회가 오지 않을

6) XIV, pp. 143-144, vv. 225-230, 245-248.
7) XIV, p. 25.

것이라는 염려를 내포하고 있을 뿐만 아니라, 어떤 상황에도 불구하고 서사시를 완성해야 한다는 강한 욕구가 그에게 있다는 것을 암시한다. 이미 오드, 소네트, 찬송과 참여시를 경험한 그에게 남은 유일한 시적 장르는 바로 서사시였기 때문이리라. 그래서 롱사르는 국왕의 요구를 받아들이지 않을 수 없었다. 그의 작품에서 진부하게 느껴질 정도로 샤를 9세의 선왕들의 이름이 연대순에 따라 언급되는 것도 바로 이 때문이라고 할 수 있다.

롱사르는 《일리아드》를 프랑스어로 옮긴 바 있는 비서 아마디스 자맹과 함께 생 콤에서 5년이라는 시간을 보내며 서사시 집필에 몰두하게 된다. 이 기간은 궁정의 알력과 갈등을 벗어난 행복의 시간이었다. 그리고 자기를 찾은 벗들에게 《라 프랑시아드》의 내용 일부를 소개하거나 원고를 건네주며 시쓰기를 계속하게 된다. 1570년 샤를 9세는 수고본 상태의 3권으로 된 《라 프랑시아드》의 전반부 노래chant들을 미리 받게 된다. 그리고 자맹은 스승을 대신하여 네 번째이자 마지막이 될 노래를 1571년 블루아 성을 찾은 국왕 앞에서 낭송하게 된다. 그리고 1572년 출판의 필요성을 요구하는 동료 시인들의 충고에 힘입어 롱사르는 작품을 간행한다. 그러나 이 출판은 그가 계획한 총 24편의 노래 가운데 단지 4개의 노래만을 담고 있을 뿐이었다. 이 점에 대한 독자의 반응을 롱사르는 염려하지 않을 수 없었으며, 게다가 시집의 출간 상황 역시 롱사르의 기대를 비껴갔다. 1572년 8월 말에 발생한 생 바르텔레미Saint-Barthélemy 대학살이 프랑스를 다시 한 번 종교전쟁의 격랑 속으로 빠뜨린 것이다.

롱사르는 이 시기에 《라 프랑시아드》의 수정판을 간행한다. 그리고 1573년 작은 16절 판형으로 간행된 《전집》의 마지막 권을 서사시에 할애한다. 갖고 다니기에 적절하고, 읽기에 편한 작품의 판형 덕분이었을까? 롱사르의 《라 프랑시아드》 인쇄는 곳곳에서 이루어지고, 작품은 후에 한 연구자가 그 목록을 작성하지 않을 수 없을 정도로 판을 거듭하며 인기를 얻게 된다. 그렇지만 샤를 9세가 1574년 사망하게 되자 롱사르는 작품을 미완성으로 남겨 놓게 되고, 다시는 이 서사시의 완성을 위한 어떤 노력도 기울이지 않게 된다. 더 이상 궁정의 후원을 약속받을 수 없게 될 것임을 그는 알고 있었기 때문이다. 1578년 판본을 준비하며 그는 중단된 서사시에 대한 자신의 안타까운 심정을 다음의 사행시에 담아 밝히고 있다.

> 만약 샤를 국왕이 살아 있었더라면
> 나는 이 긴 작품을 완성했으리라,
> 죽음이 그를 쓰러뜨리자마자
> 그의 죽음은 나의 용기를 굴복시켰다.[8)]

이 고백에 따르면 국왕의 사망은 작품의 사망이었다. 그의 사망은 롱사르에게 고달프지만 영광스러웠던 글쓰기의 여정에 종말을 고하는 계기가 되고 말았다. 작품을 미완성으로 남겨 놓게 된 것에 대한 미련과 후회가 그에게 깊게 남아 있었다. 1587년 사후 판본의 서문에서 그는 자신의 서사시를 결국 실패한 작품으로, 그리고 고대 서사시인들 앞에서 패배한 작품으로 인정하고 있기 때문이다.

---

8) XVI, p. 330.

프랑시아드여 무릎을 꿇어라,
아이네아스를 찬양하라, 일리아드를 찬양하라,
그들의 얼굴에 경의를 표하라, 정신에서, 기법에서, 그리고 정성에서
나보다 뛰어났던 그들을 오랫동안 추종하라.9)

그런데 이런 회한에 가득 찬 고백들은 여러 측면에서 의문을 자아낸다. 어떤 연구자는 롱사르가 이런 심정을 토로하면서 오히려 기쁨을 느끼고 있다고 해석하기도 한다. 왜냐하면 자신을 오랫동안 구속하였던 속박에서 벗어날 수 있는 기회를 제공해 준 국왕의 죽음에서 롱사르는 자유로운 창작이 가능한 시간을 얻게 되었다는 안도감을 느꼈으리라는 것이다. 오래전부터 구상해 온 서사시를 미완성으로 남겨둘 수밖에 없었던 롱사르의 이유는 무엇이었을까? 그리고 그것이 그의 시 세계에서 시니는 의미는 무엇일까? 이 질문에 답하기 전에 작품의 내용을 살펴보기로 하자.

2. 서사시의 내용

프랑쿠스를 기원으로 삼는 서사시는 롱사르가 보기에 많은 장점을 가지고 있었다. 유럽의 거의 모든 나라가 트로이아에서 선조를 발견하기를 주장하고 있었기 때문이었다. 게다가 이 인물은 율리시스처럼 여행자로서의 영웅과 전사로서의 영웅이라는 한 인물이 간직한 여러 품성을 소개할 수 있는 모델이 될 수 있었다. 따라서 16세기 초 헥토르의 아들이자 프랑스인들의 조상이 되는 푸랑쿠스 신화는 여러 인문주의자들에게 민족의 영광을 위한

9) XVI, p. 354, vv. 7-10.

적절한 소재로 취급되었다. 그러나 현존하는 국왕인 샤를 9세에게 바쳐졌으며, 총 4권 6149행에 이르는 이 방대한 작품의 서두에서 롱사르가 우선 환기하는 대상은 역사적 인물이 아닌 시적 영감의 원천인 뮤즈들이다.

> 파르나소스 정상을 차지하고 있는 뮤즈는
> 내 언어를 안내하고, 트로이아 출신으로
> 여린 젊은 시절엔 스카망드르라는 이름에서 유래한
> 아스티야낙스라고 불린,
> 헥토르의 아들 프랑시옹을 조상으로 둔
> **프랑스** 국왕들의 혈통을 노래하게 한다.
> 나에게 말해다오, 이 트로이아인의 업적과
> 전쟁, 그의 결심, 그리고 파리스의 거대한 성벽을 짓기 전에,
> 대양에서 얼마나 많이
> (넵투누스와 주노의 분노에도 불구하고)
> 그가 운명을 극복하였는지를,
> 그리고 땅 위에선 얼마나 많은 위험을 헤쳐 나갔는지를.[10)]

2행의 시인이 사용한 "내 언어를 안내하고"라는 표현은 이미 고대시인들, 특히 베르길리우스가 사용한 표현의 되풀이이며, 여기에서 독자는 그가 그리스 시인에 버금가는 명성을 이 서사시를 통해 얻고자 원하고 있음을 알 수 있다. 그는 지난 역사를 소개하는 것 이외에도 이 역사에 신성한 의미를 부여하려고 한 것이다.

---

10) XVI, pp. 29-30, vv. 1-12.

이 신성한 역사는 프랑시옹으로부터 시작한다. 헥토르의 아들인 프랑시옹은 아버지 주피터에 의해 앙드로마크의 품에서 떨어져 숨어 살게 되다가 성년의 나이에 이르러 자신을 따르는 트로이아 전사들과 함께 정복에 나선다. 그러나 그의 무리는 크레타Crète 섬의 어느 해변에 난파하게 되고, 그곳에서 그는 선왕 디카이오스Dicée의 환대한 대접을 받게 된다. 이에 대한 보답으로 프랑시옹은 정의의 국왕인 디카이오스의 아들 오라이오스Orée를 괴물 포베로스Phovère와의 싸움에서 구하게 된다. 디카이오스에게는 이앙트Hyanthe와 클리멘Clymène이라는 두 딸이 있었다. 이 중 둘째 딸이 프랑시옹에게 사랑에 느끼게 된다. 그러나 마음으로 간직할 수밖에 없는 사랑의 고통 때문에 그녀는 자살을 기도하게 되고, 죽음의 문턱에 놓인 그녀를 발견한 유모는 오히려 그녀에게 사랑을 온 세상에 드러내도록 권유하게 된다. 그러나 지조와 명예를 소중히 여기는 프랑쿠스는 그녀의 사랑을 단호하게 거부한다. 이에 절망한 그녀는 바다에 몸을 던져 결국 비극적 죽음을 맞이한 후 님프로 다시 태어나는 운명을 겪게 된다.

클리멘을 거부한 프랑쿠스는 오히려 장녀인 이앙트에게 마음을 두고 있었다. 그녀에겐 여동생에게 없는 신비한 능력이 있었기 때문이다. 예언의 능력을 지닌 그녀는 프랑스의 선조가 될 파라몽Pharamon, 클로디옹Clodion, 메로베Mérovée와 같은 국왕들의 미래를 예견하며 그에게 미래의 프랑스 왕들의 영혼들을 차례로 보여 준다. 그들은 바로 훈족의 침입에 맞서 프랑쿠스의 이름을 따서 골족에 프랑스라는 이름을 부여할 국왕들이 될 것이기 때문이다.

이 두 국왕[파라몽과 클로디옹]의 뒤를 이어 선두에서 걷고 있는
전사의 얼굴을 지니고,
이마엔 저 높은 곳의 별들을 새긴 이 국왕은 누구인가?
그는 용맹하고 정의로운 메로베 국왕,
우박보다 더 세차게 공격하며, 약탈하고, 타오르는 불길에 뜨거워져
(피로 뒤범벅이 된 마르스가 그의 군대를 이끌 것이다)
라인 강물로 목을 적시는
트리어Treves와 쾰른Coulogne 그리고 수많은 성들을 점령하고,
메츠Mets를 땅 바닥에 쓰러뜨린
훈족이 가장 두려워할 적이었던 국왕이시다 […]
그는 처음으로 트로이아 사람들을 이끌고
파리 시의 강변과
상스, 오를레앙, 루아르 강변에 이르러서,
푸랑쿠스, 그대 이름을 기억하며
골이라는 이름을 프랑스로 바꿀 것이다.[11)]

이앙트가 부를 《라 프랑시아드》의 노래들은 쉴데릭Childéric, 클로비스Clovis, 쉴페릭Chilpéric, 갈스웽트Galswinthe, 프레데공드Frédégonde, 다고베르Dagobert, 마르텔Martel, 그리고 마르텔의 뒤를 이을 페팽Pépin 시대에 대한 예언으로 구성된다. 샤를 9세의 시기까지 기록되어야 했으나, 그러하지 못한 이 서사시의 마지막을 롱사르는 이앙트의 입을 통해 전쟁과 투쟁의 과거사가 현재에 전해 줄 메시지로 종결하게 된다.

---

11) XVI, pp. 293-294, vv. 1031-1041, 1059-1063.

헥토르의 아들이여, 모든 것이 변하고 또 변한다,
시간은 우리를 만들기고 하고, 우리를 잡아먹기도 한다,
군주들과 국왕들 그리고 그들의 후손들은 사라져갔다,
그들의 죽음에서 다른 국왕들이 다시 태어날 것이다,
영원히 지속되는 것이란 없다,
단지 세상에서 확실한 것은 미덕뿐이니![12]

이 단언적 발화는 일견 이 시집 전체를 지배하고 있는 영광 뒤의 인간 운명에 대한 롱사르의 시선이 어떠한지를 보여 주고 있다. 지상에 영원한 것은 아무 것도 없으며, 오직 이앙트의 예언과 그것을 기술하는 시인의 글만 남아 있으리라는 암시를 읽을 수도 있기 때문이다. 그래서 《라 프랑시아드》는 역사에 대한 기술記述이기도 하지만 동시에 역사를 형성하는 인간의 행위와 운명에 대한 시적 기술이라고 할 수도 있다.

3. 서사시 실패의 이유

《라 프랑시아드》가 여러 번 판을 거듭하여 간행되며 출판의 성공을 거두었다는 사실은 동시대인들이 이 작품을 어떻게 여기고 있었는지를 암시한다. 그럼에도 불구하고 예정된 총 28편의 노래 가운데 4개의 노래만으로 끝나게 된 이 작품은 분명 롱사르의 "실패"한 작품 목록의 한 부분을 차지할 만하다. 이런 실패의 이유로는 여러 사항들이 지적될 수 있다.

앞에서 언급한 것처럼 우선 샤를 9세의 사망이 작품의 중단을 가져온 결정

12) XVI, p. 330, vv. 1893-1898.

적 이유라고 말할 수 있다. 그렇지만 초판 연도가 1572년이었고, 샤를이 1574년에 사망한 것을 고려한다면 작품을 수정하고 완성할 2년의 충분한 시간이 롱사르에게 있었다. 그러나 그는 1572년 이후 이 미완의 서사시를 완성할 그 어떤 노력도 보여 주지 않는다.

작품 실패의 또 다른 이유에는 전통적인 시행형식인 10음절 사용이 있다. 위에서 인용된 《프랑스 시법개요》 재판에 따르면 그것은 분명 롱사르의 의도에 반하는 것이었다. 그러나 1587년 《라 프랑시아드》 서문에 따르면 롱사르는 12음절의 단점으로 인해 10음절을 취할 수밖에 없었다는 인상을 주려 한다.

> 12음절은 매우 쉬운 산문체를 느끼게 하고, 번역을 위해서가 아니라면 지나치게 맥 빠지고 물렁물렁하다. 긴 음절은 번역하려는 작가의 의미를 해석하는 데 많이 사용될 수 있다.[13]

12음절이 번역에나 알맞은 음절 형식이라고 규정하는 이 언급은 최소한 자의이든 타의이든 10음절의 선택이 작품의 미완성과 실패를 가져온 결정적 원인이 아닐 수 있다는 것을 암시한다. 서사시를 구상하기 시작한 1552년에 간행된 《카상드르에 대한 사랑시집》 역시 10음절로 작성되었다는 사실에서 알 수 있듯이, 4음절 뒤에 중간휴지césure가 놓임으로써 역동성을 보장해 주는 10음절이 그에게 장애가 되었다고 말하기는 힘들다. 게다가 롱사르 자신도 10음절이 "어떤 뛰어난 생각이나 의미가 풍부한 어휘 그리고 공들인

---

13) XVI, p. 331.

문장을 만들어 내기"에 적당한 형식이라고 1578년 판본 《라 프랑시아드》 서문에서 언급하고 있기 때문이다.

세 번째 이유로는 시인의 목소리가 작품 안에 부재한다는 사실이다. 헤겔이 《미학》에서 서사시의 문체란 작가의 이름이 부각되는 것을 필요로 하지 않는다고 지적하고 있는 것처럼, 집단 공동체가 믿음으로 삼고 있는 영웅들의 이야기, 선조들의 무훈을 기록하는 글에서 작가의 등장을 기대하는 것은 일견 적당한 태도는 아닐 것이다. 그렇지만 시인 자신의 모습이나 목소리가 역사 기술에 투영되지 않고 있다는 점은 분명 작품에게 역동적인 생명을 부여하지 못하는 원인이 될 수도 있다. 독자들은 《오드집》의 영웅적 어조 속에서 핀다로스나 호라티우스를 모방하고 있을지라도 여전히 한 개인으로서의 롱사르의 목소리를 들을 수 있었다. 그러나 《일리아드》나 《오디세이》 혹은 《아이네이스》 등의 작품들을 선례로 삼고 있는 이 작품에서 시인의 모습은 잘 드러나지 않는다. 롱사르는 고대의 시인들이 사용한 표현들을 도처에서 환기하고 있고, 그것을 둘러싸는 그의 비유는 경직되어 있다. 심지어 역사적 사실의 기술마저도 다른 부분과 밀접한 관련을 이루지 못하고 생기를 상실하고 있다. 페팽의 시대에 이르는 프랑스 왕들의 열거에서 독자는 매우 지루하다는 인상을 갖게 되며, 그들의 업적이나 무훈의 환기 역시 단조롭게 여겨진다. 각기 상이한 부분들이 서로 짜 맞추어져 결합되어 있다는 느낌을 갖게 된다. 그 어디에서도 진정 시인의 번득이는 표현이나 영감을 발견할 수 없는 것이다.

만약 독자가 만족을 얻게 된다면, 그것은 간헐적으로 등장하는 비장하거나 당당한 영웅을 연상시키는 시인의 목소리를 듣게 될 때뿐이다. 즉, 부분적으로서만 작품의 뛰어남을 발견할 수 있다. 다음 인용 시행들과 같이 롱사르는 생생하고 경쾌한 어조에 실린 일부의 비교나 묘사에서만 작품의 생명을 유지하거나,

> 그대[포베로스여] 당당한 목소리로 칭송하라,
> 매일같이 물레를 돌리는
> 몸으로 일을 하며 생애를 살아가는
> 노인네들, 아이들, 실 짜는 가련한 여인네들을,
> 가까이 오라, 그대 이제 [내게서] 적수를 발견했노라,
> 거짓을 말하는 자들에게 징벌을 가할 수 있는 나를.[14)]

> 젊은이여, 어머니에게 푸른 월계수의
> 영광을 안기기 위해 우리가
> 여기서 싸우는 것은 아니다. 승리의 대가는
> 황소도 아니고 전마戰馬도 아니다.
> 패배자의 피가 승리의 대가이다.
> 내 발치에 널부러져 있는 저 터진 머리들과
> 사방에 흩어진 저 뼈들, 성 앞에 걸린 잘려진 머리,
> 그것들이 나의 전리품이고,
> 언제나 뜨거운 내 혈기의 대가이다[15)]

혹은 두 연인 사이의 말없는 감동의 순간을 묘사할 때에만 시적 자질을 발휘한다.

---

14) XVI, p. 153, vv. 1161-1166.
15) XVI, pp. 154-155, vv. 1184-1192.

그들은 서로 속내를 털어놓지 않고 오랫동안
마주 앉아 말을 하지 않는다.
마치 나뭇잎을 움직이지 않고
말없이, 소리 없이 바람을 기다리다,
바람이 불어와 서로에게로 밀어대면
잎사귀와 잎사귀를 뒤섞고 소근 대며
서로에게로 다가가는
아름다운 강가에 서로 마주 하고 심어진
두 그루의 소나무를 보는 것과 같다.
그렇게 이 두 연인은 사랑의 바람이 불면
서로에게 말을 건넬 것이다.[16)]

그러나 이런 이유 역시 작품의 중요한 결함을 구성하는 것은 아니라고 할 수 있다. 그래서 결함의 마지막 이유이기도 한 작품의 정치적 현실성이 서사적 목소리에 영원성을 부여하지 못하는 계기가 된다는 점을 지적할 수 있을 것이다.

1573년 《라 프랑시아드》 판본은 속표지에 롱사르와 샤를 9세의 초상을 싣고 있다. 특히 국왕의 초상 아래에는 롱사르의 제자 아마디스 자맹이 쓴 사행시가 실려 있다. 여기에서 자맹은 이 작품은 롱사르가 아닌, 뛰어난 승리자이자 현자이기도 한 샤를 9세의 위대한 손에 의해 저술된 것이라고 노래하며, 작품의 정치성을 은근히 지적하고 있다. 또한 여러 편의 헌시가 실려 있는데, 그중의 한 편인 트루실Troussilh의 헌시 역시 국왕의 정치적 야망을

16) XVI, p. 258, vv. 302-312.

대변하는 롱사르를 찬양하고 있기도 하다.

> 또한 너의 영광은 너의 정신을 천상에까지
> 오르도록 만든 샤를에 힘입었다.
> 풍부한 소재는 우리 프랑스인을 창의력 있게 만들었고,
> 아폴론 이상으로 우리에게 용기를 주었다.[17)]

게다가 작품에 등장하는 프랑쿠스의 삶은 샤를 9세를 연상시키는 면이 많다. 상중에 있으면서도 사람들이 고집스럽게 요구하는 영광스런 운명으로부터 자식을 벗어나게 만들려는 어머니 앙드로마크와 그녀의 처분에 따라야만 하는 존재로서의 프랑쿠스는 카트린의 섭정에 힘입어 국사를 어렵사리 운영하고 있는 현 국왕의 모습과 겹쳐진다. 육체적으로 그리고 정신적으로 나약한 기질과 성품을 지닌 샤를이 거의 매일같이 왕권에 대한 위협을 목도하고 있었던 것처럼, 프랑쿠스가 자신의 운명을 한탄하는 것은 언제나 위기에 봉착되어 긴장할 수밖에 없었던 현 국왕의 속내를 충분히 비추는 것으로 파악될 수도 있다.

> 주피터를 업신여기고 이방의 사람들을
> 위하는 자, 불행하도다. 왕관, 왕홀, 왕실의 결혼이라는
> 수많은 행복 대신 나에게는 나눠 주어야 할 바다와 바람만이 있구나.[18)]

17) XVI, p. 24, vv. 1-4.
18) XVI, p. 120, vv. 551-553.

3일 동안 바다 위에서 방황하며
길을 나가야만 했던 자, 그는 불행하도다.[19]

빛나는 태양을 보지 못하는 자,
언제나 눈을 돌려 그런 빛을
즐기지 못하는 자, 불행하도다.[20]

그러나 서두에서 언급하였다시피 롱사르가 오래전부터 서사시를 희망하였던 것에는 단지 정치적 이유만 있었던 것은 아니다. 무엇보다도 그는 동시대인들이 희망하였던바, 즉 다음 시행에서 볼 수 있듯이 프랑스의 영광을 시어로써 옮겨 놓을 필요성을 절실히 느끼고 있었으며,

나에게 명령을 내리시는 그대는 나에게
약속한 것을 관대하게 베푸셔야 합니다. 그 보상으로
그대에게 그리고 그대 백성이 프랑스에서
프랑스어를 말하는 한
시간을 살아남아 영원히 비상할 프랑스에게 명성을 줄 것이오[21]

1572년 판본 서문인 〈독자에게〉에서도 이를 공공연히 드러내고 있다.

나는 프랑스 왕실, 특히 샤를 9세 국왕을 찬양하려는 간절한 욕망을 지녔

19) XVI, p. 121, vv. 563-564.
20) XVI, p. 230, vv. 1231-1233.
21) VII, p. 34, vv. 164-168.

다. 나의 군주는 단지 나의 찬양뿐만 아니라 그의 영웅적이고 신성한 미덕을 지녔으며, 프랑스인들에게 선왕이신 샤를마뉴의 위대한 승리를 약속하리라는 희망을 지녔기 때문에 최고 작가들의 찬양을 받을 자격이 있다. 이것은 이런 영광을 잘 알도록 만들어야 한다고 생각하며, 또한 나의 명성이 불멸하기를 바라는 사람들이 생각하는 바이기도 하다. 일반에게 알려졌으며, 프랑스 연대기 작가들이 오래전부터 믿고 있었던 것을 바탕으로 삼은 나는 이것보다 더 나은 소재를 찾을 수 없었다.[22]

따라서 그가 프랑스 역사를 시로 표현하려고 시도한 것에는 단지 한 개인으로서의 이해가 있었다고 보기 힘들며, 오히려 모든 세대—최소한 시인과 지식인들—가 지향하는 바를 시로 표현해야 한다는 사명을 스스로에게 부여하고 있는 것은 아닌지 생각해 볼 수도 있다. 종교전쟁의 과정을 거치며 민족의 토대에 대한 회의가 발생할 무렵, 그는 건국신화를 통해 민족적 정체성을 노래할 필요가 있었던 것이다. 그리고 작품을 궁정의 정치적 의도를 대변하는 것에 국한시키는 것이 아니라 현재의 프랑스인들이 공유하게 될 민족의 영광스런 길을 제시하려는 목적이 더 강하게 작용했다고 보는 것이 적절할 수 있다.

여기에서 우리는 그의 트로이아 기원론 선택의 의미를 찾을 수 있다. 로베르 에티엔Robert Estienne과 같은 자기 시대의 몇몇 인문주의자들로부터 열렬한 호평을 받았음에도 불구하고, 그의 서사시가 출판 이후 논쟁의 한복판에 놓일 수밖에 없었던 것은 바로 이 기원론 때문이었다. 종교전쟁의 참혹함을

22) XVI, pp. 8-9.

경험한 역사가들은 더 이상 프랑쿠스의 트로이아에서 프랑스의 기원을 찾으려는 시도를 하지 않았다. 여기에는 우선 과학의 진보와 합리주의적 사상에 힘입어 과학적 방법론을 그들이 역사에 도입하였기 때문이다. 그들에게 있어 트로이아 기원론이란 '사실'이 아닌 '이야기'에 불과한 것이었다. 예를 들어, 《공화국》이란 작품으로 마키아벨리의 《군주론》에 반발한 장 보댕Jean Bodin이 1572년 《명확한 역사인식 방법론*Methodus ad facilem historiarum cognitionem*》에서 트로이아 출신 프랑쿠스의 존재를 부정하였듯이, 왕실 역사가인 벨포레François Belleforest는 1572년 말에 출간된 《프랑스 연대기*Chroniques et annales de France*》에서 《프랑시아드》 첫 번째 〈노래〉의 18행을 인용한 후, 프랑스인은 게르만 출신이고, 그 외의 기원론에 대한 믿음은 단지 허구적 이야기에 토대한 것일 뿐이라고 반박한다. 그는 1573년의 《우주 형상론*Cosmographie universelle*》에서도 롱사르의 서사시를 307행이나 열거하며 프랑크족의 트로이아 기원론을 강력히 비판한다. 심지어 1577년 간행된 《프랑스사 연보*Grandes annales et histoire generale de France*》에서 《라 프랑시아드》의 456행을 인용하는 가운데 역사적 사실이 아닌 '트로이아 신화'를 롱사르가 소재로 삼고 있는 것에 강한 불만을 토로한다. 그가 보기에 롱사르는 '허구적 신화'를 믿고 추종하여 서사시를 작성함으로써 역사적 오류를 범한 것이다.

이런 비판에 맞서 시인이자 왕실 역사가이며, 1559년 앙리 2세의 사망에 즈음하여 프랑스 국왕의 트로이아 기원을 공공연히 노래한 바 있는 뒤 아이앙Gérard Du Haillan은 《프랑스사*Histoire de France*》에서 벨포레의 역사적 관점을 비난하게 된다. 민족주의 역사가인 그의 비난은 또 다른 역사가 오트망François Hotman의 반발을 불러왔다. 신교에 심취한 역사가인 그는 《프랑코

갈리아*Francogallia*》(1573)를 통해 동시대인들의 트로이아 기원론을 인정하는 경향을 비판하며 그 기원론은 진정한 역사가들보다는 허구의 신봉자들인 시인들에 의해 제공된 것임을 상기시켰다. 그리고 그의 제자인 파스키에Estienne Pasquier 역시 격렬한 트로이아 기원론 비판자 가운데 한 사람이었다. 롱사르를 베르길리우스에 비유한 바 있음에도 불구하고 트로이아 기원론은 "널리 퍼진 생각"일 뿐 이에 관한 확실한 역사적 자료는 없다고 그는 주장하게 된다.

그런데 트로이아 기원에 대한 이런 비판은 단지 롱사르의 개인적 이해나 그의 시적 표현을 비난의 대상으로 삼기보다는, 오히려 롱사르가 시도한 집단적 바람의 시적 승화를 문제로 삼고 있는 것처럼 보이기도 한다. 전쟁의 고통을 겪고 있는 역사가들에게 필요한 것은 역사의 미화가 아니라 시대의 참혹함을 있는 그대로 드러내는 작업이었던 것이다. 그들은 과거의 아름다운 영광을 다시 환기하는 것이 지금 겪고 있는 불행에 어울리지 못한다고 판단했다. 롱사르가 노래하듯이 숭고하고 찬란한 먼 과거에 이루어진 프랑스의 영광이 이 시대에 와서 불행을 낳은 까닭을 설명할 수 없을 것이기 때문이었다. 오히려 그들은 과거의 전설과 같은 역사에 감탄하기보다는 프랑스의 미래에 대해 더 관심을 가져야 한다고 생각했다.

롱사르 역시 《논설시집》의 시기를 거치며 시인의 역할이 변화해야 한다는 것을 분명 인식하였을 것이다. 그는 《라 프랑시아드》의 집필에 앞서 어떤 소재를 택할 것인지, 문학적 전통을 이어가면서 어떻게 작품의 주인공을 소개할 것인지, 그리고 어떤 방식으로 현재의 프랑스를 찬양할 수 있을 것인지 모색해 보았을 것이다. 이런 모색을 위해 그는 베르길리우스와 호메로스

등의 여러 고대작가들의 작품들을 섭렵하기도 했다. 하지만 트로이아 기원론은 작품이 출간되기 10년 전, 즉 1차 종교전쟁 발발 시기부터 공공연히 비판의 대상이 되어 왔으며, 롱사르가 근거로 삼고자 했던 민족의 기원에 대한 일반의 기존 믿음은 이미 내란의 고통 속에서 그 신뢰를 상실하고 있었다. 롱사르 역시 이것을 잘 알고 있었던 것으로 보인다. 그 증거로 이후 판본에서 파리의 영광을 노래한 시행들을 삭제한 것을 들 수 있다. 과거로부터 미래로 나아갈 영광을 담은 이런 시행들이 고통을 겪고 있는 지금의 동시대인들에게는 그 어떤 희망도 담보하지 못할 것이라고 판단했기 때문이다.

그런데 이 파리는 지금은 연약할 뿐이며,
물살 빠른 두 강물 사이에 끼여 있는 섬이지만,
천상에 자신의 미덕을 보낼 것이며,
공들인 대리석으로 지어진 파리의 집들은
황금빛 별들을 이웃으로 삼을 것이다.[23]

이런 염려는 그의 표현방식을 통해서도 구체적으로 드러난다. 1572년 초판의 〈독자에게〉라는 긴 서문이 양보나 조건의 표현들로 넘쳐나는 이유가 여기에 있다.

역사가 여러 측면에서 시에 걸맞을지라도 […][24]

그리고 내가 베르길리우스의 기법이 허용하는 것 이상으로 길게 우리 군

23) XVI, p. 39, vv. 206-210.
24) XVI, p. 3.

> 주들에 대해 이야기한다면 […][25]

> 그대가 이 1권에서 메르쿠리우스의 하강, 헥토르의 어둠, 시벨레의 도래, 둔갑하는 마르스 등의 많은 고안된 소재들을 보게 된다면 […][26]

그의 이런 표현방식들은 자신의 시적 소재의 선택에 가해질 독자의 평가를 심각하게 고려하지 않을 수 없었던 롱사르를 드러낸다. 이 시인은 분명 자신에게 주어질 비판을 미리 경계하며 독자의 호의적 반응을 이끌어내고, "독자들이여, 그대들은 베르길리우스가 이런 측면에서 나보다 더 뛰어나다는 것을 알아야만 한다"라고 말하거나, "독자여, 내가 12음절로 작품을 썼어야 했다고 말한다면 […] 나는 그대에게 이렇게 답하겠노라"라는 표현을 반복하며 은근히 자신의 작품에 가해질 비난을 미리 경계한다. 이와 동시에 그는 자신의 서문을 다음의 부탁으로 끝맺으며, 이 작품은 단지 허구에 기초한 문학작품, 즉 여러 관점에서 읽힐 수 있는 가능성을 열어 놓은 작품이라는 것을 설명하기 위해 애쓴다.

> 결국 독자 그대가 내 책을 사서 읽게 된다면 나는 그것을 막을 수도 없고, 그대가 그대 입맛대로 이 책에 대해 말하는 것도 제지할 수 없으리라. 그러나 나를 비난하기 전에 천성적으로 타인의 행복과 명예를 시기하는 자들의 입을 막기 위해 다음의 사행시로 이 서문을 끝내는 것을 그대는 유념해야 할 것이다.

---

25) XVI, p. 5.
26) XVI, p. 10.

어떤 이는 무엇인가를 배우기 위해 이 책을 읽고,
어떤 이는 시기에 빠진 자처럼 이 책을 읽는다.
나를 비난하기는 쉽지만,
이보다 더 잘하기는 쉽지 않을 것이다.[27)]

위 글은 작품이 결코 독자들로부터 호의적인 반응을 받기에 유리하지 않은 상황에 놓여 있다는 것, 그리고 그의 서사시가 토대로 삼은 트로이아 기원론에 대한 비판이 그의 시적 자질 자체를 문제 삼을 수 있다는 것을 분명히 인식하고 있는 롱사르를 드러낸다. 달리 말하면 그의 트로이아 기원론의 선택은 단지 역사적 관점의 측면에서뿐만 아니라, 역사에 대한 그의 글쓰기 자체를 문제 삼게 되리라는 염려가 롱사르에게 있었다는 것을 보여 준다. 사실 롱사르와 비판적 역사가들 사이의 대립은 역사에 대한 관점 차원을 넘어서 또 다른 영역, 즉 시어로써 역사를 어떻게 기술해야 하는 것인가라는 문제와 관련된 것이었다. '사실'과 '허구', '역사 자체'와 '역사를 소재로 삼은 문학'에 관한 입장의 차이가 롱사르와 역사가들에게 있었던 것이다.

4. '진실임직함'의 미학과 미완의 서사시

1572년 〈독자에게〉의 롱사르는 무엇보다도 아리스토텔레스의 《시학》 9장에 따라 "서사시인Poëte heroïque"과 "작시법가들" 혹은 "역사가들"을 구분하는 시인으로 자신을 규정하려고 하며, 이런 규정에서 작품에 대한 비판을 경계한다.

27) XVI, p. 12.

> 단지 내가 말하고자 하는 바는(내 견해에 무게가 실려 있다면) 어떤 사물들의 있는 그대로를 글로 옮기는 시인은 그것들을 그럴듯하게 보여 주는 한에서, 아니면 역사가에게 가능한 것 이상으로 뒤로 물러나는 한에서만 시인이라고 불릴 만하다는 점이다.[28)]

이미 1565년 《프랑스 시법 개요》에서 시와 역사의 기능상 차이점을 밝히는 가운데 시인에게는 "있는 그대로, 혹은 있을 수 있는 혹은 고대작가들이 진실임직하다고 여긴 것"을 자유롭게 다룰 수 있는 기능이 부여되었다고 말한 바 있는 롱사르는 시인과 역사가가 모두 진실을 은폐하거나 거짓으로 포장하는 자들은 아니지만, 그들의 역사 기술은 전적으로 다르다는 것을 분명히 밝히고 있다.

> 역사가는 한 부분 한 부분, 처음부터 끝까지 작품의 세밀한 부분을 전개시켜 나아가야 하며, 반대로 시인은 영감과 기법에 힘입어(그렇다고 해서 규칙이나 문법에 지나치게 신경 쓰지 않고) 그리고 타고난 판단과 선견지명을 전적으로 사용하여 끝부분으로 달려가, 역사와는 반대방향으로 실타래를 풀어서 작품의 종결 부분과 시작 부분이 밀접한 관계를 맺도록 해야 한다.[29)]

그는 서사시인이란 고대작가들의 판단이 아니라 동시대 민중이 연대기(서술형 역사 이야기)에 대해 가지고 있는 믿음에 토대를 두어야 한다고 생각

---

28) XVI, p. 4.
29) XVI, p. 4.

한다. 역사 그 자체는 시인에게 있어 가장 적절치 않은 주제의 하나이지만, 만약 시인이 역사를 다루고자 한다면 "가장 짧게", 그리고 "간헐적으로" 다루어야만 한다. 달리 말하면 서사시는 역사적 진실을 다루는 것이 아니라 단지 "허구의 이야기"를 소재로 삼은 장르인 것이다.

> 내가 이렇게 말하는 것은 대부분의 사람들이 《라 프랑시아드》는 프랑스 국왕의 역사이며, 마치 내가 시인이 아니라 역사가가 되려고 했다고 생각하기 때문이다. 간단히 말해 이 책은 《일리아드》나 《아이네이스》와 같은 로망이다. 이 작품에서 나는 가능하면 가장 짧게 우리 국왕들을 다루고자 한다. 내 목적은 역사가들처럼 국왕들의 업적들을 시간의 흐름에 따라 쓰는 것이 아니라 프랑시옹의 무훈들을 쓰는 것이기 때문이다.[30]

롱사르는 이와 같은 주장을 여러 차례 반복한다. 1587년 《라 프랑시아드》 사후 판본의 서문인 〈지식을 갖춘 독자에게Au lecteur apprentif〉에서 그는 베르길리우스가 아우구스투스 황제를 트로이아의 후손이라고 노래한 이후 로물루스가 로마를 만든 것과 같이 유럽 각국의 명칭은 각 선조의 이름에서 빌려왔다는 사실을 상기시킨다. 프랑스가 프랑쿠스가 아닌 다른 선조에게서 그 명칭을 얻어 올 이유는 없는 것이다. 그리고 비록 국가 명칭을 둘러싼 이야기가 사실인지 여부는 확인할 수 없지만, 만약 확인이 필요하다면 그것은 역사가의 몫이지 시인의 사명은 아니라는 것을 역설한다.

> 많은 사람들은 시인과 역사가가 같은 직업을 가졌다고 믿고 있다. 그러나

30) XVI, p. 5.

> 그들의 생각은 매우 잘못된 것이다. 왜냐하면 그들은 서로 간에 전투, 산, 숲, 강, 마을의 공략, 진영의 위치, 전략, 사망자 수, 전략 회의나 전쟁 절차 같은 것의 묘사를 제외하고는 어떤 공통점도 갖지 않은 서로 다른 장인들 artisans이기 때문이다. 역사가와 마찬가지로 시인은 이런 묘사에서 결코 모자라지 않다. 게다가 이들은 사물의 진실을 결코 거짓으로 만들지 않는다는 측면에서 (내가 말한 바처럼) 공통점을 지니고 있다.[31]

베르길리우스나 호메로스가 그 예를 보여 주었듯이 진정한 시인이 취하는 역사는 사실로서 믿어지고 있는 일반 대중의 견해에 토대를 두고 있기 때문이다. 그가 다룰 역사는 《일리아드》처럼 진실이 아닌 그 자체로서 허구인, 그러나 신뢰할 수 있거나 혹은 신뢰하지 않으면 안 되는 역사인 것이다. 랑슬로, 트리스탕, 구뱅, 아르튀르 등의 프랑스 전설상의 인물들이 그러하듯, 호메로스가 서사시에 소개하고 있는 헥토르나 프리암, 카산드라 등은 이 작가가 기쁨을 주기 위해 '고안'해 낸 인물들이라는 사실이 이것의 증거가 될 수 있는 것이다.

> 게다가 독자여, 내 그대에게 진정 말하고자 하는 바는 뛰어난 시인은 언제나 자기 작품의 토대를 사람들의 신뢰를 얻고 있는 과거의 오래된 연보나 오랜 전통을 지닌 명성에 두고 있다는 점이다.[32]

즉, 롱사르는 허구에 접근할 수 있는 권리, 진실을 감추지 않으면서 미화할

31) XVI, p. 337.
32) XVI, p. 339.

수 있는 권리가 시인에게 있다고 확신한다. 그가 《라 프랑시아드》를 쓸 때 원칙으로 삼은 것도 바로 이것이다.

> 시의 이 두 빛[호메로스와 베르길리우스]을 모방하고, 우리의 예전 연보에 토대를 두고 의지해서 나는 그것이 사실이든 아니든, 우리 국왕들이 트로이아 사람이든 게르만인들이든 스키타이인이든 아랍인이든지에 개의치 않고 나의 《라 프랑시아드》를 건축하였다. 왜냐하면 프랑쿠스가 프랑스 땅에 왔든 아니든, 그것이 나에게는 가능한 것으로 보였지 진실로 여겨졌던 것은 아니기 때문이다.[33]

역사적 사실을 다루는 이는 역사가들이지만, 가능한 것 그리고 '사실임직함'을 추구하는 시인은 역사적 사실을 객관적 방식으로 기술하는 자는 아닌 것이다. 따라서 시인의 역할은 건물의 토대를 존중하는 가운데 건물의 외관과 안쪽을 장식하는 건축가의 그것과 다른 것이 아니다. 시인의 손에 의해 만들어진 서사시는 역사적 믿음에 근거하여 허구로 구성된 작품이며, 궁정을 짓는 상상력이 풍부한 건축가의 산물과 같은 것이다.

> 이 모든 사항들을 일일이 껍질을 벗겨 확인하는 자는 역사가이지, 가능한 것만을 추구하는 시인의 몫은 아니다. 시인은 작은 불꽃에서 커다란 불길을 만들고, 작은 오막살이로 웅장한 궁정을 만들어서 외곽은 대리석, 백옥, 반암으로 장식하고, 끌로 궁륭과 정면 그리고 원주 받침대, 굽도리, 기둥머리를 새기며, 궁정 안쪽은 그림으로 장식하고 금은으로 돋움질하

33) XVI, p. 340.

여 그 안에 꼼꼼히 땀을 놓은 그림을 넣은 융단[…] 등을 만드는 자이다.[34]

이런 이유에 근거하여 롱사르는 서사시의 소재로서 역사적 사실이 아니라 일반인들이 자기 민족의 고유의 것이라고 생각한 "의견"에 따라 트로이아 기원이라는 전설을 택한 동기들을 설명한다. 그는 "진실을 한 발자국 한 발자국 따라가는 것이 아니라 '진실임직함' 그리고 가능한 것을 자기 창작에 가장 필요한 좌우명"으로 삼아, 프랑시옹의 프랑스 정착이 그럴듯해 보였기 때문에 선택한 것이다.

그러나 역사가와 구분되는 시인에 대한 롱사르의 이런 주장이 그의 역사 기술의 장애물로 작용했다는 것을 부인할 수는 없다. 우선 현실적으로 종교 전쟁의 발발과 생 바르텔레미 학살은 더 이상 과거의 아름다운 시절에 대한 회상을 환기하는 것이 어려울 수밖에 없는 상황을 초래했다. 모든 것이 무너지던 상황에서 단지 현실과 단절된 우화일 뿐인 전설은 더 이상 역사를 시어로 기술하는 시인의 소재가 되어서는 안 되는 것이었다. 그의 시적 소재가 베르길리우스가 노래했던 이상향의 분위기를 연출해서도, 그리고 그의 프랑쿠스가 더 이상 노래의 대상이 되어서도 안 되었던 것이다. 오히려 이 시대는 서사시로써 성공을 거둔 도비녜의 《비극적 장면들》과 같이 역사적 기록을 그 자체로서 대신할 수 있는 진실을 기록하는 서사시를 요구했던 것이다.

아마도 롱사르가 작품을 미완으로 남겨 둔 이유도 바로 여기에 있는 것으로 보인다. 롱사르는 자신의 소재가 불행이 눈앞에서 펼쳐지는 상황에서 그 어떤 효력을 얻지 못할 것을 알고 있었던 것으로 보인다. 그래서 그의

34) XVI, p. 340.

서사시에서 사랑의 장면들이 많이 발견되는 이유도 여기에 기인한다고 말할 수 있다. 독자는 가끔씩 이 작품이 영웅의 무훈에 관한 노래가 아닌 오히려 사랑의 서사시가 아닌가라는 인상을 받을 수 있다. 예를 들어, 버림받은 아리아드네Ariadne의 전설적인 사랑을 상기하며 질투에 빠진 클리멘이 자기 여동생을 프랑쿠스에게서 떼어 놓으려고 시도하는 장면이 그러하다.

그런 불행의 예는 아직도
이 나라에서 남아 있다. 미노스의 만류에도 불구하고
테세우스의 거짓 약속을 믿은 아리아드네는
그렇게 쉽게 속아 넘어갈 수 있었다.
그러나 고약한 약속을 하고 그녀에게 분노를 느낀
이 해적은 아침에 낙소스 섬 해변에 잠들어 있는
그녀 곁을 떠났다.
그녀는 늑대의 먹이가 되고 말았다.[35)]

또한 여동생 클리멘에게 "사랑한다고 말할 때의 고통"을 털어놓으려는 이앙트는 마치 《카상드르에게 대한 사랑시집》의 주인공과 혼동될 정도이다.

갑자기 열렬한 사랑을 느끼게 된 이후
녹아내리는 눈처럼 스러져가는
나는, 아, 죽어 간다! 그러나 내 고통은 나를 기쁘게 하니

35) XVI, p. 177, vv. 111-118.

대체 내 고통이 어떠한지 말할 수 없도다.[36)]

그래서 롱사르의 서사시는 1552-53년의 《사랑시집》의 연장선에 있는 것으로 파악될 수도 있다. 롱사르는 그때와 마찬가지로 10음절을 사용하며 페트라르카가 하나의 모델로서 제시한, 사랑에 번민하는 연인이 맞이하게 될 정열의 여러 과정들을 그리고 있는 것이다. 영웅의 행위가 아닌 사랑의 감정에 상당한 부분을 할애하고 있는 이런 방식이 사랑과 정열의 모든 영역을 섭렵하려는 롱사르의 의지에서 나온 것임을 부인할 수는 없지만, 또한 그것은 단지 그가 역사적 이야기의 서술에 의존하는 것을 작품의 목적으로, 더 나아가 서사시인이 지향해야 할 목적으로 삼고 있지 않다는 것을 말하고 있기도 하다. 사실임직함이 보장된다면 시인은 역사적 사건에마저도 종속되어서는 안 된다고 롱사르는 파악하고 있는 것이다. 시인에게는 역사가들보다도 더 많은 자유가 보장되어 있기 때문이다. 역사를 서술하는 데 있어서 현실의 그 어떤 것도, 그리고 이데올로기의 그 어느 것도 시인의 창작을 통제해서는 안 된다고 그는 확신하고 있었던 것이다. 그리고 역사적 사실의 기술보다는 역사적 인물의 내면의 무늬들을 그리기 위해 사랑에 많은 시행을 할애한 것은 모든 것이 무너지고 있는 상황에서 영광스런 무훈에 대한 노래는 진정한 역사에 대한 배반이 될 수도 있을 것이라는 판단에 따른 것이라고 할 수 있다. 불행한 시대에 행복했던 과거의 나날들을 기록하는 것은 지금에 대한 배신이 될 수 있을 것이기 때문이다. 따라서 롱사르의 서사시는 역사적 관점에 그 어느 새로운 것도 제시하지 않는다. 오히려 서사시에 나타난 그의

36) XVI, p. 173, vv. 29-32.

역사는 허구의 역사이고 상상에 의해 만들어진 역사이다. 즉, 독자의 편의를 위해 연대기적인 방식을 택하고 있긴 하지만, 그는 역사를 감추고 있는 것이다.

이런 측면에서 롱사르의 서사시는 분명 신들의 역사가 아닌 영웅들의 역사이지만, 그것은 사실이 아닌, 있을 수 있다고 여겨지는 집단의 의견에 기초하고 있다는 것을 다시 한 번 확인할 수 있다. 그런데 이 확인은 그의 서사시가 전쟁 곁에 사랑이 있듯이, 서로 상이한 요소들을 결합할 수 있는 공간으로 기능하고 있다는 것을 보여 주기도 한다. 단 한 명의 영웅의 탄생이 아니라 여러 세대를 거쳐 이어져올 왕들의 이야기를 다룸으로써 그는 단절된 역사가 아닌 총체성을 지닌 역사, 그러나 그 흐름에 다양한 맥락을 집어낼 수 있는 서술 방식에 의지하여 서사시를 기술하고 있는 것이다. 그는 서사시가 단지 전쟁의 역사가 아니라 전쟁을 경험하는 영웅들의 다양한 내면들이 드러나는 공간으로 남기를 희망한 것이다. 따라서 그의 서사시는 역사의 총체성 속에 자리하길 바란다고도 말할 수 있다.

역사 앞에서 자유로운 시인이란 있을 수 없을 것이다. 비록 롱사르는 1563년의 〈답변〉 이후 더 이상의 논쟁을 계속하지 않기로 결심하면서 역사를 피해나갔다. 그러나 그는 서사시의 집필에 있어 일반 대중의 믿음과 견해에 의지함으로써 다시 한 번 역사 속으로 들어가게 된다. 그는 자신의 작품을 집단 공동체의 한복판에 위치시키고자 한 것이다. 그렇다고 해서 그가 역사에 종속될 수밖에 없는 시인의 운명을 보여 주고 있다고 말할 수는 없다. 오히려 서사시를 통해 어떤 방식으로 종교전쟁에 의해 분열된 프랑스 사회를 다시 결집시킬 수 있는지, 프랑스의 동질성과 통일성을 어떤 방식으로 회복할 수 있는지를 탐색하고 있기 때문이다. 그것에 대한 답을 마련하기 위해, 재결합에 대한 희망의 단서를 찾기 위해 그는 과거의 영광을 찾아 길을 떠난 것이다. 여기에서 우리는 시인으로서의 그의 미덕을 발견할 수 있다. 프랑쿠스의 삶이 험난한 여정 끝에 결국 한 나라의 건국에 이르렀듯이, 시인 역시 지금의 역사가 제공하는 불행을 극복하기 위해 만인이 그리워하는 먼 과거의 영광을 향해 거슬러 올라가야 하는 것이다. 한 개인으로서가 아니라 한 집단 공동체의 영광을 위해 서사시의 길을 나서는 이 롱사르라는 한 시인에게 가해진 비난이 때로는 부당하게 느껴지는 것은 바로 이런 이유 때문이다.

따라서 《라 프랑시아드》가 미완성작으로 남게 된 까닭에 그의 시적 실패를 지적할 수 있을지라도, 우리는 그의 서사시에서 사랑의 묘사에 뛰어난 한 시인과, 반복되는 역사의 끔찍한 불행 앞에서 현재와 미래의 영광을 위해 시작한 서사시가 완성에 이르지 못하리라는 것을 예감하는 한 시인을 읽을 수 있다. 아니, 역사 기술의 영역에서 시인의 작업이 역사가들의 그것과 다른 것임을 지적한 면에서, 그리고 그것을 시행으로 옮겨 놓기 위해 여러 시도를 감행하고 있다는 측면에서 부분적인 성공을 이야기해도 무리가 되지는 않을 것이다. 그가 여러 번에 걸쳐 판을 거듭한 이 서사시의 〈서문〉에서 자신의 서사시 기술 방식을 줄기차게 변호한 것은 역사 앞에 선 시인의 고통을 드러내고 있는 것이다.

7장

마지막 사랑노래

《엘렌을 위한 소네트집*Sonnets pour Hélène*》

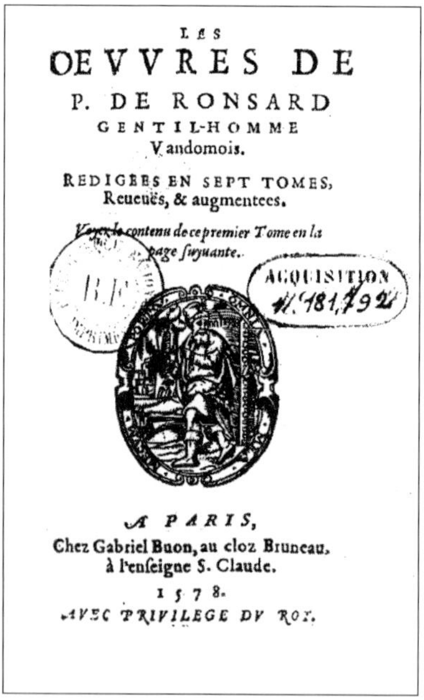

LES
OEVVRES DE
P. DE RONSARD
GENTIL-HOMME
Vandomois.
REDIGEES EN SEPT TOMES,
Reueuës, & augmentees.
Voyez le contenu de ce premier Tome en la page suyuante.

A PARIS,
Chez Gabriel Buon, au cloz Bruneau,
à l'enseigne S. Claude.
1578.
AVEC PRIVILEGE DV ROY.

7권으로 구성된 1578년 《전집》 판본 표지
(파리, 가브리엘 뷔옹, in-16°)

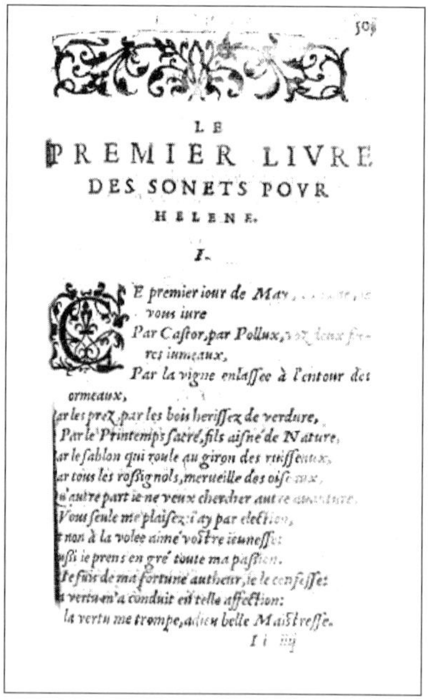

509

LE
PREMIER LIVRE
DES SONETS POVR
HELENE.

I.

CE premier iour de May, [illegible] vous iure
Par Castor, par Pollux, [illegible]
res iumeaux,
Par la vigne enlassee à l'entour des ormeaux,
Par les prez, par les bois herissez de verdure,
Par le Printemps sacré, fils aisné de Nature,
Par le sablon qui roule au giron des ruisseaux,
Par tous les rossignols, merueille des oiseaux,
Qu'autre part ie ne veux chercher autre auanture.
Vous seule me plaisez: i'ay par election,
Et non à la volee aimé vostre ieunesse:
Aussi ie prens en gré toute ma passion.
Ie suis de ma fortune autheur, ie le confesse:
La vertu m'a conduit en telle affection:
Si la vertu me trompe, adieu belle Maistresse.

Ii iiij

1578년 판본 《전집》 1권에 실린
《엘렌을 위한 소네트집》

1. 작품 출간의 배경

롱사르가 카상드르나 마리에 대한 사랑을 노래한 작품으로 대중적인 명성을 얻기 시작했다는 것에서 알 수 있듯이, 그는 무엇보다도 사랑의 시인이었다. 사랑은 언제나 젊은 시인의 주요 관심사 가운데 하나였나. 하시만 1587년《라 프랑시아드》사후 판본 서문이《논설시집》이후의 롱사르는 사랑의 시인이 아닌 민족의 역사를 시어로 표현한 시인의 명성을 원하였다고 적고 있듯이

> 그러니 독자여, 그런 작품[라 프랑시아드]을 쓸 수 있고, 구름 속에서 헤매지 않고, 다른 이들보다도 더 울림이 큰 목소리를 지닐 수 있으며, 선견지명과 생각으로 더욱 가득 차고, 더욱 신성한 창조력을 지닌 […] 자는 기법의 확장이 이루어질 수 없으며, 그럴듯한 언어로 채워진 단순한 서술을 유일한 장점으로 삼는 장르들인 에피그램, 소네트, 풍자시, 엘레지 그리고 다른 수많은 잡동사니를 쓰는 작시법가가 아니라 시인이라고 스스로를 부르게 된다.[1]

1565년 이후 《라 프랑시아드》 발간을 위한 시 창작에 임하고 있을 무렵의 그는 사랑시에 별로 흥미를 갖지 않았던 것처럼 보인다. 이런 그가 완성되지 못한 《라 프랑시아드》를 뒤로 하고 엘렌Hélène이라는 한 여인을 위해 1572부터 작품을 쓰기 시작하여 1578년 《전집》 1권에 실었다는 사실은 독자들을 당황스럽게 만든다. 비록 단행본이 아니라 《전집》에 시집을 실었다는 것에서 이 사랑 노래에 관한 그의 배려가 그리 크지는 않았다고 추측할 수 있지만, 이미 노년에 접어들었다고 생각하는 나이에

> 회색의 가을을 맞이하고 있는 지금
> 롱사르의 사랑은 제철을 알지 못한다.
> 그러나 이런 나이에 대해 용서를 구하고 싶지는 않다.
> 젊은 그대의 주문은 나에게 도움이 되었고,
> 나이에도 불구하고 내 마음에 불을 지폈다,
> 마른 나무가 생나무보다 더 잘 타오르는 것과 같이[2)]

한 여인에 대하여 마지막 사랑을 불태운 의도는 여러 궁금증을 자아내는 것이 사실이다.

많은 연구자들은 시집이 다른 작품들과 마찬가지로 궁정의 요구에 의해 저술된 것이라고 생각해 왔다. 특히 그들은 페트라르카의 시풍에 심취해 있었던 이탈리아 출신의 왕모 카트린 드 메디시스의 요구를 받아들여 롱사

---

1) XVI, pp. 345-346.
2) XVII, p. 340, vv. 9-14.

르가 정숙함으로 명망이 높았던 궁정 시녀 엘렌을 새로운 라우라의 모델로 삼게 되었다고 지적하였다. 프랑스 궁정이 절제와 미덕을 중시하며 예술을 소홀히 하고 있지 않다는 것을 하나의 정치 수단으로 고려했던 카트린이 그 적절한 모델에 대한 찬양을 그에게 부탁하였을 것이고, 군주에게 기쁨을 줄 수 있는 작품을 창조하는 데 중요성을 부여해 온 롱사르로서는 이런 주문을 거부하기 힘들었으리라는 것이다. 그러나 궁정의 이런 요구는 작품의 발생배경을 온전히 설명할 수는 없어 보인다. 시적인 측면에서 더 중요한 이유를 들 수 있기 때문이다. 그것은 당시 시인들 사이의 시적 경쟁과 관련된다.

앙리 3세가 왕위에 오를 무렵의 롱사르가 이미 프랑스를 대표하는 시인으로 명성을 누리고 있었을지라도, 새로운 국왕은 그보다는 젊은 필리프 데포르트를 더 가까이 두었다. 1573년에 첫 번째 시집을 간행하며 궁정에서 명성을 얻기 시작한 데포르트는 세련된 문화에 대한 궁정의 취향을 적극 받아들여 사랑을 자기 시의 주된 테마로 삼았다. 특히 그는 페트라르카풍의 영향하에서 사랑에 빠진 자의 열정과 여인의 잔인할 정도의 냉담함을 노래하였다. 라우라가 이상화된 사랑의 대상이고 접근하기 어려운 숭고한 여인이었듯, 데포르트 역시 비현실적인 여인들인 디안Diane, 이폴리트Hyppolite 그리고 클레오니스Cléonice 등을 노래하며 사랑의 감정을 펼쳐 보이는 데 주저하지 않았다. 그리고 이를 위해 굳이 사랑의 대상이 된 여인을 구체적으로 노래하려고도 하지 않았다. 특히 자신과 롱사르 사이의 차이점을 분명히 드러내기 위해 난해한 신화적 언급을 피하고 이해되기 쉬운 표현으로 작품을 형성하여 갔다. 그러나 《이폴리트에 대한 사랑*Amours d'Hypolite*》에 실린 다음의 작품이 보여 주듯 공들인 표현을 피해 가는 산문 투는 궁정에서는 인기를 얻을 수 있었겠지만, 롱사르가 보기엔 시적 영감의 빈약함을 증명하는 것 이외의 다른 것이 될 수는 없었을 것이다.

오, 인간의 것이 아닌 아름다운 눈이여, 어째서 그대는
열기에 가득 찬 시선으로 내 영혼에 불을 지피며 나를 뜨겁게 달구는가?
아! 나는 이 불꽃을 환히 피우지도 못하고 타 버리는구나.
신이시여, 저에게 은총을 주시고 나를 좀더 달래주소서!
그대의 적들을 불태우시고, 채찍질을 가하여
그들이 저 여인의 아름다움을 보지 못하게 하소서.
그러나 나는 그대를 찬양하고 오직 그대만을 요구하나니,
아름다운 눈이여, 그런 행복을 내 시기하지 않게 하소서,
내 그녀를 바라볼 때 그렇게 빛을 내지 마소서,
그렇게 해서 나에게 올 행복의 발걸음을 늦추게 하지 마소서,
그대의 뜨거운 시선을 낮추소서, 좀더 부드럽게 타오르소서,
그리하여 내 영혼이 그런 부드러움에 매혹당하게 될 때에는
갑작스레 날아오는 벼락처럼 모습을 바꾸시더라도
그대가 내게서 생명을 앗아갔다고 느끼지 못하게 될 터이니.

데포르트의 궁정에서의 성공은 서사시를 완성하지 못한 롱사르의 명성에 그림자를 안겨다 주었다. 샤를 9세의 시인이었던 롱사르는 앙리 3세 치하에서는 그 어떤 월계관의 영광도 누리지 못할 시인이 되어가고 있었다. 이런 상황은 분명 롱사르에게 대중의 관심과 인정을 얻어야 한다는 필요성을 갖게 만드는 계기가 될 수도 있었을 것이다. 게다가 자기가 보기에 시적 역량

이 부족한 데포르트와 같은 시인들의 페트라르카풍 사랑시가 고대의 시인들을 능가하려는 자신이 지금까지 써 온 시들보다 더 높은 평가를 받는 것을 인정할 수 없었을 것이다. 그래서 페트라르카 사상에 심취한 궁정에서 만약 자신이 데포르트가 주제로 즐겨 삼은 사랑을 다시 취하여 노래하지 않는다면 영원히 궁정에서의 위상을 상실하게 될 것이라고 롱사르는 생각하였을 것이다. 사랑시에 있어서 자신이 가장 뛰어난 시인이라는 것을 다시 한 번 확인할 필요가 롱사르에게는 있었던 것이다. 이런 면을 고려한다면 그가 엘렌을 또 다른 사랑노래의 대상으로 삼은 것에는 데포르트에 대한 경계심과 여전히 뛰어난 자신의 자질을 확인시키려는 욕망이 있었다고 말할 수 있다. 그러나 우리가 관심을 가지는 부분은 그런 욕망 자체가 아니라, 오히려 그 욕망이 펼쳐 놓은 시적 가치이다. 이를 위해 먼저 이 시집의 주인공인 엘렌이라는 여인에 관심을 가져 보도록 하자.

2. 정숙한 여인 엘렌

롱사르의 마지막 사랑의 여정을 알리는 작품인 《엘렌을 위한 소네트집》은 지금까지 그가 사랑시로 노래한 여인들과는 상당 부분 상이한 한 여인을 등장시킨다. 이 여인은 어떤 접근도 허용하지 않으며 오직 시인에게 찬양만을 요구하는 오만하고 거만한 카상드르는 아니다. 그렇다고 해서 박식하지는 않지만 쉽게 사랑 고백을 받아주는 서민 출신 마리와 같은 여인도 아니다. 일반적으로 롱사르가 여인과의 실제 만남을 시적 소재로서만 삼고 있는 까닭에 그의 삶에 기댄 문학작품 해석에는 한계가 있지만, 일반적으로 이 여인은 엘렌 드 쉬르제르Hélène de Surgère를 가리킨다고 알려져 왔다. 엘렌은 카트린 드 메디시스의 시녀(나인)들을 지칭하는 "가벼운 미녀들escadons volants"의 한 명이었다. 그녀의 미모는 그렇게 빼어난 편이 아니었지만, 외모의 부족함을 능가하는 능력이 그녀에게 있었다. 그녀는 지적으로 박식했으며, 더불어 시에 대한 심미안도 가지고 있었다. 그래서 많은 궁정인들이 그녀의 뛰어남을 인정하였고, 자맹이나 벨로, 데포르트와 바이프 같은 시인들은 그녀에게 찬양의 시를 바치기도 했다. 궁정의 애정 풍속을 신랄하게 비판한 브랑톰Brantôme마저도 그녀를 궁정의 '미네르바'라고 치켜세울 정도로 그녀는 지적 박식함으로 명성을 얻었다. 롱사르 역시 그녀의 이런 점을 노래하고 있다.

> 정원을 거닐다 오솔길 끝에서 겨울에 대항하여 근심이
> 싹을 피우는 것을 보게 되었다.
> 이 풀[근심]과 내 사랑은 그렇게 같이 꽃을 피운다.
> 내 머리에는 눈이 내려와 있고, 근심의 머리는 얼어 있다.
> 이곳에서는 그 누구와도 비교되지 않을, 그리고,
> 프랑스인들의 미네르바라고 불릴 만한 한 여인 덕분에
> 내 영혼 속으로 스며들어 온,
> 오, 행복한 사랑이여.[3)]

사람들이 "미덕의 여신"을 칭송하는 그런 시대에 태어났더라면 신전을 얻을 수도 있었을 것이라고 안타까워하는 롱사르가 사랑하게 된 그녀는

---

3) XVII, pp. 276-277, vv. 1-8.

그러나 종교전쟁의 와중에서 국왕 호위관이었던 남편을 잃은 정숙한 과부이기도 했다. 여신 다이아나의 속성을 자신의 것으로 삼는 그녀는 시인의 사랑을 언제나 거부하였다. 삶이 그녀에게 정숙함을 간직하는 것을 최고의 미덕으로 가르쳤기 때문이다. 비록 그녀와 롱사르가 궁정이라는 동일한 공간에 거주하며 꾸준한 만남을 지속하였을지라도, 그의 사랑은 그녀의 거부 앞에서 절망의 문턱을 자주 넘나들곤 했다.

여인이여, 희망에 버림당한 나는 죽어 가오,
뼈 속까지 상처가 났소, 나는 이제 과거의 내가
아니라오. 그토록 지독한 고통은
인내심을 강요하며 나를 힘으로 짓누르고 있소.

나는 모든 감각을 상실했소. 나는 창백한 그림자라오.
내 육신은 무덤일 뿐이오.
사랑하는 자는 불행하구려,
사랑에 저버린 자는 불행하구려!

그대가 만든 상처에 아킬레우스가 되어 주시오,
나는 죽어 갈 텔레포스가 되려 하니,
제발 나에게 그대의 완벽한 힘을 보여 주시구려.

어서 빨리 와서 상처를 치료하여 나를 구해 주시구려.
만약 잔인하게 그대 섬기는 자를 쓰러뜨린다면
그대는 월계관을 얻지 못하리니, 그를 죽게 만들었기에.[4]

4) XVII, pp. 329-330, vv. 1-14.

아킬레우스의 창에 찔린 텔레포스의 신화를 상기하며 여인에 대한 사랑을 노래하는 이 시에서 독자는 사랑의 감정에 깃들인 시적 화자의 진지함을 읽을 수 있다. 그것은 여인이 지닌 아름다움과 미덕의 진중함에 어울리는 시적 어조를 사용하려는 롱사르의 배려 덕분이다. 그만큼 그녀는 정숙함을 말하지 않고서는 자신을 드러내지 않는 존재였던 것이다.

신성하고 영예롭고 덕스러운 모든 것을,
자연이 인간에게 줄 수 있는 모든 행복을,
인간의 기술이 모방할 수 있는 그 모든 것을,
여인이여, 그대는 그것을 정신 속에 간직하며 태어났구려.[5)]

자신의 순결한 영혼을 노래하는 롱사르의 사랑에 그녀는 어떤 반응도 보이지 않았다. 남편을 잃은 이 여인의 닫힌 마음을 사로잡기 위해 롱사르는 굳이 무거운 신화적 장식 대신 단순하면서도 직접적인 어조를 사용하며 자신의 사랑을 진지하게 호소하려고 시도한다. 그러다 보니 페트라르카의 시적 표현인 사랑의 화살과 고통, 불과 얼음 등의 대조적인 비유법이 사용되기도 한다.

그러나 위의 시가 암시하는 것처럼 롱사르의 진지함에는 여인의 지나친 정숙함에 대한 비난과 정신적 사랑만을 요구하는 그녀에 대한 일종의 원망도 깃들여 있다. 롱사르가 보기에 정신의 가치만을 높이 사는 그녀는 죽음을 향해 걸어가고 있는 존재일 뿐이다. 영혼에게는 느낄 수 있는 감각이라는

5) XVII, pp. 197-198, vv. 1-4.

것이 없으며, 육체가 없는 영혼 또한 무용한 것이 되고 말 것임을 그는 잘 알고 있기 때문이다.

> 내게는 최고로 여겨지는 육체를 거부하고
> 정신을 그대가 선택한다면 그것은 잘못된 것이오,
> 한쪽의 가치만 느껴 이해한다면,
> 다른 것은 바람이고 꿈이며 가식만이 될 뿐이오.
>
> 그대는 지성을 좋아하지만, 나는 그대의 그것을 높이 사지 않소.
> 그대는 아름답지만 불행한 이카루스처럼 공중에서 날고 있소.
> 그대는 색이 전혀 없는 그림을 좋아하오.
> 그대여, 정신을 사랑하는 것은 어리석음을 사랑하는 것이라오.[6]

엘렌의 정숙함은 시인의 찬양의 대상이 될 수 있었지만, 그것은 롱사르에게 견딜 수 없는 고통만을 가져다 주었던 것이 분명하다. 왜냐하면 롱사르 자신이 노래하듯이 엘렌에 대한 사랑은 후에 네르발이 쓴 〈뤽상부르 공원의 오솔길Une allée du Luxembourg〉의 시적 화자의 사랑을 닮아 있기 때문이다. 그 사랑은 노년에 접어든 시인이 절망스러운 어조로 확인하기에 이르는 불가능한 화합으로 나아가고만 있을 뿐이다.

> 나는 전투에서 도망친다. 내 전쟁은 참패했다,
> 나는 사랑과 싸워 힘과 이성을 잃었다,

6) XVII, p. 230, vv. 1-8.

빛나는 10년이 벌써 지났고, 내 흰머리는 이미
집으로 돌아가라고 말하며 은퇴의 종을 울리고 있다.

만약, 내가 원했던 것과는 달리, 그대 영광이 완벽하지 않게 된,
내 정신을 욕하지 마오, [오히려] 내 나이를 욕해 주오,
나는 파리스도 아니고 저 비열한 이아손도 아니라오,
나는 자연이 만든 법에 복종할 뿐이오.

신랄함과 부드러움 사이에서, 희망과 두려움 사이에서,
사랑은 내 대장간에서 이 작품을 갈고 닦았소.
나는 고통과 시간 그리고 노동을 슬퍼하지 않소,

나는 내 자신과 그대의 잔혹한 마음에 한탄하오.
만약 그대에게 선한 마음이 있다면, 그대는 후회할 것이오,
그러나 늦은 후회는 상처를 아물게 하지 않는 법이라오.[7)]

3. 정신적 사랑과 육체적 사랑

앞에서 보았듯이 롱사르는 여인의 숭고한 미덕과 품성을 찬양한다. 그의 엘렌은 새로운 비너스, 즉 정신의 아름다움으로 빛나는 여인이다. 그녀의 머리칼이나 새하얀 목 등과 같은 신체의 아름다움마저도 지적이고 정신적인 그녀의 아름다움을 반영한다. 그녀의 머리는 "지식의 거처"이고 동시에 "명예, 미덕 그리고 신중함"이 자리하는 곳이기도 하다. 롱사르의 연대기를 작성한 클로드 비네가 지적하고 있는 것도 바로 이런 정숙함을 노래한 시인

7) XVII, p. 294, vv. 1-14.

의 사랑이다.

> 여러 다양한 주제들을 다룬 그는 작품집을 미덕과 아름다움 그리고 흔하지 않은 완벽함에 의해 자기 뮤즈의 대상이 될 자격을 갖춘 엘렌이라는 여인을 위한 소네트집으로 끝마치며, 작품집에 영예를 주고자 원했다. 롱사르는 이 여인을 노년에 가서야 만나는 행운을 얻었다. 그의 뮤즈는 질과 품성 그리고 평판에 있어서 그가 젊은 시절에 다루었던 예전의 주제들을 뛰어넘고 있다. 젊은 날의 그는 매우 친근하게 사랑하였다고 평가할 수 있겠지만, 이 작품은 사랑하고 맹세하기보다는 찬송하고 칭송하려고 시도하고 있다.

그리고 비네는 이 점에서 롱사르가 페트라르카를 모델로 삼고 있으며, 정숙함을 노래하는 그의 시적 어투는 그의 나이와 학식에 잘 어울리는 것이었다고 환기하고 있다. 분명, 이런 견해에 따르면 정숙하고 절제 있는 사랑이 시인이 다루고자 한 소재였고, 이것을 통해 사랑하는 여인을 찬양하고 그녀를 불멸의 경지에 오르게 만드는 것이 그의 목적이라고 할 수 있을 것이다. 그러나 비네의 지적에도 있는 것처럼 말년의 롱사르는 젊은 날과는 다른 방식으로 사랑을 노래하려는 의도를 지니고 있었다.

그 방식의 하나는 이미 위에서 인용한 작품들에서 엿볼 수 있는 엘렌의 정숙함에 대한 질책과 관련된다. 정신적으로만 사랑하는 것이 결코 사랑이 아니라고 확신하는 롱사르는 아름다운 육체가 마련해 줄 기쁨에 눈을 뜨는 엘렌을 간절히 희망하고,

인간의 정신은 천상의 유체流體를 노래하고 있는
플라톤의 교훈에 힘입어 고무되고 있지만,
그러나 육체가 없다면 정신은 활기와 생기를 잃게 될 것이기에
정신이 천상으로부터 왔노라고 떠들어 봐야 소용이 없다[8]

스스로도 기꺼이 여인의 육체에 시선을 돌려 그녀의 아름다움을 구석구석 보여 주려고 한다. 총 두 권으로 이루어진 《엘렌을 위한 소네트집》에서 우리가 사랑하는 여인의 육체를 거리낌 없이 소개하는 시인을 만나게 되는 것도 바로 이런 이유이다. 특히 1권은 엘렌의 아름다움에 반한 그의 경탄과 놀라움을 도처에 등장시킨다. 물론 롱사르는 그녀의 아름다움을 구체적으로 묘사하는 데에는 인색한 편이다. 우리는 그녀의 머리칼이 어떤 색인지 알 수 없다. 그러나 그녀의 신체 각 부분이 여전히 아름답다고, 신들의 시기를 불러일으킬 정도로 황홀하다고 그는 여러 차례 노래한다. "그대의 아름다운 얼굴", "그대의 호감 가는 얼굴", "그대의 입술", "그대의 하얀 손" 등의 표현을 사용하며 여신들의 아름다움을 능가하는 한 여인의 아름다움에 대한 감각적 욕망을 은근히 드러내고, 우윳빛 초원에 비유될 수 있는 아름다운 가슴에서 그는 황홀한 상태에 빠지게 된다.

태양이 그녀 머리칼에 굴레를 씌우면
여름날 아름다운 아침에 그녀는 잠에서 깨어났다,
화살통을 비운 사랑이 그녀 곁에 있었다,
그녀의 눈부신 자태로 그것을 채우기 위해.

8) XVII, p. 229, vv. 1-4.

그녀의 가슴에서 나는 슬쩍 아름다운 두 사과를 엿보았다,
그것은 헤스페리스의 과수원에서 결코 볼 수 없었던 것이었고,
여신 아프로디테는 결코 그것을 지니지 못하였으며,
마르스에게 젖을 먹인 헤라도 그것을 갖고 있지는 않았다.[9)]

특히 그녀의 시선은 그 아름다움으로 인해 여신들의 질투를 불러오기도 하고, 지극히 순결하게 보이기에 오히려 두려움을 자아낼 수도 있다.

그대의 지극한 아름다움은 눈부셔서
감히 나는 그대 눈을 바라볼 수 없다.
힘이 빠져 버린 나는 눈길을 견딜 수 없다,
태양이 빛날수록 그것을 바라보기 힘든 것처럼.

아! 그대는 너무 아름답구나, 그러니 막대한 부를 지닌
신이 그대를 천상으로 올려 보내 지상을 헐벗게 만들지 않도록
그대는 경계해야 할 것이다.
소중한 것들은 잘 지켜지지 않기 때문이다.

잔인함으로 가득한 용들은 잠자지 않고
그 시선의 아름다움만을 위해 황금사과를 지키고 있듯이,
너무 아름다운 얼굴은 그렇게 좋기만 한 것은 아니다.

황금 비[제우스]가 속임수를 쓸 때에 다나에는 그것을 잘 알고 있었다,

9) XVII, p. 245, vv. 1-8.

그러나 만물을 정복하는 황금 비는 그대 눈앞에서 놀라지 않을 수 없었으니,
그대의 정숙한 미덕은 그처럼 그를 두려움에 떨게 만들었도다.[10]

황금 비로 모습을 바꾸어 아름다운 다나에를 겁탈하는 제우스 신화를 상기시키는 이 시행에서 여인의 시선은 시인을 사로잡아 경탄을 불러일으키지만, 또한 그것은 시인의 욕망을 가로막는 장애물이 되기도 한다. 그녀의 시선에서 나오는 "사랑의 반짝임" 때문에 시인은 어떤 감각도 더 이상 느끼지 못하게 된다. 너무 눈부시기 때문이다. 이런 감각을 상실하게 되는 시인은 그녀를 바라보도록 해줄 자기 시선을 상실한 자가 될 수밖에 없다. 느낄 수 있는 능력을 그녀의 빛나는 시선에 빼앗긴 그는 엘렌의 아름다운 두 눈에서 죽어 가는 자신을 발견하고 두려움에 떨게 되는 존재가 되고 만다. 빛나는 태양이 경외의 대상이 될지라도 자신을 온전히 직시하는 것을 허용하지 않는 것처럼, 시인의 시선을 끄는 그녀의 두 눈은 자신을 드러내기를 거부한다. 그녀의 눈부신 시선은 자신의 아름다움을 진정 바라보도록 허용하지 않는 것이다.

그러나 그 이름에서부터 트로이아의 헬레나를 연상시키는 이 여인이 그 어떤 사랑의 화답을 주지 않았다 할지라도, 롱사르는 카상드르에 대해서 그러했던 것처럼 고통의 심연 속에 머물러 있기만을 원하지는 않는다. 엘렌을 둘러싸고 있는 아름다움의 현실로부터 실망이나 좌절을 경험하기를 원하지도 않는다. 오히려 이 "순백"의 사랑을 삶의 가장 감동적인 순간으로 변화시키고, 관능적 아름다움에 대한 자신의 집착을 이 이루어지지 못할

10) XVII, p. 227, vv. 1-14.

사랑에서 이루어 내려고 한다. 엘렌은 순결과 정숙의 여인이지만, 그 정숙함은 오히려 시인이 희망하는 사랑에 대립하기 때문이다. 그것은 아름다움을 아름다움으로 느끼지 못하게 만드는 장애물 이외의 다른 것이 아니다.

> (황금과 진주가 그러한 것처럼)
> 아름다움이 적으로 삼는 정숙함은
> 자신의 봄과 명예에 대한 존중 그리고 치욕에 대한 두려움을 경배한다.[11)]

때로 롱사르는 정신의 영역과 관련된 정숙함에 대한 집착으로부터 그녀를 떼어 놓기 위해 빈정거리기도 하고, 그녀에게 교훈이 담긴 비난을 던지기를 주저하지도 않는다.

> 그대는 사랑이 단지 정신을 통해서만 결합을 이끌어 낸다고
> 말하지만, 아! 나는 그것을 믿지 않는다오,
> 정신이란 육체의 도움 없인 아무것도 느낄 수 없기 때문이라오.[12)]
>
> 그런데 정신을 사랑하는 그대는 신중치 못하게
> 사랑이 육체로 더럽혀졌다고 말하고 있지만,
> 그런 말은 단지 거짓을 진실이라고 믿는
> 상상일 뿐이라오.[13)]

혹은 그녀가 감정의 흔들림마저도 허용하고 있지 않다는 것에서 좌절을

---

11) XVII, p. 198, vv. 9-11.
12) XVII, p. 213, vv. 12-14.
13) XVII, p. 229, vv. 9-12.

느끼기보다는 오히려 목소리를 높여 그녀의 결핍된 사랑을 지적하려는 용기마저 갖는다.

생기 없고, 고집 세고, 준엄하여,
이 아름다운 오월의 봄에 그 어떤 사랑의 불꽃도
그러모으지 못하는 그대의 육체는 봄인데도 불구하고
차가운 겨울을 닮고 있구나. 오 잃어버린 젊음이여![14]

롱사르가 이렇게 비난하고 조롱한 것은 몸이 지닌 아름다움의 가치를 엘렌이 스스로 인식하여 그것을 자신의 최고의 미덕으로 여기도록 만들려는 의도를 가지고 있기에 가능했다. 시집에 종종 등장하는 그녀의 몸에 매혹된 시인의 뜨거워진 몸의 고백도 영혼의 매혹과 떨어질 수 없는 육체의 아름다움을 엘렌이 바라보도록 만들려는 욕망에 기인하고 있다.

사랑에 취한 자처럼, 온 몸이 떨린다.
가슴에서 심장이 고동치고, 체온은
두려움에 얼어붙는다, 혼절한 감각은
공기 중으로 사라져 간다 [···][15]

피를 끓어오르게 만드는 열기가
매 순간 태어나 혈관에 흐르는 것을 느끼노라.[16]

---

14) XVII, p. 283, vv. 5-8.
15) XVII, pp. 195-196, vv. 4-7.
16) XVII, p. 239, vv. 1-4.

그래서 《엘렌을 위한 소네트집》에서는 육체에 대한 롱사르의 집착과 시선이 배제되어 있다고 말할 수 없다. 그는 육체가 불러온 사랑을 거부하지 않으며, 이런 사랑의 마법을 이해하지 않으려는 여인의 자세를 어리석은 자의 태도로 취급한다. 그리고 이를 통해 사랑이 좌절의 감정을 가져다줄지라도 그 실패의 고통만을 노래하기보다는 오히려 고통 속에서 사랑의 본질을 찾아 그것을 세상에 드러내려고 한다. 때때로 인위적이고 가식적인 사랑의 봉헌물일 뿐인 엘렌의 벗은 몸이 롱사르의 꿈속에 나타나는 것도 바로 이런 생각을 그가 지녔기 때문이다.

> 정말로, 그대는 포악하고 잔임함을 자랑한다.
> 그대는 은근히 그런 가식을 즐기고 있다.[17]

꿈은 최소한 현실의 고통을 잊게 만드는 공간이 되며, 여기에서 롱사르는 여인의 옷뿐만 아니라 그녀의 위선 역시 발가벗긴다. 요조숙녀인 체하는 그녀의 내부에 숨겨진 욕망의 불씨들을 하나씩 끄집어내어 사랑에 대한 그녀의 화답을 듣기 위해서이다.

> 거짓이지만, 내 사랑을 달래 주기 위해 발가벗은
> 몸으로 내 품 안에 자리 잡아 부드럽게
> 거짓의 기쁨으로 나를 빨아대는 그대의 무서운 모습을
> 꿈꾸지 않는다면 나는 고통으로 죽을 것이다.[18]

---

17) XVII, p. 265, vv. 9-10.

사랑 앞에서 자신을 억제하는 위선적인 여인을 꿈이라는 공간을 빌려 발가벗기는 이런 방식이 엘렌에게는 지극한 모욕이 될 수 있을지언정, 롱사르는 현실이 채워 주지 못하는 뜨거운 욕망을 꿈에서라도 실현하고자 간절히 원한다. 그가 진정으로 원하는 것은 그녀와의 잠자리에서 욕망을 해소함으로써 서로의 내부에 소통의 길을 마련하는 것이기 때문이다.

> 그녀 곁에서 나는 잠이 들고, 그녀 곁에서 나는 쉬고 있다.
> 그 무엇도 나를 거부하지 않는다. 그렇게 감미로운 꿈은
> 거짓으로 내 사랑의 번민을 속이는구나.
> 그러나 사랑에서 속이는 것이 나쁜 것만은 아니로다.[19]

〈사랑하는 이여, 보러 갑시다, 장미를〉과 함께 널리 알려진 작품인 〈그대 늙어 어느 저녁날 난로 옆Quand vous serez bien vieille, au soir à la chandelle〉이 묘사하는 것도 바로 이런 소통의 강렬한 욕망이다.

> 그대 늙어 어느 저녁날 난로 옆
> 촛불 아래에 앉아 실을 감고 풀고 할 때가 되면,
> 그대는 내 시를 감동스럽게 읽으면서 말하게 될 것이다,
> 롱사르가 아름다웠던 시절의 나를 찬양하곤 했노라고.
>
> 그러면 그대의 하녀들은
> 일거리에 지쳐 반쯤은 졸면서도

18) XVII, pp. 264-265, vv. 5-8.
19) XVII, p. 265, vv. 11-14.

롱사르라는 이름에 잠에서 깨어나
그대 이름을 영원히 칭송할 터이지만,

나는 형체 없는 유령이 되어
땅 밑 도금양 숲속에 자리를 마련하게 될 것이다,
그리고 그대는 아궁이에 쭈그린 노인네가 되어 있을 것이다,

내 사랑과 그대의 잔인했던 경멸을 후회하면서.
그러니 이제, 내 말을 들으시오, 내일을 기다리지 마시오,
지금 당장 인생의 장미를 꺾으시오.[20]

여기에서 나이가 든 시적 화자는 젊은 한 여인이 자신의 호소에 답하도록 만들기 위해 설득적인 논리를 펼치고 있다. 시인이 죽은 후 홀로 남게 된 그녀는 늙음의 무게에 짓눌려 아무런 의미 없이 난로 옆에서 뜨개질이나 하면서 예전에 아름다웠던 자기를 노래한 한 시인을 그리워할 것이며, 사랑에 잔인했던 자신에 대한 후회로 그 그리움을 채울 것이라는 이 발언, 젊고 아름다운 지금의 여인에게 던지는 이 발언은 차갑기 그지없다. 그러나 그것은 여전히 젊음의 한복판에 놓여 있는 동안 자신의 호소에 귀 기울여 줄 것을 희망하는 롱사르의 욕망을 담고 있기도 하다.

그렇지만 시적 화자는 여인의 냉담함에 좌절한 자의 목소리를 취하려고 하지 않는다. 오히려 조롱 섞인 그의 어조에는 간절한 화합의 의지가 숨겨져

20) XVII, pp. 267-268, vv. 1-14.

있으며, 이 의지는 그가 펼쳐 보이는 시간의 흐름을 통해 표출되고 있다. 왜냐하면 현재와 미래의 그녀는 지금의 롱사르와 미래의 롱사르를 닮고 있기 때문이다. 인생의 황혼에 접어든 시인의 현재 모습은 바로 식어 가는 몸을 난로의 열기로 덥히고 있을 미래의 엘렌의 모습으로 이어지고, 현재 그녀가 누리는 아름다움의 봄은 바로 "도금양"으로 상징되는 죽음의 경계 저 너머에서 평온과 휴식을 누리게 될 시인의 미래를 닮고 있다. 그의 시는 현재와 미래를 연결하는 매개체가 되고 있는 것이다. 서로 다른 시간을 화합시키는 것은 지금의 엘렌에게 바쳐졌지만 앞으로의 그녀가 여전히 듣게 될 시인의 시인 것이다. 따라서 이런 사랑의 노래를 엘렌이 거부한다면 그것은 자신의 어리석음을 드러내는 것 이외의 다른 것이 아니리라. 시를 거부한다는 것은 자신의 불멸을 거부하고 회한에 가득 차 늙어갈 자신의 어두운 운명을 체념하며 받아들이는 어리석은 행위가 될 것이기 때문이다.

이처럼 롱사르는 욕망의 합일을 간절히 원하고 있다. 미래의 자신과 현재의 엘렌을 동일한 상황에 위치시킴으로써 시간을 뛰어넘는 사랑의 화합을 소망하고 있다. 지금 살아 있는 엘렌의 냉담함은 미래에 그녀가 느끼게 될 초라함의 다른 모습인 까닭에, 진정 그녀가 시간의 흐름에 종속되지 않고 영원한 행복을 누리길 바란다면 지금 부르는 시인의 노래에도 귀를 기울여야만 하는 것이다. 그것을 롱사르는 젊고 아름다운 육체를 탐닉하려는 욕망으로 대신하고 있다. 그래서 우리는 롱사르의 엘렌에 대한 찬양, 비난, 조롱, 충고, 조언 그리고 그녀가 안겨 주는 고통과 절망, 이 모두가 시간과 공간을 뛰어넘는 강렬한 소통의 의지를 반영하는 매체가 되고 있다고 말할 수 있다.

4. 상호 소통을 위한 사랑

엘렌의 정신적 사랑을 부정하고 그녀를 육체적 쾌락에 눈뜨게 만듦으로써 자신의 욕망을 실현하려는 롱사르는 결코 '사랑의 미완성'에 동의하지 않는 시인이다. 그는 페트라르카처럼 완성에 이르지 못하는 사랑의 옹호자로 남기를 거부한다. 따라서 그가 시집의 제2권을 시작하며 다음과 같이 밝힌 것은

> 독자여, 그대에게 미덕을 설교하였지만, 미덕을
> 몸소 실천하지 않은 플라톤의 제자이길 나는 원치 않는다[21)]

궁정에서 유행하고 있는 신플라톤주의와 결합한 페트라르카풍의 사랑 방식에 대한 시인들의 과도한 경탄이나 찬양으로부터 결별하려는 시도로 보이기도 한다.

사실, 페트라르카는 처음에는 라우라의 감각적인 육체의 아름다움에 끌렸던 시인이었다. 그러나 라우라가 죽은 뒤 그는 아름다움에 대한 갈망을 종교적인 열망이나 정신적인 고양으로 승화시켜 나갔다. 종교성을 띤 그의 이런 '정숙한 사랑'이 궁정을 매혹할 수 있었던 것은, 그리고 시인들에게 모방의 욕망을 불러일으킨 것에는 당시 궁정을 지배하고 있었던 신플라톤주의에 힘입은 바가 크다고 할 수 있다. 전반적으로 신플라톤주의는 천상의 비너스와 지상의 비너스를 구분하며 인간의 영혼은 신으로부터 추방되어 육체 안에, 물질의 껍데기 안에 갇혀 있다는 논리를 전개하였다. 이 영혼은

---

21) XVII, p. 248, vv. 9-10.

본래의 고향으로 되돌아가기 위해 육체로부터 자유로워지기를 언제나 갈망하고 있었다. 그런데 한 여인의 아름다운 눈이 자아내는 신성한 빛을 바라보는 순간, 영혼은 잠으로부터 깨어나 예전에 자신이 엿보았던 신성한 아름다움에 대한 기억을 다시 되찾게 되고, 그로 인해 이 육체의 감옥을 견디지 못하게 된다. 초조해진 영혼은 정숙한 사랑만이 자신에게 자유를 부여하며 고향으로 다시 힘껏 날아갈 수 있도록 허용하리라는 믿음에서 사랑의 불꽃으로 육체를 불태워버리려는 욕망을 꿈꾸게 된다. 여인에 대한 열정으로 뜨거워짐으로써 육체의 질곡으로부터 정화되기를 언제나 수시로 엿보게 되는 것이다. 이런 영혼의 욕망은 한 여인을 사랑한다는 것이 또 다른 사랑, 즉 인간적 사랑을 초월하는 것에 대한 사랑을 구하는 행위일 수밖에 없다는 것을 암시한다.

그래서 신플라톤주의에 따르면 한 남성이 사랑하는 대상은 한 여인이라고 말할 수 없다. 오히려 그것은 여인이 구현하고 있는 아름다움 자체라고 할 수 있다. 아름다움과 육체는 본질적으로 상이하고, 인간의 육체는 단지 신성한 빛을 간직하고 있을 때 비로소 아름다울 수 있는 것이다. 사랑하는 여인을 바라보거나 그녀에게 귀를 기울이는 것은 비육체적인 아름다움을 엿보기 위한 일종의 정신적 도약을 마련해 주는 수단일 뿐이다. 이런 이유로 신플라톤주의에서는 인간 육체라는 물질에 집착하는 것은 어리석은 일로 간주된다. 오히려 아름다움이 시간의 흐름에 의해 손상되지 않도록 하기 위해 물질로 이루어진 육체로부터 벗어날 필요가 있다고 주장한다. 그것은 마치 금이 지상의 불순한 물질들을 제거함으로써만 그 순수의 상태, 정화된 상태로 되돌아갈 수 있는 것과 같다. 육체적 사랑이 아닌 정신적 사랑을 통하여, 즉 신성한 아름다움에 대한 열정과 지고의 선Bien에 대한 열망을 거침으로써만 이런 순수 정화가 가능할 수 있을 뿐이다. 관능적이고 물질적인 감각(맛, 접촉, 향기)에 대립하는 고귀한 감각만이 미의 포착을 허용할 수 있다는 이런 신플라톤주의에 따르면 인간의 사랑은 결국 인간의 세계를 떠나 절대적 미, 신성한 미와의 결합으로 이끄는 힘, 영혼에게 육체의 감옥을 벗어나도록 만드는 힘이라고 할 수 있다.

물론, 신플라톤주의가 육체의 아름다움에 대한 사랑을 절대적으로 거부했다고 말할 수는 없다. 신플라톤주의의 문을 연 피치노는 플라톤이 그러했던 것과는 달리 육체적 사랑 역시 종의 영속화에 기여한다는 사실을 인정하고자 했다. 그래서 그는 플라톤이 구분한 신적인 사랑과 동물적인 사랑 사이에 자신의 신체 전부를 상대의 몸속에 넣고 싶어 하는 인간적 사랑을 끼워넣는다. 그리고 여기에서 인간적 사랑이 동물적 사랑에 빠질 위험을 경계하기 위해 엄격한 통제와 절제가 필요하다는 것을 주장한다. 자연의 법칙과 인간의 법이 허용하는 한에서만 육체적 욕망은 허용될 수 있다는 것이다. 그런데 이렇게 피치노가 사랑을 플라톤과는 다르게 세 가지로 구분하고 있을지라도, 사랑에 빠진 자들이 궁극적으로 도달해야 하는 지점은 그에게서도 여전히 천상의 사랑으로 나타난다. 사랑에 빠진 자는 사랑하는 이의 육체에 머무를 것이 아니라 그 육체에서 신의 위엄을 발견하도록 노력해야만 하기 때문이다. 따라서 피치노의 신플라톤주의에서 육체의 감각적 아름다움은 전적으로 배제되고 있지는 않지만, 그것은 정신적 사랑으로 나아가기 위한 일종의 매개물로서의 역할에 국한되고 있다고도 할 수 있다.

롱사르 역시 신플라톤주의를 수용한다. 그러나 그의 수용에는 독특함이 있으며, 그 독특함이 바로 그의 시적 특성을 이루게 된다고 말할 수 있다. 그것은 바로 그가 사랑을 통해 여인의 아름다움뿐만 아니라 여인 자체를 재발견하도록 이끌고 있다는 점이다. 즉, 시인의 영혼은 사랑을 통해 천상의 미가 지배하는 영역으로 돌아갈 수 있으리라는 희망을 품지만 동시에 영혼을 떠나 보낸 육체 자체를 다시 발견하게 만들고 있다는 것이다. 시인의 시선은 여인의 아름다움을 바라보며 방황을 하게 되고, 그 방황은 천상의 미와 결합하기 위한 방황이지만, 이런 고통스런 방황 속에서도 여전히 여인의 육체가 자아낸 미덕을 시인의 영혼은 기억하고 있다는 것이다. 즉, 신플라톤주의에 의해 정신적 사랑의 아래에 위치하게 된 물질적인 육체의 아름다움을 롱사르는 소홀히 취급하지 않으려고 한다. 그것은 그에게 사랑의 영감을 자아내는 또 다른 한 요소가 될 수 있기 때문이다.

그래서 롱사르가 보는 진정한 사랑이란 상호성이 존중되는 사랑이라고 할 수 있을 것이다. 페트라르카처럼 불행한 사랑, 일방적 사랑, 결코 여인의 대답을 얻지 못하는 사랑으로 인해 상호성을 확보하지 못하는 연인은 자신 안에서도, 그리고 상대의 안에서도 결코 살지 못하는 존재가 되어 버리고 만다. 이런 상호성이 결핍된 사랑은 진정한 사랑이 아니다. 그것은 결코 정신적이고 숭고한 아름다움과의 만남을 약속하지 못한다. 그가 육체의 아름다움에 관심을 갖는 것은 바로 육체가 단지 영혼을 가두어 두는 공간으로서의 기능에 국한되지 않는다는 견해를 가지고 있기 때문이다. 육체의 사랑을 상기시키는 그는 인간적인 것에서 신적인 것을 발견하여 구체적인 육체의 아름다움이 상호 소통을 거부하는 정신적 사랑에 비해 열등한 것이 아니라는 것을 제시하고자 원한다. 인간에게 주어진 모든 조건 속에서 사랑을 파악하려는 그가 엘렌의 고집스러운 정숙함에 대한 집착을 끊임없이 비난하게 된 것도 바로 이런 지상적 사랑의 가치를 이해하지 못하는 그녀의 한계 때문이었던 것이다. 지상의 사랑에는 천상의 사랑만큼의 가치가 있는 것이다.

지상의 사랑이 단지 외설적이거나 에로틱한 사랑에 국한된 것만은 아니며, 육체적 사랑 역시 에로스 형제가 본래 그러했던 것처럼 이중의 모습을 지니고 있다. 단지 천상적 사랑과 정숙한 사랑 그리고 지상적 사랑과 육체적 사랑의 대립만 있는 것이 아니다. 육체적 사랑과 정숙한 사랑은 한 몸이자 떨어진 것이며 서로를 보완하며 소통을 지향하는 것이다. 육체적 사랑은 정신적 사랑으로 가는 길이며, 정숙한 사랑 또한 육체적 사랑을 거부하지 않는 것이다. 그래서 롱사르가 다음처럼 금언적 어조로 말할 수 있는 것도

신의 작품인 영혼과 정신이 사랑에 빠졌을 때,
아름다운 얼굴의 광채에 넋이 나간다 해도,
흔히 말하는 것처럼 격하게 되지 않는,
그리고 감각을 따르는 육체를 경멸하는 것은 잘못된 것이다.
육체는 사랑의 근심으로 고통을 받지 않았을 것이다,
만약 영혼과 정신이 그것을 원하지 않았더라면.
그러나 영혼이 일격을 받으면
마치 여왕처럼 육체에게 그것을 따르도록 요구한다[22)]

22) XVII, p. 281, vv. 5-12.

정신의 작용과 육체의 작용이 떨어질 수 없는 관계를 유지하고 있다고 확신하기 때문이다. 그는 육체의 감각이 없다면 영혼은 생기를 잃게 되고 말 것이고, 육체에 대한 사랑 없이는 결코 천상의 아름다움을 다시 만날 수도 없다고 생각하는 것이다.

이러한 롱사르의 사랑 개념은 그가 〈사랑하는 이여, 보러 갑시다, 장미를〉을 작성하던 시기에, 그리고 그 이전 호라티우스를 모방한 오드들로 거슬러 올라갈 수도 있다. 그러나 쾌락으로의 초대, 사랑의 즐거움에 대한 찬양, '거짓된 정숙함'에 대한 불평, 여성의 위선 등을 지적하는 이 에피쿠로스적 소재는 《엘렌을 위한 소네트집》에서 그 완결에 이르게 된다고 말할 수 있다. 이곳에서는 인간이 경험할 수 있는 감각적 세계에 대한 섬세한 시선이 펼쳐지고 있다. 신선한 육체에 대한 취향과 결실을 맺을 미래에 대한 추구가 사랑의 담론을 이끄는 주된 힘이 되고 있다. 롱사르는 전통적인 사랑의 방식이었던 단지 약속만을 보장하는 정숙한 사랑만을 신뢰할 수는 없었던 것이다.

따라서 《엘렌을 위한 소네트집》은 겉으로 보기에는 정신적 사랑을 다룸으로써 페트라르카 사상과 신플라톤주의에 힘입은 바가 많아 보이고, 그것을 통해 궁정의 문학적 취향에 부응하는 자신의 시학을 제시하는 것으로 보이지만, 거기에는 현실의 이상화에 대한 저항이 깊이 깃들어 있다고 말할 수 있다. 시집에는 이상을 추구하며 현실에 눈을 감아 버리는 관점에 대한 시인의 외침이 있는 것이다. 시인의 뜨거운 피는 젊은 날의 생기를 다시 되찾으며 인간의 육체 역시 결코 수치의 대상이 될 수 없다는 전제하에서 쾌락의 추구를 권유하고 있다. 매우 생생한 육체적 기쁨에 대한 취향을 지닌 시인을 발견할 수 있는 것이다. 사랑을 이루지 못한 고통보다는 그 사랑을 느끼고 있는 '지금'에 대한 강렬한 기쁨을 사랑하는 이의 신체 각 부분에 대한 탐닉 속에서 펼쳐 보이고 있는 것이다.

이 점에서 본다면 롱사르는 신플라톤주의나 페트라르카를 사랑을 노래하기 위해 수용하지만 그것을 자기 시학의 중심으로 삼고 있지 않다고 할 수 있다. 결코 완성에 이르지 못하는 사랑의 옹호자로 남기를 원치 않는 그가 거부하는 것은 1575년의 〈국왕에게 레옹 에브뢰의 작품을 바치며Au Roy Charles lui offrant un Léon Hébrieu〉에서 드러나고 있듯 플라톤에 힘입은 테마 그 자체라고 할 수 있다.

새해 첫날을 기념하는 작품으로 내 그대에게
에브뢰가 노래한 사랑을 바치노니,
천상과 지상은
이 신의 힘으로 가득하도다.

그들은 (내 보기에) 두 형제이다,
자연은 그들을 다양한 측면에서 서로 다른
쌍둥이로 만들었으니,
그들에게는 두 어머니가 있는 것이다.

한 명은 천상을 지배하여
그곳을 자기 힘으로 뒤흔들 수 있고,
다른 이는 지상으로 몸을 내려
우리 인간의 피로 살아간다.

한 명은 영혼을

정념에서 구해 내어
아름다운 관조와 지성과
사상으로 이끌어 주고,

다른 이는 자연의 여신에게 복종하며
우리를 사랑하고 욕망하고
우리와 동일한 다른 이를 낳아
인간존재를 지속하게 만든다.

그는 우리를 평화롭게도 그리고 싸우게도 만들지만
국왕이시여, 더 나은 신을 선택해야 한다면
지상을 지배하는 사랑을 취하시고
다른 사랑의 신은 신들에게 맡기소서.[23)]

위 시들이 전달하는 것은 페트라르카나 신플라톤주의를 전적으로 수용하지 못한 롱사르의 이유이다. 궁정인들이 선호하였던 사랑이 단선적인 사랑, 육체성을 단지 정신성을 위한 도구로서만 인식한 사랑, 그리고 화합을 보장하지 못하는 사랑이었다면, 롱사르는 사랑이란 상호 소통의 길이 마련되는 사랑이어야 하고, 그것만이 진정한 사랑의 총체성을 구현할 수 있다고 판단한다. 그것은 카스토르와 폴룩스 쌍둥이 형제처럼 저 들판의 넝쿨들이 서로 얽혀 떨어지지 않고 있듯이 자연이 마련해 준 삶의 방식이기도 한 것이다.

오월의 첫날에, 엘렌이여, 그대에게 맹세하나니

23) XVII, pp. 61-62, vv. 1-24.

쌍둥이 형제, 카스토르와 폴룩스의 이름으로,
어린 느릅나무를 감싸는 포도 넝쿨의 이름으로,
초원의 이름으로, 푸르름으로 울창한 숲의 이름으로,

자연의 장자인 봄의 이름으로,
개울을 따라 흐르는 모래언덕의 이름으로,
새들 가운데 으뜸인 모든 종달새의 이름으로,
그 어디에서도 다른 사랑을 찾길 원하지 않는다는 것을.[24)]

따라서 《엘렌에 대한 소네트집》은 결국 궁정의 주문이나 단순한 시적 경쟁에 의해서가 아니라 추상화된 사랑 그리고 피의 들끓음과 맥박의 떨림이 결여된 사랑시를 쓰는 당시의 글쓰기 방식에 대한 반성을 촉구하려는 의도에서 작성된 작품이라고 할 수 있다. 이 시집은 자신에게 관심을 두지 않는 국왕에 대한 간접적인 원망의 표현이기도 하고, 데포르트를 직접 겨냥한 것이기도 하지만, 사랑의 진정한 의미를 알지 못한 채 페트라르카로부터 기법만을 빌려 와 시를 씀으로써 자신이 고양시킨 시의 위상을 다시 격하시키는 우를 범하고 있는 동시대의 시적 사고에 대한 비판이기도 하다. 우리는 여기에서 자기 시대의 문학을 예리한 시선으로 파악하고, 정치적이든 문학적이든 주된 이데올로기에 종속되지 않으려는 롱사르, 그리고 새로운 관점을 시에 부여함으로써 스스로 프랑스 시의 영역을 확대하려고 시도하는 한 시인을 발견하게 된다. 《엘렌을 위한 소네트집》이 그가 쓴 일련의 사랑시집 안에서 새로운 가치를 지닐 수 있다면, 그것은 바로 이런 이유 때문일 것이다.

24) XVII, pp. 194-195, vv. 1-8.

8장

죽음에 맞서는 시인

《마지막 시집*Les derniers vers*》

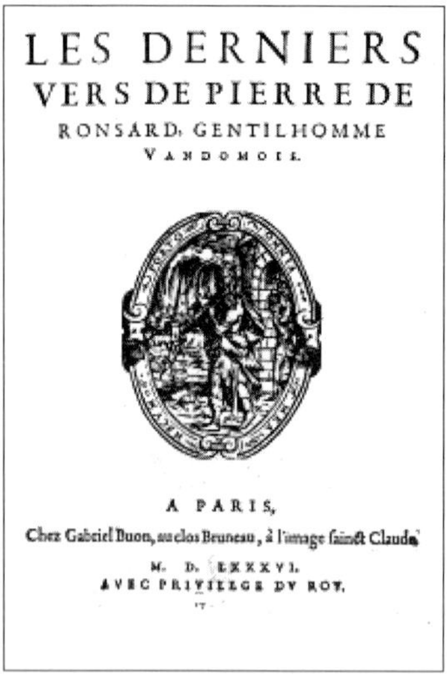

LES DERNIERS VERS DE PIERRE DE RONSARD, GENTILHOMME VANDOMOIS.

A PARIS,
Chez Gabriel Buon, au clos Bruneau, à l'image sainct Claude.
M. D. LXXXVI.
AVEC PRIVILEGE DV ROY.

《마지막 시집》
(파리, 가브리엘 뷔옹, 1586, in-4°)

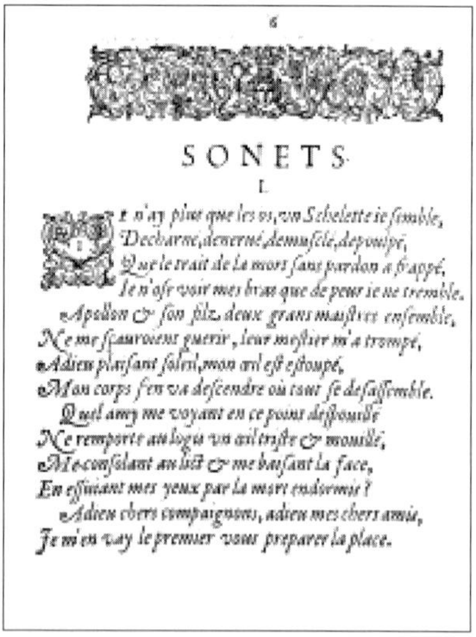

6

SONETS.
I.

Ie n'ay plus que les os, vn Schelette ie semble,
Decharné, denervé, demusclé, depoulpé,
Que le trait de la mort sans pardon a frappé,
Ie n'ose voir mes bras que de peur ie ne tremble.
Apollon & son filz deux grans maistres ensemble,
Ne me sçauroient guerir, leur mestier m'a trompé,
Adieu plaisant soleil, mon œil est estoupé,
Mon corps s'en va descendre où tout se desassemble.
Quel amy me voyant en ce point despouillé
Ne remporte au logis vn œil triste & mouillé,
Me consolant au lict & me baisant la face,
En essuiant mes yeux par la mort endormis?
Adieu chers compaignons, adieu mes chers amis,
Je m'en vay le premier vous preparer la place.

《마지막 시집》에 실린 소네트
〈나에게는 뼈만 남아 있고, 나는 유골을 닮았으니〉

1. 죽음과 자연

일반적으로 지적되는 말년의 롱사르는 과거의 의기양양함을 상실한 채 죽음의 공포와 늙음을 한탄하는 '새로운' 모습의 시인이었다. 고통과 불안을 안겨다 주는 거부할 수 없는 존재인 죽음을 바라보는 그의 어조에는 인간적 회한으로 가득 차 있으며, 이런 점은 지금까지 시인의 영광을 노래하게 만든 자부심하고는 어울리지 않는다는 것이다. 분명, 또 다른 새로운 모습을 지니게 되는 롱사르를 찾는 이런 해석은 죽음이 그에게서 차지하는 무게가 얼마나 컸는지를 드러내는 데에 성공하고 있다고 말할 수 있다. 그러나 그런 해석이 여러 의문을 갖게 만드는 것 역시 사실이기도 하다. 우리가 살펴본 바와 같이 롱사르의 시적 사상은 점진적인 발전과 진보의 단계를 거치며 새로운 모습을 띠어 왔지, 이전과는 전적으로 다른 새로운 옷을 갑작스럽게 걸친 것은 아니었다. 죽음에 관한 그의 말년의 태도에서 찾은 새로움과 놀라움으로 그의 시 세계가 확장되고 있다고 말하기보다는, 오히려 죽음에 관한 태도가 그의 시적 여정의 토대를 이루는 시적 비전과 어떤 관계를 맺고 있는

지 그리고 거기에는 과연 일관성이 있는지 여부를 파악하여 그에게서 죽음이 의미하는 바를 고찰하는 것이 더 중요할 것이다.

여러 곳에서 죽음을 언급하긴 했지만, 롱사르가 처음으로 본격적인 소재로 죽음을 택한 작품은 〈샤를 발루아의 죽음에 관해 나바르 여왕에게 바치는 오드Ode à la Royne de Navarre, sur la mort de Charles Valois〉라고 할 수 있다. 여기에 등장하는 죽음은 한 군주를 어둠의 공간으로 데리고 가 버린 "변덕스러운 키마이라"이다.

> 그런데, 오 변덕스런 키마이라여,
> 그대는 어둠 아래로
> 우리의 확실한 믿음과
> 적들의 공포를 가지고 데려가 버렸구나,
> 세상의 위대함을 지배하고, 샤를의 통치하에
> 테티스가 강물로 사로잡고 있는 것들이
> 복종하리라고 그는 약속했건만
> 헛된 것이 되고 말았구나.[1)]

키마이라의 불길한 모습처럼 롱사르의 펜에서 죽음은 "시무룩한 노파"이고 "날카로운 손톱"을 지닌 "버려진 노파"이다. 예기치 않게 다가오는 이 존재는 언제나 "화살"을 가진 불청객으로서, 지상의 온갖 기대와 희망 그리고 미래에 대한 영광의 약속들을 "사악한 저곳"으로 데려가 버린다. 이 죽음

---

1) I, p. 180, vv. 9-16.

앞에서 살아 있는 동안의 승리를 이야기하는 것은 일견 헛된 일이 되고 만다. "기대하지 않은 죽음"은 인간의 눈을 감게 만들어 세상에 이별을 고하게 만들기 때문이다.

그러나 롱사르는 이 죽음에 검은색의 얼굴을 부여하지 않는다. 오히려 두려움을 불러일으키는 죽음의 얼굴은 단지 "창백blême"할 뿐이다.

망각도, 시간도,
거짓된 관계도, 창백한 죽음도
우리의 우정을 끊지는 못하리라.[2)]

그대[롱사르를 시기하는 자] 위해 수많은 석공들이
커다란 바위들에 새김질을 하여 생기를 부여하더라도,
그대 죽으면, 그대의 그 웅장한 집은
창백하고 덧없는 플루톤의 집이 될 것이다.[3)]

달리 말하면 롱사르는 죽음에서 지옥의 어둠을 굳이 상기하려고 하지 않는다. 예를 들어, 〈아레튀즈 드 베르농의 묘비명Epitaphe de Aretuse de Vernon〉에서도 알페이도스Alphé로 인해 죽음을 맞이할 수밖에 없었던 샘물의 요정 아레투사Aréthuse가 머무르게 될 공간은 "엘리제 초원에 있는 꽃을 활짝 피운 과수원의 행복한 거처"로 묘사되고 있다.

1555년에 씌어진 〈죽음의 찬송Hymne de la Mort〉 역시 죽음이 이끌고 갈

2) V, p. 172, vv. 142-144.
3) I, p. 187, vv. 61-64.

공간을 두려워하거나, 죽음으로 인해 슬픔의 눈물을 흘리는 시인을 보여 주지 않는다. 오히려 이곳의 시인은 죽음을 통해서 지상에서 가질 수밖에 없었던 고통을 "육신은 더 이상 느끼지 않게 될 것"이라고 기대한다. 인간으로서 주어진 고통을 벗어나도록 허용하는 것은 죽음이고, 죽음은 이 고통의 시간을 행복의 순간으로 변화시켜 줄 수 있다는 믿음이 그에게 있다.

> 행복하고 도움을 주는, 극도의 고통을
> 달래 주는 의사이자 위안인 죽음이여, 그대에게 감사하노라,
> 여신이여, 바라건대 내 시간이 다가오면
> 나를 오랫동안 침대에서 고통스러워하며
> 병환에 스러지지 않게 하소서, 하지만 죽어야 한다면,
> 내 그대에게 재빨리 달려가게 해 주소서.[4]

위 시의 마지막 행이 보여 주듯, 롱사르가 죽음 자체를 거부하거나 부인하는 것은 아니라고 할 수 있다. 그는 죽음의 도래를 인간이 피할 수 없다는 것을 인정한다.

> 신이시여, 우리는 얼마나 불행한 것인지.[5]

> 그대의 발에 바짝 달라붙어 있는 죽음을 보지 못한단 말인가![6]

---

4) VIII, p. 179, vv. 337-342.
5) V, p. 192, v. 1.
6) VI, p. 114, v. 25.

> 연약하고 가련한 인간이여,
> 보잘것없는 인간이여, 아, 그대는 모른단 말인가?
> 젊음이란 얼마 가지 않는다는 것을,
> 죽음이 그대의 발걸음을 인도하고 있다는 것을.[7)]

그것은 인간의 삶에 주어진 조건이며, 인간이 삶의 끝에서 맞이해야 할 손님이기 때문이리라.

죽음을 기다리는 이런 태도는 죽음을 두려워하는 자에게서는 발견할 수 없는 모습이다. 그것은 죽음이 언제든지 다가올 수 있음을 살아 있는 동안에 생각하고 있는 자의 태도라고 할 수 있다. 그래서 인간에게 주어진 죽음의 위협을 받아들이는 시인은 죽음에 불안해 하는 자가 아니라고 할 수 있다. 오히려 시의 영광을 지향하였던 그로서는 죽음이 오기 전에 영광을 위한 시간을 마련하는 것이 더 필요했을 것이다. 이를 위해 롱사르는 죽음을 피하는 하나의 방법을 마련한다. 그 방법에는 신에 대한 귀의라는 종교적 의미가 내포되어 있지 않다. 죽음을 극복할 수 있는 길을 마련해 주는 것은 위 인용에서 안타까움의 대상이 되었던 "젊음"의 가치이다. '카르페 디엠'이라는 토포스와 관련된 이 시각은 비록 죽음 뒤에는 헛된 것으로밖에는 남을 수 없지만, 살아 있음의 순간을 즐기고 소중하게 인식하는 것에서 죽음의 공포로부터 벗어날 방안을 제공한다. 롱사르가 콜레주 드 코크레의 동료이자 투렌 출신인 자신의 벗 〈장 위르트루아르에게A Jan Hurteloire〉 보내는 오드에서 그의 게으름을 질책하며 전해 준 교훈에 담겨 있는 것도 바로 이것이었다.

---

7) V, p. 193, vv. 25-28.

어째서 그대는 스스로를 죽이려 하는가?
어째서 그대는 스스로를 학대하는가?
그대는 활짝 핀 나이에 있는데,
무시무시하고 창백한 근심거리를 다스려라,
조만간 무시무시한 노인네가
너의 발걸음을 비틀거리게 만들어,
그곳, 어두운 공간의
재판장 앞에 너를 보내고 말 것이니.[8]

사라져 버릴 시간을 아쉬워하기보다는 주어진 시간을 즐기는 것은 언젠가 불현듯 찾아와 영원한 어둠으로 이끌어 갈 죽음에 대항하는 한 방식이 된다. 현재의 즐거움을 추구하는 것은 죽음을 거부하는 길이며, 죽음이 초래할 허무의 빈 공간, 도저히 이해할 수 없는 빈 공간 앞에서 그 허무함을 달랠 수 있는 방식이 된다.

그런데 〈사랑하는 이여, 보러 갑시다, 장미를〉을 상기시키는 위 인용에서처럼 죽음의 위협 속에서 시인이 선택한 즐거움은 다른 공간을 누리려고 하지 않는다. 그것은 자연 안에서의 즐거움의 추구 혹은 자연으로의 귀환 그 자체이다. 〈무덤의 선택에 관하여De l'election de son sépulcre〉라는 제목을 지닌 오드에서 그가 택한 무덤은 견고한 대리석으로 만들어진 것이 아니었다. 시인은 자신의 죽음을 목격할 자들에게 다음과 같이 부탁한다.

---

8) I, p. 216, vv. 33-40.

바라고, 기대하고, 명령하노니,
의기양양한 국왕 옆도 아니고,
황금으로 새겨지지도 않을
그런 무덤을 나에게 주시기를.

루아르에서 갈라진 강물이
미끈하게 흘러가며
서로 얼싸안는,
이 푸르른 섬 안에 […]

나는 바라지 않노라,
더 아름다운 무덤을
짓기 위해
제식용 대리석을 잘라 오는 것을.

오히려 한 그루 나무가
대리석 대신 나에게 그늘을 만들어 주기를 바라나니,
그 나무는 언제나 녹색으로
뒤덮여 있으리.[9]

어머니로서의 자연은 변하지 않는 물과 땅의 힘으로 시인의 안식처가 된다. 그는 여기에 자리를 마련함으로써 죽음을 벗어나고 시간의 위협에서 멀어지길 기원한다. 이곳은 언제나 푸르름으로 찬란한 곳, 영원한 젊음이 사는

9) I, pp. 98-99, vv. 13-20, 25-32.

곳이다. 쉼 없이 영원히 흘러가는 강물이 있는 이곳은 그에게 위안을 보장해 주는 장소이다.

그런데 롱사르가 영원한 안식의 공간으로 자연을 삼은 것은 무엇보다도 죽음의 폭력성에서 벗어나기 위해서라고 말할 수 있다. 그의 시에서 언제나 의인화되어 등장하는 죽음은 "모든 것을 먹어 치우며", 육체를 "잘라 버리고", 높은 곳에서 갑작스레 떨어져 내려와 인간을 "벌벌 떨게 만들기froisser" 때문이다. 죽음은 언제나 그 출현에 있어 갑작스럽고 폭력적이다. 이런 죽음의 폭력성은 시적 영감의 폭력성에 비견될 만하다. 물론, 영감이 카상드르의 예언처럼 시인에게 특별한 지위를 부여하는 것을 부인할 수 없지만, 영감이 시인을 다른 곳으로 데려갈 수 있었던 것은 그것이 시인의 육체를 마비시킬 수 있기 때문이었다. 시인은 영감이 자신에게 오는 순간 "고통스러워 하고troublé", "공포horreur"에 떨게 된다. 그는 자신을 통제할 수 없을 정도로 "흥분하게hors de moi" 된다. 이렇게 시인의 모든 기능을 마비시키는 시적 영감의 폭력성에 맞서 롱사르가 찾은 곳도 바로 부드럽고 포근한 자연이었다. 그래서 〈가틴 숲에게A la forest Gastine〉는 "부드러운" 영감을 찾아 자연 속에 의지하려는 한 시인을 등장시키기도 했다.

숲의 부드러운 신선함으로
내 영혼을 사로잡아 나를 기쁘게 하는 그대여,
매 순간 뮤즈들이
나에게 화답하도록 만드는 그대여.[10)]

10) I, p. 244, vv. 13-16.

이 자연은 자신의 품 안으로 들어온 시인의 이름을 영원히 간직할 수 있도록 보장하는 공간이다. 부드러운 뮤즈들을 찾아 자연의 공간으로 들어온 그는 이곳에서 자신의 이름이 영원히 기억될 수 있을 것이라고 확신한다. 그래서 시인의 이름을 기억하는 이곳을 바로 시의 공간이라고 부를 수도 있을 것이다. 왜냐하면 이곳은 폭력적인 영감이 아닌 또 다른 뮤즈들, 자신의 말에 귀를 기울이는 뮤즈들과의 만남을 허용하는 곳이기 때문이다.

내 안에서 죽음의 근심이
태어나기 전에 그것을 뽑아 버리는 그대여,
즉, 그대는 감동스럽게도
나를 위안하고 나의 분노를 가라앉히는구나.

머리칼을 풀어 헤쳐
아래를 바라보며
재잘거리는 내 시에
귀를 기울이는 그대여 […]

그대 안에서 이제
뮤즈들의 무리들이 거주하게 되고,
그대의 숲은 저 불경한 불꽃을 다시는
느끼지 않게 되리라.[11]

새로운 뮤즈들이 자리하는 공간이자 시인의 노래를 허용하는 자연은 시의

11) I, pp. 244-245, vv. 17-24, 29-32.

공간 그 자체가 된다고 말할 수 있다. 영감을 얻은 시인이 시를 통해 시간의 흐름에서 벗어날 수 있듯이, 시인의 노래에 귀 기울이는 자연은 시인의 목소리를 영원히 새겨 놓을 공간이 된다. 자연의 공간은 시적 공간이 되는 것이다. 따라서 자연과 동일시된 시는 죽음을 극복하는 공간이라고 할 수 있다. 자연의 노래와 합일하는 그의 노래는 영원한 메아리로 울릴 수 있기 때문이다.

2. 죽음의 극복을 위한 시

이런 측면에서 본다면 롱사르는 시를 죽음을 벗어날 수 있는 유일한 수단으로 간주하고 있다고도 할 수 있다. 시는 그의 생명을 보장하는 공간이자 그가 인간적 죽음 후에 자리하게 될 영원한 휴식처가 된다. 따라서 시의 공간에서 환기되는 죽음은 인간의 영혼을 빼앗아 그에게 고통을 안겨다 주는 존재로 남을 수 없게 된다. 죽음의 성격은 시 안에서 다른 모습으로 변화된다고 할 수 있다. 시인의 글쓰기에 의해 인간의 죽음은 그 자체로서 종말이 아니라 또 다른 삶의 공간으로 나아가게 된다. 한 예로서, 1553년에 발표된 〈오월, 가지 위에 핀 장미Comme on voit sur la branche au mois de May la rose〉를 살펴보자.

오월, 가지 위에 핀 장미,
아름다운 청춘의 날을 맞아 최초의 꽃을 피운 장미,
생생한 색깔로 하늘의 시샘 자아내듯
먼동 틀 무렵 새벽의 여신 눈물로 장미 적시노라면,

우아함이 꽃잎에 자리하고, 사랑 역시 휴식을 취한다네,
정원과 숲, 온 향기로 가득하네.

그러나 빗방울에, 뜨거운 열기에 시달려
초췌해진 그녀 한 잎 한 잎 떨구며 죽어 갔으니.

그렇게 지상과 천상이
갓 피어난 젊고 신선한 그대 찬양할 때,
운명의 여신 그대 목숨 앗아가, 그대 이제 재가 되어 쉬고 있구려.

내 비탄과 내 눈물을 추모의 봉헌으로 받아 주오,
우유 가득한 이 바구니, 꽃들로 가득한 이 바구니 받아 주오,
살아 있든 죽어 있든 그대 육신 남을 것이니, 장미로만.[12)]

롱사르는 이 작품에서 마리라는 이름을 지닌 한 여인의 죽음을 추도하고 그녀에 대한 자신의 사랑을 고백하고 있다. 전체적으로 작품의 두 사행시절은 장미에게, 두 삼행시절은 죽은 여인에게 바쳐져 있다. 첫 사행에서 롱사르는 장미의 생생함을 노래하는 가운데 죽은 여인인 마리와 장미를 동일시하려는 의도를 내비치고 있다. 그러나 그 의도에는 조심스러움이 담겨 있는 것처럼 보인다. 여인을 장미와 연결하기 위해 시인은 인간에게 부여할 수 있는 상황 구문 "아름다운 청춘의 날을 맞아en sa belle jeunesse"를 사용하고 있기 때문이다. 전반적으로 이런 섬세함은 1연의 유연한 물결과도 같은 완만한 상승과 하강을 이루는 리듬에도 잘 담겨 있다.

5행에서는 "우아함"과 "사랑"이 장미의 속성임을 전달하는 시인의 목소리가 들리는 듯하다. 그런데 사랑이 장미의 자연스러운 미덕임을 소개하는

12) I, pp. 254-255, vv. 1-14.

이 행에서 그의 어조는 죽은 여인에 대한 자신의 격정적인 애절한 사랑을 담아내기보다는, 그리고 감정을 지나치게 분출하거나 열정을 노골적으로 표출하기보다는 오히려 그것들을 배제하고 통제하는 부드러운 리듬에 실려 있다. 이 부드러움은 역접사로 시작된 7행과 뒤이은 행에서 엿보이는 멜랑콜리한 시인의 정서와 대조를 이룬다. 낙엽처럼 떨어지는 시각화된 장미 잎들의 동작은 갑작스럽지 않다. 8행의 "한 잎 한 잎feuille à feuille"이 암시하듯, 낙엽은 천천히 부드럽고 완만한 리듬을 타면서 떨어지고 있다. 이전 행들을 지탱하고 있던 어조의 완만함은 2연에서도 여전히 지속된다.

9행은 이전 시행들에서 은밀하게 진행되어 온 장미와 마리의 동일화가 구체적으로 이루어지는 공간이기도 하다. 여인의 아름다움을 지시하는 "갓 피어난 젊고 신선한en ta premiere et jeune nouveauté"이라는 부사구는 이미 장미를 수식하는 부사구였던 2행의 "아름다운 청춘의 날을 맞아 최초의 꽃을 피운en sa belle jeunesse, en sa premiere fleur"의 의미를 연장시키고 있다. 이 동일화의 진행을 강조하기 위해 시인은 9행을 "그렇게ainsi"로 시작한다. 그러나 11행은 지금까지의 완만하고 부드러운 리듬과는 다른 성격을 드러낸다. "운명의 여신 그대 목숨 앗아가La Parque t'a tuée"는 전반적으로 이전 시행들과 비교해 볼 때 긴장감을 연출하고, 죽음의 운명을 맞이할 수밖에 없었던 여인에 대한 시인의 쓰라린 감정을 표현하고 있다. 이런 어조의 변화는 마리의 죽음에 대한 강한 인상을 부여하기 위한 것으로 보인다.

그렇지만 11행의 후반부 "그대 이제 재가 되어 쉬고 있구려cendre tu reposes" 에서의 완만한 어조는 이전 행의 리듬을 다시 연장한다고 할 수 있다. 죽음 앞에서 소멸하는 아름다움을 바라보는 쓰라림이 시인에게 있음을 부인할 수 없을 것이지만, 흐름을 바꾼 이 리듬에 실린 슬픔의 감정에서 어떤 고통이나 절망, 혹은 죽음에 대한 강한 부정의 자세를 취한 시인은 발견되지 않는다. 이러한 시인의 태도는 단지 리듬을 자아내는 어휘의 '배열'에서만 발견되는 것은 아니다. "cendre tu reposes"는 주어와 실사(재cendre)를 동격으로 사용하는 라틴어법의 흔적이다. 시인은 의도적으로 라틴어법을 통해 죽음을 맞이한 여인을 오래된 기념물이 뿜어내는 장중함과 진지함을 가지고서 바라보고 있는 것이다. 이 장중함은 시인의 영혼에서 나온다고 할 수 있다. 죽음을 통한 고통을 연출하기보다는 죽음으로 인해 지상의 고통이 소멸하고 평온의 분위기가 회복된다고 시인은 인식하고 있기 때문이다. 그것은 장미의 아름다움이든, 죽음으로 인한 생명의 상실이든, 자연의 품에 안긴 모든 것은 아름답다는 그의 시적 관점과 관련된 듯 보인다. 이로 인해 죽음의 추악함과 슬픔의 강렬함은 베일에 가려지게 된다.

이런 까닭에 장중한 의식儀式을 상기시키는 마지막 연의 출현이 결코 낯설게 느껴지지 않게 된다. 마지막 시절에서 시인은 처음으로 자신의 모습을 드러내며 죽은 여인에 대한 애정 어린 감정을 드러낸다. 9-11행에서 엿보인 진지함은 영원히 사라진 미에 대한 시인의 슬픔을 보여 주지만, 양보절로 시작된 14행에서는 1행의 조심스러움과 신중함이 다시 나타나고 있다. "장미rose"의 반복적인 등장으로 인해 보장되는 작품의 순환 구조는 삶과 죽음의 공간에서 언제나 영원한 아름다움의 운명을 노래하고 있다. 이로 인해 마리라는 여인이 죽음이라는 알레고리의 영역으로 장소를 옮겼을지라도, 그 죽음마저도 아름다움의 가치를 영원히 빛내는 동인이 되고야 만다.

따라서 이 시편에서 노래되는 마리의 죽음은 결코 죽음에 뒤따르는 고통이나 썩어 가는 육신의 끔찍한 장면들을 동반하지 않는다고 말할 수 있다. 오히려 죽은 자는 여전히 장미로 둘러싸여 있기에, 죽은 자의 무덤은 마치 장미에 둘러싸인 행복한 산 자처럼 여전히 그 생명력을 유지할 수 있게 된다고 말할 수 있다. 1행과 14행의 각운이 증명하듯 젊음의 상징인 장미는 또 다른 장미로 다시 태어나는 것이다. 삶의 순환과정 속에서 죽음은 또 다른 삶으로 나아가는 역할을 하게 될 뿐이다. 아니, 죽음은 삶의 화환을 만들도록 보장해 주는 요소가 된다고 하는 것이 더 적절할 것이다. 그러므로 우리는 죽음을 다루는 이 작품에서는 어떤 우울한 어조를 느낄 수 없게 된다. 시의 공간 안에서 죽음은 시인을 두렵게 만들지 못한다.

롱사르가 〈마르그리트 드 프랑스의 무덤Le Tombeau de Marguerite de France〉에서 프랑수아 2세의 죽음의 순간을 환기하며 죽은 자가 마치 잠자고 있다고 말하고 있는 것도 이런 이유 때문이다.

> 나의 불행은 죽음의 침대에서 그를 보았건만,
> 그는 죽은 자가 아니라 잠들어 있는 사람 같았다,
> 아니 꽃잎을 반쯤 열어 보인 아름다운 꽃봉오리 같았다.[13]

그러나 죽음이 새로운 세계로 문을 열어 주는 주체는 아니다. 그 문은 오직 시에 의해서만 열리고 있다. 시가 죽음에서 또 다른 세계로 나아가는 길을 마련해 주는 것이다. 시는 생명을 안겨다 주는 매개체가 되는 것이다. 만약 시가 없다면 죽은 자의 기억은 소멸될 것이다. 그래서 롱사르는 미덕을 갖춘

---

13) XVII, p. 67, vv. 42-44.

자들 역시 죽음 뒤에 더 명성을 누리게 된다고 노래할 수 있었다. 죽음은 시에 의해 오히려 삶을 위한 구원의 수단이 되는 것이다. 이처럼 죽음의 성격을 변화시킬 수 있는 능력을 가진 자는 바로 시인이다. 그는 죽은 자에게 호흡을 불어넣을 수도 있고, 죽은 자를 매혹시켜 새로운 영혼을 그에게 부여할 수도 있는 창조주의 능력을 소유한 존재이다. 그가 마련하는 시의 공간 안에서 죽음은 새로운 아름다움과 또 다른 삶을 얻게 되는 것이다. 시인은 시의 세계 안에서 죽음을 새로운 생명의 동인으로 기능하게 만드는 것이다.

그래서 인간의 죽음은 시인의 말하기와 글쓰기를 방해할 능력을 갖지 못한다고 말할 수 있다. 시인의 정체성을 이루는 이런 능력은 다시 한 번 시인이란 언어를 무기로 삼아 죽음에 맞서는 자라는 것을 확인시켜 준다. 롱사르의 시 안에서 죽음은 영원한 기억을 위해 거쳐야 하는 여정에 놓인 한순간으로서의 가치만을 지니는 것이다. 왕들의 이름도, 벗들의 이름도 오직 인간적 죽음 이후에 시의 힘에 의해서 만인의 기억 속에 살아남을 수 있기에, 죽음의 자리는 다음 인용에서 "죽음"과 "평화"가 같은 시행에 놓여 있는 것처럼, 언제나 불멸이 노래되는 바로 그 자리, 평화가 영원히 정착되리라는 것을 노래하는 바로 그 자리라고 할 수 있다.

> 그대의 정신이 천상의 시민이 되는 날,
> 죽음은 그대의 유해를 여기 평화 속에 안치시킨다.[14)]

또한 죽음을 불멸로 변화시키는 시인의 이런 공간은 우리가 1장에서 인용

14) I, p. 236, vv. 31-32.

한 〈소모 그 자체에 대하여Usure à luimesme〉에서처럼 결코 시간의 지배를 받지 않는 장소이다.

> 지난 시간의 무훈들이 새겨진
> 도리안트식 기둥이나 석상도,
> 매끈한 원주를 만드는
> 아프리카산 대리석도,
> 화덕에서 달구어진 철 덩어리도,
> 그대 이름을 영원하게 만들지는 못하리라,
> 내 펜의 날카로운 끝이
> 그대 이름을 영원히 전하게 만들 수 있듯이.[15)]

롱사르는 대리석의 아름다움과 견고함의 그 반대에 더 아름답고 더 오래 지속되는 시를 맞서게 함으로써 시간의 흐름이라는 운명을 견딜 수 있는 시의 세계를 제시한다. 시란 죽음에 대항하는 유일한 무기이자, 죽음을 넘어선 불멸을 보장하는 수단이 된다. 시의 세계가 시인이 영원히 자리 잡을 무덤이자 안식처를 제공해 주는 것이다. 시라는 이 안식처를 영원한 보금자리로 삼은 시인의 정신과 이름은 죽음의 위협에서 벗어날 수 있게 되는 것이다.

죽음에 대한 롱사르의 이러한 태도는 물론 중세가 바라본 죽음과는 상이한 면을 드러내며 그가 새로운 시대의 시인이라는 점을 증명한다. 중세시기에 인간의 일상사는 단지 죽음 이후의 더 나은 삶을 위한 통과의례였기에

15) I, p. 99, vv. 1-8.

언제나 부정적 측면으로 고려되었다. 중세 예술가들은 불멸하는 신의 영광을 위한 작품들을 그려 나갔으며, 자신의 이름을 작품에 남겨 놓으려 하지 않았다. 성직자들 역시 교회에 헌신하는 것을 삶의 유일한 가치로 생각했고, 기사들은 신과 국가를 위한 희생을 결코 두려워하지 않았다. 삶이란 영광스런 죽음을 준비하기 위한 과정일 뿐이었다.

이런 중세의 사고관이 르네상스 시기에 들어 고대의 발견과 함께 새로운 양상을 띠게 되었다는 것은 익히 알려져 있다. 인쇄술의 발명과 함께 다시 발견된 베르길리우스, 호라티우스 등은 지상에서의 삶을 즐기도록 권유하였다. 페트라르카는 아우구스투스Saint Auguste와는 달리 지상에서의 영광이 사후의 영광보다 더 가치 있는 것으로 파악했으며, 궁정문화의 중심 역할을 맡은 궁정인은 카스틸리오네Castiglione가 《궁정인*Les Courtisans*》에서 언급하고 있는 것처럼 사회인으로서 지상에서의 성공적인 삶을 창조하는 데 더 가치를 두었다. 삶이란 살아가는 또 다른 방식이 된 것이다. 따라서 시대의 흐름을 자신의 시 속으로 이끌고 들어오는 젊은 날의 롱사르는 비록 그가 작품 곳곳에서 죽음을 환기하고, 그것이 가져다 줄 고통을 언급하고 있을지라도 죽음의 시인이라고 부르기보다는 삶의 시인이라고 불리는 것이 더욱 적절할 것이다.

즉, 롱사르는 인간의 운명을 묘사하여 기억하도록 만드는 것의 중요성을 인식한 시인이다. 죽음을 비껴갈 수 없는 인간에게 있어 오직 남게 될 것이란 바로 "이름"뿐이기에, 죽음은 망각의 다른 모습이라고 할 수 있다. 죽음 뒤에는 오직 "침묵"만이 남아 있을 것이기에 그러하다. 롱사르는 죽음을 거쳐야 할 순간으로 인정하면서도 죽음 뒤에 이름이 여전히 살아남도록 만드는 시도를 한다. 시인이기 때문이다. 그는 무덤의 침묵에서 이름을 기억하게 만드는 시인이다. 그는 오르페우스가 내려간 저 죽음의 지옥으로 잊을 수 없는 사랑을 구하러 가는 자이고, 또 그것을 회복할 수 있는 길을 마련할 수 있는 자이기도 하다.

이런 시인에게 있어 육체의 죽음은 커다란 가치를 지니지 못한다고 할 수 있다. 롱사르가 카상드르나 마리 혹은 엘렌에게 아름다움의 순간성을 상기시키는 것도 바로 여기에 기인한다. 그가 육체의 아름다움에 찬양의 어조를 부여하는 것은 단지 그것이 아름답기 때문이어서가 아니라 그 아름다움의 기억을 유지하도록 만들기 위해서였다고 보는 것이 더 적절하다. 따라서 인간에게 다가올 죽음을 부인할 수 없는 시인이 할 수 있는 일이란 시어를 통해 죽음을 삶을 위한 한 방식으로 변화시킬 필요가 있었던 것이다. 죽음을 파괴하려는 시도를 굳이 감행할 이유가 없었던 것이다. 인간으로서의 죽음을 눈앞에 둔 롱사르가 선택하게 될 죽음의 소재도 바로 이런 의지를 지닌 한 시인을 등장시킨다. 그에게는 죽음에 대한 공포에 휩싸인 한 인간이 아니라, 죽음을 넘어서는 한 시인의 의연함이 있다. 이를 위해 그의 《마지막 시집》에 실린 대표적 작품인 〈나에게는 뼈만 남아 있고, 나는 유골을 닮았으니Je n'ay plus que les os, un Schelette je semble〉를 분석해 보자.

3. 죽음의 침상에서 태어난 시

1585년 12월 27일 시인이 사망한 후 2개월 뒤(1586년 2월 24일) 클로드 비네는 육체적 고통과 불면증에 시달렸던 시인이 크루아발Croixval과 생 콤에서 썼던 마지막 시편들을 모아 출간한다. 우리가 다룰 이 작품은 이 시집에 실린 6편의 스탕스Stance와 6편의 소네트 그리고 2편의 비명시Epitaphe 가운데 하나이다.

이제 나에겐 뼈밖에 남은 것이 없다. 마치 유골과 같다,
살도 없고, 신경도 없고, 근육도 없고, 맥박도 없는.
죽음의 화살을 가차 없이 맞아 버린
나는 두려워 떨게 될까 보아 내 팔을 감히 바라볼 수 없다.

아폴론과 그의 아들, 두 위대한 거장들은 모두
나의 병을 낫게 할 수 없으리라, 그들의 기술이 나에겐 실패했다.
안녕, 기쁨을 주는 태양이여, 내 눈은 침침해졌다,
내 육신은 만물이 분해되는 그곳으로 내려갈 것이니.

이런 뼈만 남은 나를 보게 된다면,
침대에 누운 나를 위로하고, 내 얼굴에 입술을 맞추고 나서,
슬픈 눈물에 젖은 시선으로 집으로 돌아가지 않을 벗, 그 누구 있겠는가?

죽음의 잠에 빠져 버린 내 눈을 닦아 주면서 그 누가 그러하지 않겠는가?
안녕, 사랑하는 동료들이여, 안녕, 나의 사랑하는 벗들이여,
내 먼저 가서 그대들 자리를 마련할 터이니.[16)]

1인칭 주어가 지배하는 이 시의 화자인 시인은 죽음이 자신의 늙은 육체에

16) XVIII, pp. 176-177, vv. 1-14.

가하는 영향을 독백조로 묘사하고 있다. 첫 번째 시절에서 죽음의 징후는 분명하게 제시된다. 1-2행에 걸쳐 반복되는 유사한 표현 "(de-)"은 병자의 강박관념을 암시할 수 있으나, 동시에 육체의 모든 것이 공허할 뿐이라는 점을 씁쓸하게 말하지 않을 수 없는 시인의 모습을 암시하고 있기도 하다. 3행에서는 "죽음의 화살"과 "가차 없이sans pardon"가 시행의 반구 양쪽을 차지함으로써 죽음을 피해갈 수 없다는 관점이 드러난다. 이런 죽음의 도래 앞에서 살decharné, 감각denervé, 움직임demusclé, 맥박depoulpé의 소멸은 인간인 시인을 생명 없는 한낱 잔해로 변하게 만든다. 그러나 육체에 가해지는 이런 현상들을 분석하여 그것을 구체적으로 제시하는 시인의 의식은 비록 늙은 육체에도 불구하고 결코 혼미하지 않다고 할 수 있다. 시인은 4행에서 분명 공포를 느끼고 있지만, 그 공포는 죽음이 아니라 육체가 흉측하게 변해 가는 모습에서 갖게 되는 감정의 현상이다. 그가 굳이 "내 팔mes bras"이라고 한 이유도 여기에 있다.

흉하게 변해 가는 육체의 질병은 두 번째 시절에 와서 결코 회복될 수 없는 것으로 묘사된다. 롱사르는 신을 원망한다. 그는 단호하게 자신의 실망을 표현한다. 그런데 여기에서도 우리는 첫 번째 시절에서 볼 수 있었던 시인의 정신적 건강함이 나타난다는 것을 확인할 수 있다. "실패했다m'a trompé"의 복합과거와 의사의 신들이기도 한 아폴론과 아스클레피오스Asclépios에 대한 칭송인 "위대한 거장들grans maistres"의 대조는 신들의 무력함을 고발하는 시인의 의식이 여전히 명료하다는 것을 보여 준다. 아직 살아 있는 정신의 힘 덕분에 시인은 7-8행에서 지상에서의 인간에게 삶을 허용하였던 태양에게 마지막 작별의 인사를 고한다. 이 시행들은 작품의 새로운 국면, 즉 시인의 감정을 드러내는 부분으로의 도입부를 장식한다. 우선, 8행에서 사용된 동사 "내려갈 것이니s'en va descendre"의 미래형 조동사 "s'en va"는 7행의 "침침해졌다est estoupé"와 대립하며 육신의 해체가 좀더 빨리 이루어지기를 희망하는 시인의 속내를 암시한다. 독자는 여기에서 혼돈에 빠지게 된다. 죽음을 마주한 시인은 죽음으로부터 멀어지려고 하기보다는 오히려 죽음을 재촉하기 때문이다. 여기에는 이유가 있다. 썩어 가는 육신은 결코 시인의 의연함과 위엄에 어울리지 못하는 것이기 때문이다. 그가 다음 시절에서 서둘러 벗들에게 작별을 고하는 것도 이런 이유에 기인한다.

살아 있는 벗들을 환기하는 것은 죽음을 곧 맞이하게 될 시인의 비참함을 돋보이게 만들 수도 있다. 그래서일까? 시인의 감정은 앞의 시절에 비해 상당히 고조되어 있다. 그러나 그것은 두려움에서 나오는 감정이 아니다. 오히려 의문문을 두 번씩이나 사용하고 있는 것에서 알 수 있듯이, 그에게는 벗들이 자신을 슬퍼하리라는 강한 확신이 있다. 그리고 부패하는 육신에도 불구하고 여전히 명료한 의식을 간직하고 있다. "죽음의 잠에 빠져 버린par la mort endormie"이라는 12행의 표현은 오직 명료한 의식에서나 나올 법한 표현이기 때문이다. 즉, 시인은 자신의 상태를 객관적으로 뚜렷이 바라보고 있다. 친구들과는 달리 자신을 결코 "슬픈" 눈으로 바라보지 않는 시인은 마지막 두 시행에서 출발이 임박했음을 암시한다. 그러나 벗들과의 이별은 13행에서 슬픈 헤어짐이 아닌 것으로 나타난다. "나mes"와 "벗들amis"의 결합은 물질적인 지상의 세계로부터 이상적이고 비시간적인 세계로 이동한다 할지라도 시인에게 친구들의 기억은 "나"라는 존재와 결코 떨어지지 않고 영원히 남아 있게 될 것이라는 믿음을 제시하고 있다. 그는 사후에 친구들을 다시 만날 것임을 알고 있다. 그래서 마지막 시행은 고조된 목소리가 아닌 진지하고 차분한 목소리로, 비록 육신은 곁을 떠나지만 미래의 공간, 즉 죽음 너머의 공간에서 우정을 기억할 것을 약속하는 시인의 의연한 모습을 보여 준다. 시인은 소멸이 아니라 오히려 새로운 출발선 위에 자리하고 있는 것이다.

이 작품 전체에서 독자는 진지하면서도 사실적인 묘사를 주저하지 않는 시인을 만나게 된다. 그가 이렇게 육체의 소멸 과정을 사실적인 표현으로 소개하는 것에는 분명 이유가 있어 보인다. 그것은 그가 죽음에 대한 공포보다도 오히려 죽음이 육신에 끼치는 흔적을 보게 되는 것을 더 두려워한다는 점에 있다. 그가 진정 두려워하는 것은 죽음 그 자체가 아니라 첫째 시절이 묘사하는 육신이 흉물스럽게 변해 가는 모습이다. 그렇지만 언급된 죽음의 기호들에도 불구하고 그의 태도는 두려워 벌벌 떠는 모습이 아니다. 오히려 죽음을 맞이할 자신의 육체로부터 거리를 두고 있다는 인상을 갖게 한다. 시인의 태도가 매우 신중하고 조심스럽다고 할 수 있다. 그가 사용하는 용어가 이를 증명한다. "살도 없고", "신경도 없고", "근육도 없고", "맥박도 없고", "침침하다", "슬픈", "눈물에 젖은"이라는 용어들 사이에 "위대한", "기쁨을 주는plaisant, 사랑하는cher" 등의 용어들을 위치시킴으로써 시인은 자신이 극도의 공포를 느끼고 있다는 인상을 독자들이 갖지 못하도록 배려하고 있는 것이다.

물론, 그에게 육체의 물리적 죽음과 소멸(분해, 부패)에 대한 강박관념이 없다고 말하기는 힘들다. 1행과 8행에서 그런 강박관념이 나타나기 때문이다. 그러나 그 죽음에 대한 강박관념은 결코 과장되어 있지 않다. 일종의 순수함과 진실성 속에서 표현되고 있다. 예를 들어, 4행의 "나는 두려워 떨게 될까 보아 내 팔을 감히 바라볼 수 없다Je n'ose voir mes bras que de peur je ne tremble"는 3행의 "죽음의 화살"과 5행의 "아폴론과 그의 아들" 사이에 위치함으로써 시인은 여전히 "태양"과 "죽음" 사이에 놓여 있음을 차분하게 보여 주고 있다.

또한 시인은 육체의 연약함, 아름다움의 순간성, 생명의 비영원성을 '뼈만 남은 팔'과 '거의 멀게 된 눈'을 통해 노래한다. 지상에서의 삶이 짧다는 것을 경험한 시인의 고통을 드러내기도 한다. 그러나 그 짧음의 징후들을 보게 되었다고 해서 그는 신에 도움을 호소하지도, 자연을 원망하지도 않는다. 의료의 신들인 아폴론과 그의 아들을 환기한 것에서 알 수 있듯이, 그는 단지 인간에게 주어진 조건의 하나인 육체가 덧없는 것이라는 점을 한탄하고 있을 뿐이다. 따라서 시인은 죽음의 전개 과정을 관조하고 있다고 말할 수 있다. 그 죽음은 시인에게 조만간 올 것이라고 예견되었던 것이지, 생명을 앗아간 것은 아니기 때문이다. 오히려 시인은 여전히 죽음의 공포보다는 삶에 집착한다. 7행과 13행에서 세 번씩이나 등장하는 "안녕adieu"이 그것을 반증하며, 그의 마지막 인사를 받는 "태양, 동료들, 벗들"은 그가 그들과 여전히 심정적 관계를 맺고 싶어 한다는 것을 보여 준다. 왜냐하면 그들은 삶의 기호들이기 때문이다. 그가 의술에 대한 희망을 품은 것 역시 더 이상 생명을 즐길 수 없게 되어 안타까워하는 심정을 드러낸다. 그는 생명에 집착하는 시인인 것이다. 그가 후회하는 것은 죽음이 왔다는 것이 아니라 더 이상 태양의 밝음과 우정의 따스함을 즐길 수 없게 된 상황인 것이다.

더불어 그는 죽음을 맞이하게 될 수밖에 없는 인간의 삶을 원망하지도 않는다. 12행에서 볼 수 있듯이 그의 벗들은 여전히 침상에 누워 있는 분열된 육체를 지닌 시인의 "얼굴"에 입을 맞추고 있다. 사실, 독자는 그의 얼굴 역시 분해되고 있는지 알 수는 없다. 시인이 그것을 언급하지 않고 다만 상상하도록 권유하고 있기 때문이다. 그런데 벗들이 그의 얼굴에 우정의 표시를 아직도 할 수 있다는 것은 그의 얼굴이 아직 죽음의 영향에서 벗어나 있다는 것을 말한다. 육체의 모든 부분 중 오직 얼굴만을 시인은 예외로 남겨 놓고 있는 것이다. 그의 얼굴은 바로 '시인의 권위'이자 동시에 '인간의 위엄'을 상징하는 기호이기 때문이리라. 그것은 단지 육체의 한 부분에 그치는 것이 아니라 인간의 생명을 상징하는 가장 소중한 부분이기 때문일 것이다. 따라서 우리는 분해되어 가고 있고, 조만간 소멸될 육체에 대한 안타까움 뒤에는 인간의 생명에 대한 시인의 강한 집착이 숨어 있다는 것을 확인하게 된다.

이런 까닭에 시인은 생명을 위협하는 요소가 육신 안에 내재된 것으로 보지 않으려고 한다. 육신의 위협은 내부에서 자라나는 것이 아니다. 오히려 그것은 "죽음의 화살"(3행)이 암시하듯 외부에서 오는 것이다. 그렇다고 해서 외부에서 오는 모든 것이 거부의 대상이 되는 것도 아니다. 왜냐하면 벗들의 방문은 그 공포를 위로해 주는 한 수단이 되고 있기 때문이다. 밖에서 찾아오는 벗들이 역시 외부로부터 다가올 죽음에 대한 처방의 역할을 담당하고 있는 것이다. 살아 있는 존재들의 유대가 죽음의 공포를 위로해 주는 것이다. 여기에서 우리는 끊임없이 인간성에 대한 신뢰를 버리지 않고 있는 시인의 태도를 보게 된다. 죽음은 피할 수 없는 것이지만, 그렇다고 해서 모든 것을 무효화시키는 존재가 되지 못하게 된 것이다. 시인은 죽음에 맞서 생명의 힘으로 그것에 대항하길 바라는 것이다. 우리는 이 대항을 인간으로서의 항거라고 부를 수도 있다. 그는 생명과 태양(빛)에 대한 애정을 죽음에 맞서는 무기로 삼고 있는 것이다. 따라서 죽음이 육신에 가하는 고통을 묘사하고 있는 이 시에서 시인은 죽음의 막강한 위력보다는 생명의 힘이 지닌 힘을 역설적으로 강조하고 있다고 말할 수 있다.

4. 살아 있음을 위한 시

분명, 〈나에게는 뼈만 남아 있고, 나는 유골을 닮았으니〉는 비용의 〈일명 교수형에 처해진 자들의 발라드Ballade dites des pendus〉나 《유언시*Testaments*》의 41편인 "죽음으로 인해 그는 떨게 되고 창백해진다, /죽음으로 인해 코는 비뚤어지고, 혈관은 부풀어 오르고, /목은 부풀려지고, 살은 물러 터진다,/ 관절과 힘줄은 자라나 퉁퉁해진다"라는 시행들을 환기시킨다. 그러나 죽음의 묘사에서 롱사르는 비용의 '사실적 묘사'를 굳이 취하지 않는다. 오히려 시 전체의 묘사는 시인의 절제와 자중을 드러내고 있다. 죽음을 드러내는 방식은 비용과는 전혀 다른 것이다.

죽음이 가져올 공포를 굳이 피해 가는 이런 태도는 르네상스 당시의 상황과도 밀접한 관련을 지닌 것이기도 하다. 종교전쟁의 피비린내 나는 학살을 경험한 동시대인들에게 죽음의 모습 그 자체는 결코 놀라운 것이 아니었다. 도처에서 죽음을 볼 수 있었으며, 죽음의 위협을 산 자들은 경험하였다. 특히 후에 바로크라는 새로운 예술적 흐름의 문을 여는 데 기여하게 될 샤시녜Chassigné, 라 세페드La Ceppède, 도비녜, 스퐁드Sponde 같은 신교 작가들은 감각적인 측면을 자극해서 이성에 영향을 끼치려 했다. 그들은 죽음의 모습을 사실적으로 보고 전율하게 만듦으로써 지상의 인간들을 사후 세계의 구원으로 이끌려고 했다. 그러나 롱사르는 죽음을 신교 작가들처럼 인간에게 공포심을 불어넣기 위한 하나의 수단이나 신에게로 인간을 이끌기 위한 동기로 파악하지 않는다. 그에게서 죽음은 태양으로 상징되는 빛으로 가득한 생명의 한 배경으로서만 작용할 뿐이다. 만약에 그가 공포심을 갖게 만들 수 있는 비참한 모습을 언급하게 된다면, 그것은 이 장면을 통해 사후세계에서의 구원을 강조하기 위해서가 아니다. 그것은 오히려 현재의 삶과 지금의 살아 있음에 대한 집착을 요구하기 위해서라고 보는 것이 더욱 적절할 것이다. 왜냐하면 그의 시선은 언제나 '여기의 삶'을 향해 있었기 때문이다.

그 한 예로 롱사르 시 가운데 가장 널리 알려진 〈사랑하는 이여, 보러 갑시다, 장미를Mignonne, allons voir si la rose〉을 보도록 하자.

> 사랑하는 여인이여, 보러 갑시다
> 이 아침 햇빛 속에 펼쳐 보였던
> 그 장밋빛 드레스를, 장미가
> 이 황혼에 다 잃지나 않았는지,
> 진홍빛 드레스의 주름들을
> 그리고 그대 닮았던 그 낯빛을.[17)]

시인은 첫 번째 시절에서부터 장미의 화려한 색채를 환기하며 장미의 정원으로 여인을 인도하려는 의도를 숨기지 않는다. 저녁이 찾아오기 전에 지금의 쾌락을 맛보라는 유혹의 의도를 드러내기 위한 1행의 호격과 명령형 "사

17) V, p. 197, vv. 1-6.

랑하는 이여, 보러 갑시다Mignonne, allon voir"는 2/4음절로 구분되기에, 시인의 권유는 강압적이기보다는 오히려 가벼워 보인다. 장미에 여성을 비유하려는 시도는 도입부부터 이루어지고 있다. 또한 3행과 5행에서 반복되는 장미의 "드레스robe"에서 여성과 장미를 동일시하려는 의도가 엿보이지만, 그 비유의 시도는 2행의 "아침"과 4행의 "황혼vesprée"의 대조, 즉 밝음과 어둠의 대립으로 인해 더욱 돋보인다. 3행의 "장밋빛pourpre"은 5행의 "진홍빛pourprée"에 와서 그 생생함을 상실하지만, 6행에서 다시 여인의 안색과 장미의 붉음을 연결함으로써 여인의 운명과 장미의 운명이 서로 동떨어질 수 없다는 의미를 낯설지 않게 전달하는 데 성공한다.

이러한 장미의 '붉음'은 자연의 아름다움을 반영한다. 그렇지만 이 색은 또한 우주를 구성하는 4원소 가운데 가장 고귀하고 신성한 불의 색이기도 하다. 하강의 속성을 지니는 물과 흙과는 달리 불이 상승의 욕구를 상징한다면, 작품에서 붉은 색이 반복적으로 등장하는 것은 단지 장미의 아름다움만을 드러내기 위한 것이 아니라고 할 수 있다. 그것은 우주의 속성을 제시하기 위한 것이기도 하다. 시인이 작품을 명령형 "보러 갑시다"로 시작하는 이유가 그것을 설명한다. 아프로디테의 피(붉음)가 아도니스에 대한 사랑을 갖게 한 그녀의 '시선'에서 비롯되었듯이, 붉은색이 영혼의 거울인 눈에 자리하고 있음을 상기한다면, 1-3행을 채색하는 장미의 붉음은 시인의 지상적 욕망을 반영하고 동시에 신성함과 관계한다고 말할 수 있다. 시인에게 있어 지상의 속성은 우주의 반영이며 거울이고 그리고 기호인 것이다. 인간을 둘러싼 모든 것은 우주와 관련을 맺고 있다. 그러나 천체의 운동이 항구적이지만, 그것의 반영인 지상의 운동은 장미의 하루처럼 생성과 쇠퇴의 반복행

위로 기호화된다. 즉 소멸하는 것은 없으며 단지 다른 모습만을 갖추게 s'altérer 될 뿐인 것이다. 죽음은 죽음을 통해 다른 것에 생명을 부여할 뿐이다. 그래서 생성과 쇠퇴는 상호 보완적이고, 이것을 통해 지상은 그 영원한 생명력을 소유하게 된다고 볼 수 있는 것이다. 쇠퇴와 생성의 이 반복 작용은 죽음을 풍요의 동의어로 규정할 수 있는 것이다. 롱사르가 음운소 '[o]'를 반복해서 보여 주는 것도 바로 이 천체의 순환성을 암시하기 위해서라고 할 수 있다.

그래서 롱사르는 사랑의 노래에서 장미가 여인의 운명을, 여인이 장미의 운명을 공유하고 있다는 것을 은유를 통해 암시하면서 시적 화자와 대상 간의 상호성, 더 나아가 사랑을 통한 개인과 우주와의 상호 소통에 대한 강렬한 욕망을 드러낸다. 즉, 장미라는 대우주macrocosme와 여인이라는 소우주 microcosme 사이의 상호 소통, 우주와 개인의 상응을 환기하고 있는 것이다. 두 번째 시절에서 시간의 달아남과 인간 삶의 조건을 상기하며 시적 어조를 형이상학적인 영역으로 이동시키는 방식은 시인의 이러한 욕망의 증거가 된다.

> 아, 보시구려 이 짧은 순간에,
> 사랑하는 이여, 순식간에
> 아, 아, 땅에 떨어지고 말았구려, 그녀의 아름다움은!
> 오 진정 가혹하기만 한 자연이시여,
> 꽃잎이 살아야만 하다니
> 아침부터 저녁까지 그렇게만.[18)]

시인에게 인간 세계의 현상은 우주적인 것의 반영이며, 시인의 내적 세계를 반영하는 소우주로서의 여인은 시간이 포함된 아날로지의 저장고인 자연, 즉 대우주와 상호 교환하고 있는 것이다. 이런 까닭에 작품에서 롱사르가 사용하는 현재시제는 일회적이거나 단속적이 아닌 반복적인 운동 속에 자리하는 현재이며, 그 속에서 시인은 자연과 여인이 상응하듯 자신의 사랑에 대한 여인의 화답, 즉 상호성에 대한 욕망과 희망을 표현하고 있는 것이다. 그는 시든 장미가 상징하는 죽음에 대한 두려움이 아니라 현재의 삶에 대한 욕망을 전달하고자 한다. 다가올 미래에 대한 부정이 아니라, 그 순환성에 순응하고 현재를 인정하라는 권유를 하고 있는 것이다.

현실에 대한 시선을 요구함으로써 우주의 원리를 보게 만드는 이런 방식은 비단 이 작품만의 고유한 특징은 아니다. 롱사르는 이미 《오드집》에서부터 이런 관점을 피력해 왔다. 예를 들어, 핀다로스풍 오드인 〈프랑수아 드 부르봉의 승리La Victoire de François de Bourbon〉의 마지막 시절은 고대작가들이 즐겨 사용한 '인생이라는 바다는 우주의 거울'이라는 금언으로 종결하고 있다.

> 인생의 주변에는
> 많은 폭풍우가 휘몰아친다,
> 때로는 선한 자를 이끌기도 하고,
> 때로는 악한 자에 상처를 주면서.
> 운명의 얼굴이란 여러 왕들에게

---

18) V, p. 196, vv. 7-12.

모두 동일하게 나타나지 않는 법이기에,
임종에 이르기까지
충만한 지복을 맛본 자는
그 어디에도 없다.
덧없는 인간은 죽어 가고,
시련을 겪지 않는
신들만이 남아 있을 뿐.[19)]

프랑수아의 승리가 가져온 불멸성을 노래하는 이 작품에서 삶에 대한 염세주의를 보는 것은 적절하지 않다. 롱사르는 자연의 법칙을 거슬리지 않는 자신의 미덕을 통해 인간의 불멸은 보장될 수 있다는 것을 노래하고 있기 때문이다. 군주의 덕이 지상의 부조리에 대한 승리, 즉 우주의 순리를 닮은 지상의 질서ordre에 대한 사랑에서 불멸을 얻듯이, 사랑은 모든 우주 법칙의 미덕이기 때문이다. 사랑은 상호성에 의해 우주의 구성요소들을 연결하며 우주를 반영하는 동력이고 지상의 모든 것들은 신의 의지에 의해 그려진 것이기에 지상과 천체의 상호성에서 우주의 법칙이 완성되기 때문이다.

따라서 〈사랑하는 이여, 보러 갑시다, 장미를〉에 나타나는 시간의 법칙은 롱사르에게는 절망의 표시이기보다는 현재에의 집착과 그것을 통한 우주와의 총체적 소통을 희망하는 표현으로 해석될 수 있다. 그래서 《오드집》에 실린 또 다른 작품에서 그가 다음과 같이 노래할 수 있었던 것은

태어난 인간에게

19) I, p. 89, vv. 97-108.

웃고 즐기기 위한
시간은 많이 주어지지 않았다 […]
겨울이 지나면, 변덕스런 계절은
관대한 봄을 나가도록 밀칠 터이다.
오늘 우리는 근심하지만
내일이 되면 더 나아질 것이니[20]

죽음을 공포와 두려움의 대상이기보다는 미래의 삶을 준비하기 위해 현재에 대한 충실을 권유하는 동인으로 바라보고 있기 때문이다. 그에게 죽음은 전통적인 기독교의 지옥을 떠올리지 못한다. 죽음이라는 영원한 형벌을 영혼이 받게 되었다는 것을 믿지도 않는다. 죽음이란 인간을 구성하는 물질들의 분해일 뿐이며, 자연은 그것을 다시 결합하여 새로운 작품으로 만든다는, 즉 물질은 불변하는 것이고 단지 소멸하는 것은 물질의 형태일 뿐이라는 에피쿠로스 사상을 공유하고 있다.

이처럼 인간의 존재론적 운명을 결정하는 주체인 시간은 롱사르에게 무력감만을 부여하기보다는 오히려 그의 활동이 지향해야 할 공간으로서 작용한다. 제한된 시간의 공간 속에서 그는 자신의 창작 활동이 제시할 수 있는 모든 것을 표현하기 위해 노력해야 할 것이기 때문이다. 자신의 신비롭고도 신성한 노력을 지상적 사랑을 통해 노래하고, 사랑의 대상에 불멸성을 부여하기 위한 욕망을 언어로 표현해야 하는 것이다. 이런 이유로 그는 소멸보다는 살아 있음의 아름다움을 먼저 노래의 대상으로 삼는다. 지상의 아름다움

20) II, pp. 171-173, vv. 23-25, 71-74.

에 대한 갈망은 영원한 미에 대한 욕구를 간직하고 있는 것이다.

따라서 롱사르의 에피쿠리즘은 시인의 지상에 대한 관점, 현실을 바라보는 고유한 시선과 밀접한 관련을 가진다고 할 수 있다. 그것을 우리는 《찬송시집》에서 지상의 인간들에게 천상의 비밀을 보여 주려는 시인, 《논설시집》의 정치적 갈등에 참여하는 시인, 지상의 질서를 이뤄 내야 할 국왕의 모습을 신성화하는 궁정시의 시인, 그리고 《라 프랑시아드》에서 현재의 역사에 새로운 영웅을 부여하려는 시인에게서 발견할 수 있었다. 그는 언제나 '지금, 여기'에 시선을 둔 시인이었다. 롱사르는 보이지 않는 이상을 꿈꾸지만, 그렇다고 해서 그것을 실현하기 위해 현재에 등을 돌리는 시인이 아니다. 후에 상징주의 시인들에게서 다시 만나게 되겠지만, 그는 이상과의 감응을 위해 현재의 고통스런 주름들 사이로 깊숙이 침입해 들어가는 시인이다. 그에게서 죽음이 등장하게 되는 것은 지금의 삶을 즐기라는 또 다른 권유를 하기 위해서라고 말할 수 있다. 그가 진정 그리워하는 것은 바로 저 "즐거운 태양"인 것이다.

이처럼 롱사르는 죽음 앞에서 오히려 죽음을 자신의 마지막 창조를 위한 공간으로 변화시킨다. 죽음을 삶을 부각시키는 창조의 공간으로 만드는 이 시인의 노력은 무척이나 힘들고, 버거워 보인다고 내심 생각할 수 있으나, 그가 제시하는 세계가 죽음의 공포로 가득한 세계가 아닌 삶의 세계임을 확인하는 그 순간부터 이 시인의 죽음에 맞서는 방식에 얼마나 큰 용기가 서려 있는지, 그가 삶에 얼마나 많은 가치를 부여하고 있는지 느낄 수 있게 된다. 바로 이 치열함이 그의 시를 생명줄처럼 가로지르고 있다. 삶에 대한 집착은 바로 시를 살아 있는 것들이 노래되는 공간으로 만드는 강력한 힘이 되고 있다. 그가 그리워하는 삶이란 인간의 생명이지만 동시에 시의 생명인 것이다. 죽음을 노래하는 시가 삶의 찬양을 받아들이는 시로 변한 것이다. 시의 속성을 온전히 바꾸려는 그의 시도는 결코 죽음 앞에서 공포를 느끼는 자의 태도를 닮지 않고 있다. 결연히 죽음에 맞서는 자의 의연함이 이 노쇠하여 부서지기 일보 직전에 놓인 육신을 관조의 시선으로 바라보는 시인의 내부에 확연히 자리하고 있는 것이다. 죽음마저도 시인에게서는 살아 있음의 찬란함을 노래하기 위한 한 소재일 뿐이라는 점을 확인할 수 있으며, 바로 이 지점에서 롱사르는 여전히 한 인간으로서가 아니라 한 시인으로서 글을 쓰고 있다는 것 또한 알 수 있게 된다. 그는 죽음에 대한 노래에서 롱사르라는 이름에 한 인간의 이름이 아닌 시인의 이름을 부여함으로써 자신의 정체성을 분명히 드러내고 있는 것이다.

9장

불멸의 시인과 망각의 시인

《전집*Œuvres*》 간행과 사후평가

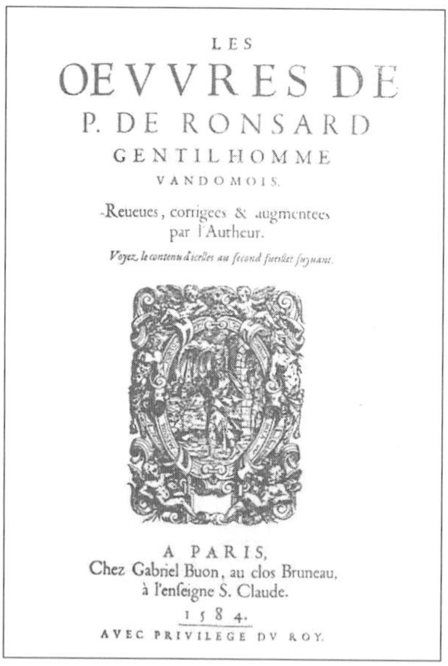

LES
OEVVRES DE
P. DE RONSARD
GENTILHOMME
VANDOMOIS.
Reueues, corrigees & augmentees
par l'Autheur.
Voyez le contenu d'icelles au second fueillet suyuant.

A PARIS,
Chez Gabriel Buon, au clos Bruneau,
à l'enſeigne S. Claude.
1584.
AVEC PRIVILEGE DV ROY.

《전집》 1584년 판본
(파리, 가브리엘 뷔옹, in-folio)

《전집》 1604년 판본
(파리, 니콜라 뷔옹, in-12°)의 속표지

1. 《전집》의 간행

롱사르는 프랑수아 1세의 통치 말년부터 앙리 3세에 이르는 35년여의 기간 동안 총 50만 행 이상의 시를 쓴 작가이다. 프랑스 시의 개혁과 지식에 대한 열정으로 가득 찬 시인이었던 그는 우리가 지금까지 보아 왔듯 전쟁과 평화, 사랑과 갈등, 영원한 신들의 세계와 인간 세계의 순간성 등 세계의 다양함을 상이한 어조와 장르로 표현했다. 그래서 1581년 메세나였던 니콜라 드 빌루아에게 바치는 한 작품은 삶의 우여곡절을 겪어야만 했던 한 시인의 고백을 이렇게 털어놓고 있다.

> 나는 태양이 떠오르는 것을 보았고, 해가 지는 것을 보았다,
> 나는 우박이 오고, 천둥이 치고, 벼락이 떨어지고, 비가 오는 것을 보았다,
> 나는 민중과 백성을 보았고, 지난 20년 동안
> 프랑스의 거의 마지막 모습까지 보았다,
> 나는 전쟁과 논쟁, 때로는 협상과 평화가,

때로는 화합의 약속이 깨어지고 다시 이루어지고,
다시 깨어지고 이루어지는 것을 보았다, 나는 달빛 아래
모든 것은 단지 우연이고, 운명에 따른다는 것을 보았다,
신중함은 인간의 헛된 안내자이다.
거역할 수 없는 운명이 신중함의 손을 묶어 버려
죄수로 만들어 버렸고, 현명하게 제안된
모든 것들을 운명은 제 마음대로 다루었다.
결혼 향연이나 국왕의 만찬에
다른 이가 와서 그의 자리를 차지하면
곤드레만드레 그곳을 떠나는 초대받은 사람처럼
나는 술에 취하여 세상을 떠나간다.[1)]

그가 바라본 세상의 모습은 언제나 한결같지 않았다. 삶과 죽음이 교차하는 것과 영광과 쇠락이 서로 이어지는 것에서 그는 세상의 여러 모습을 읽을 수 있었다. 국왕에 대한 찬양을 통해 프랑스의 영광과 시의 영광을 노래한 《오드집》, 페트라르카식으로 사랑에 빠진 심정을 노래한 《카상드르에 대한 사랑시집》, 방탕하고 외설적이면서도 풍자적인 어조의 《익살시집》, 한 시골처녀에 대한 소박한 사랑을 노래한 《마리에 대한 사랑시집》, 신들의 영광과 천체의 움직임을 통해 세상의 진리를 찾으려 한 《찬송시집》, 내란의 한복판에서 정치적 질서와 화합을 역설한 《논설시집》, 궁정축제 안에서 시인으로서의 위엄을 잃지 않으려 했던 《가면극시》, 사랑을 거부하는 엘렌을 통해 새로운 사랑의 비전을 제시하는 《엘렌을 위한 소네트집》, 그리고

1) XVIII, p. 37, vv. 11-26.

죽음을 두려워하지 않는 삶의 시인으로서의 자세를 견지한 《마지막 시집》 등, 이런 작품들의 세계는 그의 시적 여정이 다양한 길을 부단하게 걸으며 자기 시대를 담아내려는 시도들로 가득 차 있다는 것을 보여 준다.

따라서 우리가 그를 순간의 탐닉에서 사랑의 기쁨을 얻는 장미의 시인으로서만 인정하려 한다면, 그의 시 세계가 펼쳐 보이는 진정한 면모를 제대로 보지 못하는 우를 범하게 될 것이다. 그는 태양의 찬란함과 생명력에 대한 찬사를 아끼지 않은 시인이었지만 동시에 달아나는 시간 앞에서, 그리고 그 시간이 마련해 준 사물과 인간의 이 피할 수 없는 변화 앞에서 고통스러워한 시인이기도 했다. 그의 시 세계에는 세상의 밝음과 어둠이 같이 공존하며, 자신을 둘러싼 세계와 끊임없이 소통하려는 의지가 담겨 있다. 자신의 작품이 세상을 반영하는 거울로서 기능하기를 그는 희망했기 때문이리라. 세상이 하나의 총체이면서도 무수한 다양성으로 형성되었듯이, 그도 시어로 만들어진 자기 세계에 변화와 영원성, 다양성과 일관성을 유지하는 우주의 속성들을 자유롭게 간직하려고 했던 것이다.

내 책은 갖가지 고기를 준비시킨 국왕에 의해
차려진 먹음직스러운 향연 식탁을 닮았다.
어떤 이의 입맛에는 맞지만, 다른 이에게는 맞지 않는 음식이 있다,
누군가에게는 달게 느껴지지만, 다른 이에게는 시게 느껴진다,
어떤 이는 소금 뿌린 고기를 좋아하고, 다른 이는 맛없는 고기를 좋아한다,
어떤 이는 독한 포도주를 좋아하고, 다른 이는 부드러운 포도주를 좋아한다,
그래서 향연은 모두에게 만족스러울 수 없다,
그러나 향연을 베푼 관대한 국왕은 그것에

상처를 결코 입지 않는다, 향연에 참석한 대부분의 사람들은
불러서 온 것이 아니라, 자발적으로 온 사람들이기 때문이다.
그렇게 나는 칙령이나 법령으로
내 작품을 사람들이 따르도록 강요하지 않는다,
읽고 싶은 사람은 읽을 것이고, 사고 싶은 사람은 살 것이다.
내 시에 진정 만족하는 자는 나에게 큰 기쁨을 줄 것이고,
그 반대라 할지라도, 친구여, 나에겐 상관없다, 내가 어찌 하겠는가?[2)]

또한 그는 방대한 독서를 통해 여러 고대시인들의 작품에서 영감을 얻었지만, 프랑스 전통의 흔적들을 저버리지 않고 새로운 시의 공간 안에 수용하려고 했다. 끊임없이 언어를 탐색함으로써 시를 풍요롭게 만들었을 뿐만 아니라 프랑스어의 정체성을 규정할 언어를 풍부하게 만드는 데에도 기여했다. 그의 작품에서 모든 문체가 시도되고 있다고 말해도 지나치지 않다. 그래서 '다양성 안의 통일성'이라고 부를 수 있는 그의 시학은 어둠과 빛이 교차하였던 르네상스 시기를 살아간 한 시인의 시선을 제시하고 있다고도 할 수 있다.

그런데 이런 통일성과 유동성 그리고 다양성을 추구하는 시학이 비단 시적 영감에서만 발견되는 것은 아니다. 그것은 《전집》의 출간을 위한 시집의 구성, 그리고 시집의 혈관이라고 할 수 있는 각 시편들의 퇴고에서도 발견된다. 롱사르는 《전집》을 재간행할 때마다 이전 《전집》에 실린 시편들의 순서에 변화를 주거나, 그것들을 삭제하였다가 다시 싣는 방식을 취하

2) X, pp. 363-364, vv. 17-34.

였다. 또한 새로운 작품들로 《전집》의 양적인 측면과 질적인 측면에 변화를 가져왔다. 이런 변화는 개별 작품의 경우에서도 발견된다. 제목이나 일부 표현들을 바꾸었으며, 혹은 새로운 시행을 첨가하여 의미에 변화를 주기도 한다. 그래서 동일한 제목을 지닌 시편은 때로는 판본에 따라서 상이한 내용을 전달하게 된다.

여러 연구들이 《오드집》, 《사랑시집》 그리고 《찬송시집》과 같은 일부 시집의 퇴고에서 작품의 완성도를 높이기 위한 시인의 치열한 고뇌와 작품의 생명력을 연장하기 위한 그의 미적 실험들을 탐구해 왔다. 그러나 《전집》 전체를 관통하는 퇴고의 양상과 흐름들을 파악하는 데에는 아직 이르지 못하고 있다. 이런 연구는, 그 퇴고의 양상들 역시 매우 다양한 결론들을 도출해낼 것이기 때문에, 시인이 행한 작업만큼이나 방대한 수고를 요구한다. 따라서 우리는 《전집》 퇴고에 대한 연구의 필요성을 의식하고 있을지라도, 이 자리에서 그것을 시도할 수는 없을 것이다. 다만, 《전집》의 간행과 구성을 간단히 언급함으로써 시를 독자에게 소개할 때 그가 지닌 시적 의도를 살피는 데 만족하고자 한다.

1560년 최초의 《전집》을 간행한 후의 롱사르는 자기가 쓸 작품들이 따로 떼어서 출간되기보다는 《전집》에 묶여 소개되기를 원하였다. 이런 생각은 이미 1550년 《오드집》을 간행할 무렵에서도 발견된다. 그는 일종의 습작 기간이었던 1545-49년의 기간에 작성한 작품들을 《총림》이라는 제목으로 한데 모아 《오드집》 앞에 실었다. 이 작품들이 오드의 주요 특성을 이루는 남여성의 각운 교차를 준수하지 못하였기 때문에 일종의 '잡시집 모음'이라고 할 수 있는 '총림'이라는 표현을 사용한 것이다. 초기 시들은 1550년의

《오드집》에 실리지 못하게 된다. 《오드집》의 유기적이고 통일적인 구조는 이 작품들에게 자리를 허용할 수 없었던 것이다.

이런 시인의 작업은 미숙한 자신의 아이들을 결코 방치하지 않고 끊임없이 돌보는 아버지의 모습을 연상시킨다. 이런 방식으로 시편들의 수는 여섯 차례(사후판본 제외)에 걸쳐 간행한 《전집》의 각 판본에서 무수히 늘어나게 된다. 새로운 《전집》을 간행할 때마다 그는 이미 작성된 작품들을 손보는 데에만 만족한 것이 아니라, 개별적인 시편들을 덧붙임으로써 《전집》의 부피를 살찌우고 무게를 늘려 나간 것이다.

아래 표에서 알 수 있듯이 롱사르는 대부분의 《전집》을 16절 판형으로 출판했다. 이것은 현재의 포켓판보다 조금 더 큰 판형으로서, 작품들을 쉽게 접해질 수 있게 하려는 배려에서 나온 것이다. 반면 생애 마지막 전집이 될 1584년 판본의 경우에는 폴리오 판형을 선택하며 고급스럽게 제본을 하였다. 소장 가치를 고려하여 작품이 독자들에게 오랫동안 남아 있게 만들려는 의도였다. 이것은 작품의 보급과 사후에 대한 그의 배려가 얼마나 큰

간행 연도	판형	총 권 수	총 책(冊) 수	총 절(切) 수	개별적으로 간행된 시집 이외에 새로 작성되어 추가된 시 편수
1560	in-16	4	1	4	24
1567	in-4	4	6	6	14
1571	in-16	5	6	6	29
1572 / 73	in-16	5	6	6+1	1
1578	in-16	5	7	7	238
1584	in-Folio	1	7	7	32
1587	in-12	5	10	10	30

것이었는지를 충분히 암시할 수 있다. 간단하게 각 판본의 구성을 살펴보면 다음과 같다.

1560년 판본은 소박한 구조를 가지고 있다고 할 수 있다. 균형을 유지하기 위한 배려가 《전집》을 4권으로 나누었다. 1560년 판본은 매우 중요한 사실을 기록한다. 바로 이 판본과 더불어서 롱사르는 문학의 역사에 새로운 얼굴을 소개하기 때문이다. 즉, 독자들을 별로 배려하지 않던 대부분의 작가들이 자신의 작품 간행을 게을리 했던 당시 프랑스 문학 환경에서 그는 시 전집을 자신의 감독하에 간행한 최초의 시인이 된다. 더불어 전집의 외형에도 관심을 가짐으로써 작품의 상품성과 독자와의 관계를 중요하게 고려하는 현대시인의 모습을 보여 주기도 한다. 이것의 의미는 1552년 《카상드르에 대한 사랑시집》의 속표지에 롱사르가 자신의 초상을 싣고 있다는 측면과 관련하여 파악될 수 있다. 초상은 시의 창조자인 롱사르의 존재가 피조물인 시에 고스란히 담겨 있다는 인상을 줄 수 있기 때문이다. 그는 작품이 제시할 세계의 유일한 창조주로 자신을 드러내고자 한 것이다.

> 내가 이곳에 가져다 놓은 시행들을 읽는 자는
> 눈짓 한 번으로도 좋고 나쁜 많은 다양한 것들이
> 내 종이 안에 담겨 있다는 것을 보게 되리라.[3)]

달리말해, 작품이 롱사르라는 한 시인을 담아내는 공간이 되도록 그는 배려하고 있다. 작품은 시인이 배우고 익힌 모든 것, 그의 개인적인 측면과 공적

---

3) X, p. 362, vv. 12-14.

인 측면을 함께 반영하는 그릇이 되는 것이다. 텍스트와 저자auteur인 시인을 동일시하는 이런 측면은 한 개인으로서의 시인의 등장을 알리는 역할을 수행하고 있다고 할 수도 있다.

1567년 《전집》은 1560년 판본에 《엘레지》와 《논설시집》을 추가한다. 그리고 《찬송시집》 역시 그동안 작성된 작품들을 포함하며 총 4책으로 구분된다. 이 판본의 특징은 우선, 그동안 팸플릿 형태로 출간되었던 《논설시집》에 하나의 자리를 마련해 주고 있다는 점이다. 팸플릿이 일회적인 성격을 지니고 있다면, 그것은 전집 안에 자리를 얻음으로써 그 일회성에서 벗어날 수 있게 되는 것이다. 또한 이 판본은 1565년의 《엘레지와 가면극시》를 《엘레지》라는 항목으로 묶어 놓는다. 축제를 위한 작성된 작품들인 가면극시를 '엘레지élégie'로 정의하고 있는 것은 이 장르의 폭이 단지 슬픔을 노래하는 과거의 성격에서, 여러 다양한 영감에 의해 쓰인 작품들을 포함하는 좀더 폭넓은 장르로 확대되고 있다는 것을 보여 준다. 우리가 엘레지를 굳이 '비가悲歌'로 옮기지 않은 것도 바로 장르의 포용성과 유동성을 존중하기 위해서이다.

1572-73년 《전집》은 이전 판본에 4책으로 구성된 《라 프랑시아드》를 추가하고 있다. 5권 6책으로 판본은 구성되지만, 이에 덧붙여질 마지막 절에는 호수가 명시되지 않았다. 롱사르가 이미 세 번에 걸쳐 시 전집을 간행했음에도 불구하고 1578년에 새로운 시 전집 간행을 준비한 것은 그의 시적 위기와도 관련된다. 데포르트라는 새로운 시인이 등장하던 시기에 그는 자신의 시적 능력에 대한 동시대인들의 확실한 인정을 받을 필요가 있었던 것이다. 이전 판본들과는 달리 총 238편이나 되는 많은 시편들이 추가된

것은 그 증거가 될 수 있다. 또한 폴리오판의 고급스런 판형은 아닐지라도, 1권을 구성하는 《오드집》의 속표지가 앙리 3세의 초상을 싣고 있다는 점과 예전에 앙리 2세에게 바쳐진 이 시집의 많은 오드들에서 헌정 대상자의 이름이 삭제된 것은 새로운 왕조(앙리 3세)의 탄생을 찬양하려는 롱사르의 의도를 반영한다. 그는 1578년 《전집》 간행을 통해 자신의 시적 위상을 견고히 하길 원한 것이다.

1584년 판본은 1권 7책으로 구성되어 있다. 이 판본은 롱사르의 유언과 같은 성격을 지닌다고 할 수 있다. 우선 그가 생존에 마지막으로 간행한 전집이기 때문이다. 또한 동료 시인들이 그를 찬양하는 권두시를 싣고 있기에 그러하다. 그리고 지금까지 그 어떤 시인도 시도하지 못한 화려한 폴리오 판형으로 출판되었기 때문이다. 그리고 롱사르는 판본의 중심이라고 할 수 있는 제3책에 프랑스 왕조의 역사를 노래하는 《라 프랑시아드》를 싣고, 제4책에는 국왕들을 위해 작성된 작품들을 《왕들의 총림*Le Bocage royal*》이라는 항목에 하나로 묶어 간행함으로써 시 전집에 '장엄한' 성격을 부여한다. 그의 시적 생애를 정리하는 이 판본은 갈리마르 출판사 '플레이아드 총서La Bibliothèque de la Pléiade'의 하나로 간행된 《작품전집*Œuvres complètes*》(1993-94)의 저본이 된다.

롱사르 사후에 클로드 비네의 배려로 출간된 1587년 사후 판본은 1584년 판본에 《마지막 시집》와 《비명시집*Epitaphes*》을 추가하고 있다. 이 판본은 색다른 의미를 지닌다. 《롱사르의 조사弔詞》를 작성한 뒤 페롱에 의하면 롱사르는 죽기 직전까지 자기 "정신의 아이들enfants spirituels"을 새로운 《전집》 속에서 태어나게 만들려는 작업을 한 것으로 보인다. 특히나 그는 죽기 직전에 자신의 전 작품이 단 한 권으로 묶여 간행되기를 희망했다. 왜냐하면 여러 권으로 구성될 경우에는 분실의 위험이 크지만, 한 권으로 간행됨으로써 쉽게 보관되고 읽힐 수 있을 것이라고 판단했기 때문이다. 비록 1권이 아닌 5권으로 구성되어 간행되었지만 이 판본은 작품들이 미래의 사람들에게 읽히고 노래로 남기를 간절히 희망한 고인에게 바치는 '헌정판'의 성격을 지니고 있다.

이와 같은 《전집》 간행의 구성은 롱사르가 자신의 작품들이 규정된 틀에 갇히는 것을 거부하고 있다는 인상을 갖게 한다. 한 편의 작품마저도 때로는 여러 장르로 자리를 옮겨감으로써 현실 상황이나 미학적 측면에 따라 계속해서 새롭게 읽힐 수 있게 된 것이다. 즉, 작품들은 이런 이동에 의해 언제나 또 다른 생명력을 얻고 있다. 그리고 각 판본들도 자기 내부에서 끊임없이 자유로운 이동이 발생하도록 허용함으로써 새로운 해석의 여지를 마련해 준다. 이런 점은 롱사르가 추구한 다양한 시적 영감의 시도와 밀접한 관련을 지닌다고 할 수도 있다. 《전집》의 출판은 생명력을 갖춘 다양성을 유지하려는 그의 시학을 설명하고 있는 것이다. 이런 통일된 전체 내에서의 다양성은 작품의 창작이나 출판, 그 어디에서도 언제나 시인의 주된 관심사를 이루었다는 것을 충분히 알려 준다. 〈리라에게A sa lire〉가 노래하고 있듯이 그는 독자들이 자기 작품을 영원히 기억하기를 끊임없이 희망한 것이다.

그대 [리라] 덕분에, 나는 기쁘고, 그대 덕분에 나는 읽힌다,
그대 덕분에 롱사르는 프랑스의 하프 연주자[오르페우스]로 선택되었고,
길거리에서 만나는 자들은

나를 손가락으로 가리키게 되었다.
내가 이렇게 기쁘고 만족할 수 있게 되고,
프랑스가 내 명성을 노래하기 원하게 되고,
내 이마가 별들보다 더 빛나게 된 이 모든 것은
리라여, 분명 그대의 은총 덕분이구나.[4)]

2. 사후의 평가

《전집》 간행을 통해 사후의 불멸을 얻고자 했지만, 사실 롱사르는 이미 당대에 최고의 시인이라는 명성을 누리고 있었다. 16세기 프랑스를 살았던 그 어떤 시인도 르네상스 휴머니즘의 가장 위대한 시인인 롱사르만큼 영광과 명예를 얻지 못했다. 뒤 벨레가 《회한시집*Les Regerts*》(1558)에서 언급하고 있듯이 이 시인의 이름은 1550년 첫 시집 발간과 동시에 불멸의 명성을 얻은 것이다.

죽어서 영광을 얻은 자는 행복하구나,
그러나 후세에서가 아니라
영혼을 죽음이 사로잡기 전에
불멸을 얻기 시작한 자는 더욱 행복하구나.

너는 즐기는구나, 나의 롱사르여, 살아 있는 동안에도,
네가 마땅히 누릴 불멸의 명예를.
소중한 지복인 죽음 이전에

4) I, p. 166, vv. 65-72.

너의 훌륭한 품성은 질투에 승리를 거두었구나.

그가 사용한 언어, 소재 그리고 내용은 프랑스 시에 새로운 문을 열어 주었으며, 뛰어난 그의 시적 역량은, 마르셀 레몽이 《프랑스 시에 끼친 롱사르의 영향》(1965)에서 자세하게 소개하고 있다시피, 그에게 대립한 신교 작가들에게서도 여전히 환기되었다. 예를 들어, 16세기 후반기에 등장한 신교 작가 도비녜가 그러하다.

롱사르여, 높이 날아오르는 깃을 가진 그대 품덕,
그대의 능숙한 명성이 올라탄 이 페가수스는
펜 끝으로 무지를 패배시켰구나,
그 덕분에 이 광대한 우주의 사방에서,
제멋대로의 카니발에서 이방의 스키티아까지
나는 오직 롱사르, 롱사르, 그대의 찬양 소리만 듣게 되는구나.

그러나 세기말, 특히 앙리 4세의 통치 기간에 롱사르의 이름은 수용과 모델로서가 아니라 비방의 대상이 되는 운명을 맞이하게 된다. 여기에는 말레르브Malherbe의 영향이 적지 않았다. 그는 이미 사망한 시인을 신랄하게 비판한 작가의 한 사람으로 꼽힌다. 이성을 언제나 모든 사고의 척도로 삼은 말레르브는 롱사르의 시적 추론에는 결함만이 있을 뿐이라고 보았다. 르네상스 시인이 사용한 고풍스런 용어, 방언, 신조어, 철자법의 변환, 생략 구문, 비일관적인 정관사 사용, 1인칭 주어의 생략, 도치 등, 문법상 발견되는 모든 자의성은 롱사르의 결정적 결함으로 지적되었다. 이 고전주의 문법학자에게 롱사르가 혁신한 내용과 표현들은 이성에 근거한 문법의 형성에 심각한 해가 될 수 있는 것으로 여겨진 것이다. 따라서 '나는 롱사르식으로 쓰곤 했다Je ronsardisais'라고 그가 말할 때에는 시인을 칭송하기 위해서가 아니라 오히려 '무언가 적절하지 않은 것을 썼다'라는 의미를 전달하기 위해서였다.

말레르브의 롱사르에 대한 거부는 뒤이은 세대에게 커다란 영향을 끼쳤다. 1647년 아카데미 프랑세즈를 이끌고 있던 보즐라Vaugela가 《프랑스어에 관한 몇 가지 지적*Remarques sur la Langue Française*》을 출간했을 때 사람들은 여기에서 롱사르의 이름이 단 두 번 언급되고 있다는 것을 알 수 있었다. 롱사르가 외국에서는 셰익스피어, 스펜서, 벤 존슨, 월터 페이퍼 등에 의해 가장 뛰어난 프랑스 시인이라는 찬사를 받았던 반면 그의 명성은 막상 프랑스에서는 쇠락을 맞이하고 있었던 것이다. 이 저물어가는 명성에 결정적 일침을 가한 자는 《시학*L'Art poétique*》(1674)의 작가 부알로Boileau였다.

> 다른 방식으로 그[마로]의 뒤를 따랐던 롱사르는
> 모든 것을 규제하고, 모든 것을 망쳤으며, 자기만의 기법을 만들었다,
> 그럼에도 불구하고 그는 오랫동안 행복한 운명을 누렸다.
> 하지만 그리스와 라틴어로 말을 한 그의 프랑스어 뮤즈는
> 다음 세대에 기괴한 운명의 반동으로 인해
> 그 거창한 말들의 화려한 현학이 추락하는 것을 보게 되었다.

부알로는 롱사르에 대해 단 한마디의 좋은 견해를 담은 단어도 사용하지 않았다. 르네상스 시인이 쓴 단 한 줄의 시행도 그로부터 긍정적인 평가를 받지 못했다. 오히려 부알로가 유일하게 인정한 르네상스 시인은 클레망

마로였다. 롱사르는 그리스어나 라틴어를 프랑스식으로 사용하여 프랑스어의 모든 고유함과 독창성을 훼손시킨 시인일 뿐이었다. 이와 같은 부알로의 견해는 자기에 앞서 롱사르를 비판적으로 바라본 작가들의 시각을 인정하고 그것을 정리하는 차원에서 의미를 갖는다고 할 수 있다. 보편적 이성에 기초한 새로운 시법의 규칙들을 새로운 시대에게 제시하려는 야망을 지니고 있었던 그로서는 롱사르를 비난한 고전주의 작가들의 비판적 시각을 인준할 필요가 있었던 것이다. 고전주의 문학기법의 승리를 노래해야만 했던 것이다. 시대의 가장 높은 자리에 있고자 원했던 그에게는 이전의 비판적 시각이 과연 정당한 것이었는지를 따져 보거나 혹은 이 버림받은 시인의 작품들을 꼼꼼히 다시 읽어 볼 의향도 없었다고 말할 수 있다.

고전주의를 대표하는 다른 작가들 역시 말레르브나 부알로와 견해를 같이했다. 라 퐁텐La Fontaine의 롱사르는 현학적이고, 무미건조하며, 별다른 취향도 없고, 선별의 능력도 없는 시인이고, 롱사르의 열정을 다소간 높이 샀던 라 브뤼에르La Bruyère도 이 시인을 프랑스어의 문체가 완벽함으로 나아가는 길을 늦춘 장본인의 하나로 꼽고 있다. 그에게는 오히려 마로가 롱사르 뒤에 활동한 시인처럼 느껴졌다. 롱사르에게 '위대한'이라는 형용사를 부여하면서도 그것을 단지 시대에 대한 '항거' 측면에서만 바라본 페로Perrault와 마찬가지로 페늘롱Fénelon이 인정하는 롱사르는 언어 연마가로서의 롱사르였지 시인으로서의 롱사르는 아니었다.

이처럼 17세기에 롱사르의 영향력은 말레르브와 부알로의 혹평덕분에 소멸을 경험해야 했다. 그러나 고전주의 전체가 롱사르를 거부했다고 말하기는 힘들 것이다. 여러 비난에도 불구하고 롱사르의 이름은 16세기만큼은 아니지만 여전히 이 시기에 끊임없이 환기하고 있었다. 사실, 17세기 초반에는 롱사르의 마지막 후손들과 말레르브의 옹호자들이 첨예하게 대립하고 있었다. 16세기의 마지막 풍자 시인이라고 할 수 있는 레니에Martin Régnier와 콜테Colletet 그리고 샤플랭Chapelin은 말레르브의 비판에 맞서 플레이아드의 거장을 옹호하였다. 샤플랭은 게 드 발자크Guez de Balzac에게 보낸 편지에서 롱사르가 스페인과 이탈리아를 포함하여 자기 시대의 그 어떤 시인보다도 더 뛰어난 시인이었다고 말하기도 했다. 또한 많은 지방 시인들은 롱사르의 표현에 여전히 익숙하였고, 말레르브가 비난하였던 롱사르의 용어들로 시를 쓰기도 했다. 롱사르의 《전집》은 다시 한 번 파리에서 폴리오 판형으로 출판(1623)되었으며, 1627년 루앙에서 간행된 《뮤즈들의 거처 혹은 훌륭한 시의 정수*Le Séjour des Muses ou La Cresme des bons vers*》라는 작품에는 10편의 롱사르 시가 실려 있었다. 퐁트넬Fontenelle은 1692년 《비용에서 방스라드까지의 가장 아름다운 프랑스 시 모음집*Recueil des plus belles pieces des Poëtes François de Villon à M. de Benserade*》이라는 작품에 〈사랑하는 이여, 보러 갑시다, 장미를〉을 포함하여 총 39편의 롱사르 시편을 수록하기도 했다. 여러 곳에서 롱사르의 이름은 아직 완전히 꺼지지 않았던 것이다.

그래서 1650년경, 게 드 발자크는 고등법원, 대학 그리고 예수회 교단이 궁정과 아카데미에 대항하여 롱사르를 지지하고 있다는 것을 목격하게 된다. 롱사르는 여전히 탐독의 대상이었던 것이다. 여기에는 이유가 있다. 그 한 예를 살펴보자. 말레르브의 첫 작품이 출간되던 해, 몽테뉴의 마지막 작품을 손질하였던 구르네Marie de Gournay는 1624년 롱사르의 《전집》에 자신의 손으로 직접 수정을 가한다. 그녀가 몽테뉴뿐만 아니라 롱사르의 작품에 집착하였던 것은, 당시 언어가 16세기와는 달리 빈곤의 길로 접어들고 있다고 판단했기 때문이다. 그녀가 보기에 롱사르의 넘쳐나는 표현력을 비난한 자기 시대는 오히려 시적 언어의 빈곤을 초래하고 있었던 것이다. 이 시대는 롱사르의 놀라울 정도로 과감한 비유와 모호한 의미 덕분에 오히려 무한한 상상력의 발휘를 초래했던 시어의 신비함이 사라지는 것을 방치하고 있다고 그녀는 생각했다. 롱사르의 언어를 비이성적인 현학의 산물로 규정한 17세기가 그녀에게는 시적 상상력이 소멸되는 시기였던 것이다.

여기에서 말레르브의 비난을 다시 한 번 살펴볼 필요가 있다. 사실, 말레르브가 고상한 서정시의 개혁을 시도하였을지라도 그는 《오드집》을 모델로 삼았다. 롱사르에게서 10행시의 형태를 빌려 왔을 뿐만 아니라 오드의 역동성과 어조마저도 수용하였다. 심지어 그의 일부 서정시는 거인들의 전쟁을 다룬 〈로피탈에게 바치는 오드〉에서 소재를 빌려 오기도 했다. 그는 롱사르의 영향에서 전적으로 벗어날 수 없었던 것이다. 게다가 말레르브가 뛰어난 시인이라기보다는 오히려 연설가에 해당한다고 본다면, 과연 이 연설가가 위대한 시인의 작품을 올바로 읽고 평가할 수 있었는지 의심을 갖지 않을 수 없다. 세기와의 단절을 추구하며 새로운 길을 여는 선구자이길 희망했던 말레르브는 의도적으로 롱사르의 영향을 인정하지 말아야 했던 것이다. 자기 시대 시인들의 주장을 수용해야만 했던 그로서는 그들이 행한 롱사르 비난을 결코 부정할 수 없었을 것이다. 이 고전주의자가 자신의 오만함과 어긋난 우월감을 조금만 굽혔더라면 롱사르의 시적 가치가 이 시대에 그렇게 멸시당하지는 않았을지 모른다는 생각을 해보기도 한다.

18세기 전반기의 롱사르도 여전히 잊혀지거나 멸시를 받는 시인으로 남아 있었다. 이 시기에 《장미 이야기*Le roman de la Rose*》나 클레망 마로의 시집(1731)이 출간되고, 심지어 마로의 부친이며 시인이었던 장 마로마저도 섬세한 묘사나 생생한 색채감으로 찬양을 받았지만(1731-1747), 롱사르는 이런 혜택을 얻지 못하였다. 1630년 이후 1857년 프로스페르 블랑슈맹Prosper Blanchemin 이전까지의 200여 년 동안 롱사르의 《전집》은 재간행의 행운을 얻지 못하게 된다. 볼테르는 마로와 라블레를 높이 평가하면서도 롱사르를 언어를 망친 장본인으로 취급하였고, 백과전서파 역시 롱사르를 무시했던 반면 말레르브를 높이 평가하였으며, 그와 부알로의 계승자인 17세기 시인 루소Jean-Baptiste Rousseau를 호라티우스나 핀다로스 혹은 아나크레온에 비견되는 시인으로 높이 평가했다. 플레이아드 유파의 시인들은 잊혀졌지만, 반대로 위에서 인용한 부알로의 유명한 롱사르 비방 시행들은 회자되었다. 심지어 어떤 작가는 롱사르를 말장난을 즐기거나 라틴어풍의 시를 쓰는 군소 시인과 혼동할 정도였다. 세기 후반기에 와서야 롱사르는 일부 시 선집자들의 관심을 얻게 된다. 마르몽텔Marmontel은 롱사르 시의 아름다움을 발견하였고, 루이 16세 시기에 출판된 《시의 연보*Annales poétiques*》(1778) 선집자들은 커다란 폴리오판 롱사르 《전집》을 읽는 것이 무척이나 피곤한 일이라고 밝히면서도, 그의 작품 85편을 발췌하여 싣고 있다. 이런 현상이 가능했던 것은 세기 말에 와서야 고전주의의 이성과 질서 그리고 규칙에 대항하여 생생하고 역동적인 시적 상상력을 선호하는 경향이 나타났기 때문이다.

문학의 혁명이 이루어지는 시기라고 할 수 있는 19세기에 《명상시집*Méditations*》의 라마르틴(1820), 《시집*Poèmes*》의 비니(1822), 《라신과 셰익스피어*Racine et Shakespeare*》의 스탕달(1822) 그리고 최초의 낭만주의 세나클Cénacle을 연 노디에(1823) 같은 작가들은 고전주의, 특히 말레르브와 부알로에 대해 전쟁을 선포한다. 이들은 고전주의를 계승한 작가들의 규율과 이데올로기로 가득찬 시에 반대하여 시적 상상력을 고양시키는 해방의 언어와 운율법을 시도한다. 특히 부알로나 말레르브 이전의 작가들에게서 낭만주의라는 새로운 시적 흐름에 정체성과 정통성을 부여할 수 있는 인물을 찾고 있던 이들은 플레이아드 유파의 작품에 관심을 갖게 된다. 프랑스 시의 세계로 롱사르가 귀환하게 되는 것은 16세기 후반의 풍자 시인 마르탱 레니에Martin Réginier의 시집을 준비하던 비올레 르 뒤크Viollet-le-Duc 덕분이었다. 과거 프랑스 문학에 별로 알려지지 않은 풍요로움을 발견하려고 했던 그는 1808년 롱사르의 시를 읽으면서 얻은 감동을 이렇게 피력하고 있다.

> 적어도 롱사르는 그의 계승자들에게 길을 열어 주었다. 자기들이 마주치게 된 암초에 빛을 비추어 준 롱사르 덕분에 그들은 그것을 마침내 비껴갈 수 있었다.

그에게는 플레이아드 유파의 거장인 롱사르가 하나의 별과 같은 존재였던 것이다.

뒤이은 생트뵈브Sainte-Beuve는 1828년 《16세기 프랑스 시와 연극에 관한 역사적, 비평적 개관*Tableaux historique et critique de la Poésie Française et du Théâtre au XVIe siècle*》과 이 책의 부록인 《롱사르 작품 선집*Oeuvres choisies de Pierre de Ronsard*》을 소개하며 마침내 롱사르의 완전 복권을 선언하게 된다. 고전주의와 낭만주의 사이에 벌어진 논쟁의 한복판에서 아카데미 프랑세즈의 콩쿠르에 선정된 이 작품은 19세기가 제기하는 시와 문학의 문제를 탐색하기 위해 16세기를 바라보게 된 비평적 노력의 결과라고 할 수 있다. 지난 세기의 족쇄를 뒤흔들어 프랑스 문학에서 무엇인가 민족적인 고유함을 되찾아야 한다는 필요성에 이끌려 그는 16세기에 관심을 가진 것이다. 여기에서 《관능*Volupté*》의 작가는 낭만주의 시인들이 선호하게 될 12음절 시행을 '솔직하면서도 웅장'하게 그리고 자유롭게 탐색한 시인을 발견한다. 그와 낭만주의 작가들에게 롱사르는 이상적인 선조, 기댈 수 있는 선배였다. 회화적이고 개인적이며, 여러 희망과 경험을 누렸으며, 다양한 운율을 사용한 롱사르의 정신은 이성의 억압에 대한 반항의 상징일 수 있었다. 생트뵈브가 보기에 롱사르는 지난 2세기 동안 말레르브나 부알로가 보여 준 어리석은 정신의 부당한 희생자였던 것이다.

> 롱사르여, 그대에게, 부당한 운명에 의해
> 두 세기 동안 역사의 경멸에게 팔아넘겨졌던 그대에게,
> 구역질 나는 판결로부터 그대를 정화시킬
> 속죄의 제단을 두 손으로 나 바치노라.

생트뵈브의 저서가 끼친 영향은 상당했지만, 그의 칭송에는 다소간 한계가 있다. 왜냐하면 그는 롱사르의 가벼운 시를 높이 평가한 반면, 철학이나 과학 혹은 정치를 소재로 한 무겁고 심각한 어조로 작성된 작품에는 관심을 거의 갖지 않았기 때문이다. 게다가 그 내용에 있어서보다는 형식의 측면에서 롱사르의 선구자적 역할을 인정했다. 그럼에도 불구하고 롱사르 '부활

résurrection'의 토대는 생트뵈브에 의해 마련되었다고 말할 수 있다.

이후 많은 작가들이 플레이아드 시인의 완벽한 '복권réhabilitation'에 동참했다. 플로베르는 1852년 어렵게 구한 롱사르의 시집을 읽으며 말할 수 없을 기쁨을 느꼈으며, 자신이 걸어야 할 창조의 먼 길을 롱사르가 비추어 주었다고 고백하고 있다. 보들레르 역시 〈빨강 머리 거지 계집애에게A une mendiante rousse〉에서 롱사르의 용어들을 사용한다. 프로스페르 블랑슈맹이 롱사르의 《전집》을 재간행한 1857년은 이 시인의 본격적인 부활의 신호탄을 이룬다. 롱사르에 대해 진정한 의미의 경탄을 토로하였던 방빌Banville은 1861년 생트뵈브의 견해를 좀더 확장하여 롱사르에 의해 고대 이후에 처음으로 시가 색채의 조화를 담게 되었으며, 조화로운 음절이 화합의 강한 인상을 주게 되었다고 지적한다. 1867년에는 바르비 도르비이Barbey d'Aurevilly에 의해 롱사르에 관한 최초의 논술적 글이 발표된다. 이로부터 24년 뒤에 모레아스Moréas의 선언문(1891)에서 상징주의의 시적 자유에 맞서 롱사르의 밀도 높은 형식과 정확한 리듬이 모델로 삼아져야 한다는 주장이 제기되기도 한다.

20세기 초반, 폴 로모니에Paul Laumonier는 이 불행했던 시인, 잊혀진 시인에게 예전의 명성을 되돌려 줄 수 있는 기념비적인 《롱사르 시전집》 7권(1909)을 간행한다. 그에 의해 비로소 롱사르는 서정시의 모든 영역을 탐색한 시인, 고대의 영혼과 함께 프랑스의 정서를 다시 되살린 시인, 개인적 감정과 보편적 사랑의 감정을 뛰어나게 결합한 시인, 나아가 한 개인의 시에서 자기 시대를 해석하고 인류의 보편성을 노래한 시인으로 평가받게 된다. 롱사르가 미래 시에 건네준 그 위대한 어조의 면면들이 본격적으로 발견되기 시작한 것이다. 1924년 롱사르 탄생 400주년을 기념하여 잡지 《뮈즈 프랑세즈*Muse française*》는 롱사르를 경탄하는 여러 작가들의 기사를 소개하게 된다. 이 해를 시작으로 로모니에는 작품의 작성 시기와 출판 시기를 존중한 총 20권으로 될 새로운 《전집》을 간행하기 시작한다. 이미 1903년 이후 롱사르에 대한 많은 연구 성과를 제시하였으며, 1908년 최초의 본격적인 롱사르 연구서라고 할 수 있는 《서정시인 롱사르》(파리, 아셰트)를 간행한 로모니에는 엄밀한 의미에서 롱사르 연구에 나선 첫 번째 세대의 선배라고 할 수 있다. 비록 위그 바가네Hugues Vaganay가 1578년 판본을 저본으로 삼은 《전집》(1923-1924, 8권)을, 그리고 이지도어 실버Isidore Silver가 사후판본을 주 텍스트로 삼은 《전집》(1966-1970, 8권)을 간행하였지만, 로모니에 판본은 지금도 롱사르 연구의 기본 텍스트가 되고 있다.

이후 롱사르에 관한 여러 연구들이 활발하게 제시된다. 피에르 놀라크Pierre Nolhac에게 있어서 롱사르는 시의 모든 장르들을 탐색한 위고에 견줄 수 있는 시인이며, 에밀 파게Emile Faguet는 롱사르에게서 사상가이자 문인을 발견하고, 브륀티에르Bruntière와 랑송Lanson 등의 연구자들은 프랑스 문학의 새로운 문을 연 작가로 롱사르를 꼽는 데 주저하지 않았다. 마르셀 레몽Marcel Raymond은 일관되지 않은 시적 양상과 다양한 어조를 지닌 시인의 에토스를 발견한다. 1960년 질베르 가도프르Gilbert Gadoffre는 20세기 동안 이루어진 연구들이 롱사르가 보여 준 여러 시적 특성들의 가치를 제대로 발견되지 못하였다고 비판한다. 롱사르가 없었더라면 프랑스 시는 그 완벽의 경지에 이르지 못하였을 것이라고 말하는 그는 롱사르가 프랑스 시에 끼친 숨겨진 영향에 좀더 섬세한 시선이 필요하다고 지적한다. 이와 같은 연구자들의 곁에서 많은 시선집이 간행되고, 그에 관한 연구들이 《르뷔 드 라 르네상스*Revue de la Renaissance*》, 《위마니슴과 르네상스 총서*Bibliothèque d'Humanisme et Renaissance*》와 같은 16세기 전문 학술잡지들을 통해 소개된다.

위에서 언급한 연구자들이 롱사르 연구의 1세대라면, 2세대 연구자들의 선구자인 다니엘 메나제Daniel Ménager는 롱사르 시의 정치적 측면을 중심으로 시대의 주요 흐름을 시라는 틀에서 용해시킨 한 위대한 시인을 찾아냈다. 이 연구자는 일종의 한 연구 유파를 형성하였다. 이후의 다른 연구들이 메나제로부터 암시를 받고 있다고 해도 부당하지 않을 정도이다. 다니엘 메나제의 고등사범학교 선배이자 동료인 장 세아르Jean Céard는 그동안 제대로 연구가 되지 못한 롱사르의 신화가 그의 시적 세계의 형성에 끼친 기여를 기 드메르송Guy Demerson의 신화 연구에 뒤이어 제시하기에 이른다. 영국의 예이츠F. A. Yates는 롱사르의 궁정시와 정치시에 관심을 두고, 그의 시가 궁극적으로 지향하는 바가 화합임을 지적한다. 그 곁에서 테렌스 케이브Terence Cave는 롱사르가 시도한 다양한 음색은 결국 우주의 다양성을 반향한다는 점을 들추어냄으로써 롱사르 연구에 일대 진전을 가져온다.

롱사르 사망 400주년을 기념하는 1985년은 연구에 또 다른 새로운 흐름을 가져온 분수령이 된다. 이때부터 본격적으로 다양한 관점에 기초하여 롱사르의 작품을 읽는 연구들이 거듭된다. 미셸 시모냉Michel Simonin은 미셸 다송빌Michel Dassonville이 완성하지 못한 롱사르의 생애를 고증학적이고 문헌학적인 관점에서 소개함으로써 그동안 주관적이었던 롱사르 생애 연구에 새로운 바람을 불러일으킨다. 고등사범학교의 선후배들이자 20세기 후반기의 가장 명석한 롱사르 연구자들이라고 할 수 있는 장 세아르, 다니엘 메나제, 미셸 시모냉은 1584년 판본을 기본 텍스트로 삼아 두 권으로 된 롱사르 《전집》을 갈리마르 출판사의 '라 플레이아드 총서'에서 간행한다(1993-1994). 이들 2세대로부터 롱사르와 르네상스 시를 배운 신진 연구자들인 장-외드 지로Jean-Eude Girot, 안-파스칼 푸에-무누Anne-Pascale Pouey-Mounou, 드니 브자이Denis Bjaï, 프랑수아 루제François Rouget 등은 왕성한 연구 활동의 성과들을 제시하고 있다. 롱사르 연구 제3세대를 형성하는 그들은 기존의 연구 방식을 갱신하며 새로운 관점에서 롱사르의 작품을 해석하는 역량을 갖추고 있다. 프랑수아 루제는 19세기 중반 이후부터 최근까지의 롱사르 연구 문헌 목록을 출판함으로써 롱사르 연구의 또 다른 시작을 선언하였다(메미니, 2006). 파리의 오노레 샹피옹Honoré Champion 출판사는 롱사르의 새로운 《전집》이 프랑수아 루도François Roudaut와 프랑수아 루제의 편집하에 간행될 것을 예고하고 있다.

롱사르의 생애와 작품 연보

‖ 1524년 9월 2일 ‖

1524년 9월 2일(일요일) 새벽, 피에르 드 롱사르는 방돔Vendôme에 위치한 라 포소니에르 영지La manoire de La Possonnière에서 아버지 루이Loys와 어머니 잔 쇼드리에Jeanne Chaudrier의 여섯 째 아이로 태어난다. 루이는 부르봉-방돔 왕가의 봉신封臣이었다. 롱사르 집안은 오래전부터 루아르Loir 강에서 잡히던 붉은 잉어rosse 세 마리가 위아래로 나란히 놓인 문장紋章을 선택했다. 그래

시인이 출생한 라 포소니에르 영지 전경

황금빛 세 마리 잉어로 상징된 롱사르 가문의 문장紋章

서 이 가문은 14세기에는 'Rossart'나 'Roussart'로, 16세기 초반에는 'Ronsart'로 표기되었다. 'Ronsard'는 시인이 작품을 간행하며 처음 사용한 철자명이다.

16세기 이전의 롱사르 집안에 대해서는 알려진 것이 많지 않다. 롱사르의 먼 선조인 보두앵Baudouin 롱사르는 헝가리의 다뉴브 강 하류에 영지를 가진 귀족이었다. 4차 십자군 전쟁을 치르기 위해 헝가리 국왕 루이 1세와 연합한 필리프 6세 덕분에 프랑스 궁정에 들어오게 된 보두앵은 루아르 강변의 쿠튀르Couture에 정착하였다. 15세기의 올리비에 롱사르는 루이 11세의 기사였으며, 왕실의 포도주 관리 시종관을 수행한 것으로 기록되어 있다. 롱사르의 부친 루이(1479-1544)는 황태자 프랑수아와 앙리 도를레앙 공작(미래의 앙리 2세)이 소유한 궁의 수석 관리자였다. 1509년 루이는 국왕으로부터 생미셸 기사 작위를 수여받게 되는데, 이 직위에 힘입어 프랑수아 1세를 수행하여 1515년 마리냥Marignan 전투에서 혁혁한 공을 세우게 된다. 1525년 프랑수아 1세가 파비Pavie 전투에서 패해 샤를 캥Charles Quaint에게 볼모로 왕자들을 보내게 되었을 때에도, 국왕의 뜻에 따라 그들을 이국땅에서 돌보았다. 그만큼 그에 대한 국왕의 신임은 컸던 것이다. 루이에 대한 국왕의 신임 덕분에 어린 롱사르는 별 어려움 없이 후에 궁정에 들어갈 수 있게 된다. 루이에게는 문예에 대한 취향이 있었다. 그는 블루아 성에서 만나게 된 당시 최고의 시인 장 부셰Jean Bouchet의 메세나였으며, 그로부터 작시법을 배우게 된다. 실제로 두 권 분량의 라틴어 시를 작성하였으나 출판하지는 않았다.

‖ 1533년 ‖

루이는 롱사르가 9살이 될 때까지 가정교사에게 교육을 맡겼다. 롱사르의 독서에 대한 집착은 이때부터 시작된 것으로 여겨진다. 또한 숙부인 장 롱사르는 많은 책을 소유하고 있었는데, 그의 영향이 학교교육을 받기 이전의 어린 롱사르에게 상당한 영향을 끼쳤을 것으로 파악되고 있다. 몽테뉴가 출생한 해이자 라블레François Rabelais의 《팡타그뤼엘*Pantagruel*》과 클레망 마로Clément Marot가 프랑수아 비용의 《작품집*Oeuvres*》을 간행한 1533년, 10살의 롱사르는 3년 전에 설립된 파리의 콜레주 드 나바르Collège de Navarre(지금의 콜레주 드 프랑스 전신)에서 공부를 시작한다. 그러나 학습기간은 길지 않았다. 반년 정도 지난 후 아무런 소득 없이 고향 라 포소니에르로 돌아온다. 이런 교육들이 롱사르에게 독서 취향을 불러일으킨 것은 사실이다. 그렇지만 어린 롱사르의 관심은 무엇보다도 고향의 자연이 마련해 주는 감미로움이었다. 그는 자연 속에서 즐거움을 맛보았으며, 바로 이곳에서 뮤즈들의 영감을 받게 되었다고 후에 기록하고 있다. "바로 12살 때였다. 계곡 저 깊은 곳에서,/사람들이 찾지 않는 울창한 숲에서,/신선한 공포로 뒤덮인 신비의 동굴 안에서,/아무런 걱정 없이 시를 쓰게 되었던 것은."

‖ 1536년 ‖

1536년 롱사르는 부친의 뜻에 따라 자신과 교감을 나누던 숲의 요정들, 연못의 님프들 곁을 떠나 황태자 알랑송 공작(프랑수아 1세의 아들)의 시동page이 되기 위해 고향을 떠나지만, 궁에 도착한 지 일주일 만에 황태자의 갑작스런 죽음을 목격하게 된다. 이어 샤를 당굴렘(프랑수아 1세의 셋째 아들)의 시동이 되어 스코틀랜드 국왕 자크 5세와 혼인한 여왕 마들렌의 병문안을 떠나는 인문학자 라자르 드 바이프Lazare de Baïf를 수행한다. 오랜 악천후 끝에 간신히 도착한 이국의 땅에서 롱사르는 여왕의 죽음마저 목도하게 된다. 이 두 번에 걸친 죽음의 순간을 목격한 충격은 컸다. 이것은 그의 전 작품을 통해 죽음에 대한 언급들이 등장하는 것에서도 알 수 있다. 2년여의 기간을 스코틀랜드에서 보낸 롱사르는 1539년 귀국하여 샤를 도를레앙 궁정의 왕실 시종관Ecuyer 직을 맡게 된다. 한편, 부친 루이는 언제나 아들이 군인의 직업을 택하기를 원했다. 당시로서는 이 직업만이 궁정에서의 안정된 삶을 보장할 수 있었기 때문이다. 그러나 외교관인 라자르 드 바이프를 수행하여 독일을 다녀온 1540년 말, 롱사르는 혹독한 관절염 때문에 뒤 벨레처럼 반귀머거리가 되고 만다. 칼과 창을 좋아하였던 롱사르는 군인으로서의 직업을 포기하지 않을 수 없었다. 이 고통을 시인은 이렇게 밝히고 있다. "아! 귀국하자마자 고통스런 병이 / 알지 못할 운명으로 나의 귀를 막아 버렸다, / 심각한 불면증으로 나를 혹독하게 짓눌러서 /오늘날 아직도 나는 반귀머거리가 되어 있다." 그러나 질병의 고통은 오히려 롱사르에게는 행운이었다. 뮤즈들과 대화를 나누는 일만이 그에게 남아 있게 된 것이다.

‖ 1540년 8월 ‖

아마도 1540년 8월 중순경에 롱사르는 최초로 〈그녀[뮤즈]의 류트에게Ode à son Luc〉를 작성한 것으로 보인다. 이 작품은 1550년 《총림》에 실리지만, 이때만 해도 인쇄업자들이 자주 작가의 작품에 교정을 임의대로 가했던 시기였고, 롱사르 자신도 후에 작품을 퇴고하였기 때문에, 최초의 원고 상태가 어떠했는지는 알려져 있지 않다. 그는 부친이 사망한 1544년 마침내 자유의 몸이 되어 시인의 길을 걷기로 결심한다.

‖ 1543년 ‖

1543년 3월 6일 르 망Le Mans의 교구장이었던 기욤 뒤 벨레의 사망 소식을 듣고 이 도시를 방문한 그는 르네 뒤 벨레로부터 성직자로서의 소명의식이 없으면서도 삭발례tonsuré를 받는다. 최소한 교구를 운영하며 삶을 유지할 수 있는 수단을 마련하기 위해서였다. 이때 그는 르네 뒤 벨레의 비서로 있었던 작크 플르티에 뒤 망Jacques Peletier du Mans을 만난다. 호라티우스를 최초로 프랑스어(1541)로 번역하고, 1555년에는 《시학》을 출판할 시인이자 인문주의자인 플르티에에게 롱사르는 "나름대로 자신이 작성한" 원고들을 보여준다. 롱사르에게서 시인의 자질을 간파한 플르티에 덕분에 그는 "호라티우스를 모방한 글쓰기"를 시작하게 된다. 마르그리트 드 나바르(프랑수아 1세의 누이)의 보호를 받고 있던 플르티에는 작품을 출판한 적은 없었지만 이미 그의 명성은 호라티우스 번역 덕분에 여러 독자들을 확보하고 있었다. 롱사르의 이름이 문단에 알려지게 된 것 역시 그의 덕택이라고 하지 않을 수 없다. 게다가 플르티에는 첫 시집을 1547년에 간행하며 롱사르의 첫 작품인 〈피에르 드 롱사르가 플르티에에게 바친 오드, 연인으로 삼고 싶은 아름다운 여인들Ode de Pierre de Ronsard à Jacques Peletier des Beautez qu'il voudroit en s'Amie〉을 실어 준다. 후에 플레이아드 유파라고 불릴 진영에 가담하게 될 그는 진정한 의미에서 롱사르의 창작에 영향을 끼친 최초의 문인이라고 할 수 있다.

‖ 1544년 ‖

롱사르는 라자르 드 바이프가 아들 장 앙투안의 교육을 위해 만든 학습 모임에 참석하여 본격적으로 미래의 인문학자들을 만나게 된다. 연대기 작가인

롱사르의 스승이자 대표적인 그리스 문헌학자인 장 도라. 라틴어 이름은 아우라투스(Auratus, 1508-1588)

르네 마세René Macé, 카르나발레Carnavalet, 플로리몽 로베르테Florimond Roberté, 앙투안 샤테니에Antoine Chasteignier 등이 이 모임의 학생들이었다. 게다가 고전 문학 연구자인 장 도라Jean Dorat가 모임의 선생으로 오게 되면서, 본격적으로 미래의 플레이아드 시인들의 탄생을 위한 그룹이 형성된다. 도라의 지도하에서 이들은 고전문학을 번역하거나 주석을 다는 공부에 임하게 된다. 이 시기에 롱사르는 처음으로 호메로스, 핀다로스, 리코프론, 칼리마크, 카툴루스, 프로페르티우스, 티불루스 그리고 신라틴 작가인 퐁타노나 장 스공의 작품을 읽으며 인문학적 소양을 쌓기 시작한다.

‖ 1545년 4월 21일 ‖

롱사르는 블루아 성에서 열린 무도회에서 14세의 카상드르 살비아티를 만나게 된다. 카상드르는 피렌체 은행가 출신으로 프랑스로 건너와 국왕 프랑수아 1세의 재정을 관리하였으며, 블루아 근처의 탈시Talcy에 영지를 가지고 있었던 베르나르 살비아티Bernard Salviati의 딸이었다. 이 젊은 여인을 롱사르는 사랑했지만 삭발수사라는 신분 때문에 그녀와의 결혼을 약속하지는 못했다. 게다가 이 처녀는 1546년 11월 23일 라 포소니에르 근처 장 드 페녜Jehan de Peigné 지방의 영주인 프레le sire de Pray와 결혼을 하게 된다. 그렇다고 해서 두 사람의 관계가 중단된 것은 아니다. 롱사르 자신이 밝히고 있듯이 카상드르는 롱사르의 시를 읽고, 악기로 연주할 수 있는 능력을 지닌 교양 있는 여자였다. 그들의 사랑은 6년 동안 지속되었다. 카상드르는 1550년의 《오드집》에도 가끔씩 등장하지만, 그녀의 이름이 무한히 환기될 곳은 1552년 《카상드르에 대한 사랑시집》에서이다. 이곳에서 그녀는 때로는 갈색, 때로는 금발의 여인으로 소개된다. 시집에 묘사된 그녀의 모습이 실제 모습을 반영한 것인지 알 수는 없다. 그러나 시인의 실제 삶과 그가 시를 통해 밝힌 개인사와 관계된 내용을 구분할 필요가 있어 보인다. 롱사르에게 있어 카상드르는 단지 시적 영감을 가져다주는 한 여인일 뿐이었기 때문이다. 그녀는 한 개인으로서가 아니라 새로운 프랑스 시를 위해 도입된 당시의 문학적 관습을 반영하는 존재이다. 여기서의 문학적 관습이란 페트라르카와 신플라톤주의를 가리킨다. 카상드르의 아름다운 눈동자 안에 남아 있는 큐피드의 화살과 머리카락은 자신을 사로잡는 '감옥'이고, 그녀의 눈에서 나오는 설명할 수 없는 독이 심장을 뚫고 들어와 그 안에 그녀의 얼굴을 영원히 새겨 놓는다는 내용은 전형적인 페트라르카 방식이다. 고통과 행복을 사랑에서 느끼는 한 남성의 사랑 고백을 통해 롱사르는 페트라르카를 모방하면서도, 그것을 그녀의 아름다움 덕분에 천상의 미를 볼 수 있다는 신플라톤주의와 결합시킨다. 카상드르에 대한 사랑에서 롱사르는 인간의 육신을 에오타 정상에서 불태우고 천상에 올라 영원한 아름다움을 만나는 헤라클

롱사르와 카상드르가 사랑을 나눈 탈시 성의 우물

레스와 같은 시인의 역할을 탐색하게 될 것이다.

‖ 1547년 ‖

파리 학구 고문서에 따르면 1547년 롱사르는 대학에 등록하였다. 그의 이름은 동료시인 바이프와 함께 기록되어 있다. 이들은 1549년까지 현재의 루이르 그랑 고등학교 뒤쪽에 위치하였던 콜레주 드 코크레에서 학교장으로 새로 부임한 스승 도라의 지도하에 그리스와 라틴 고전문학을 본격적으로 공부하게 된다. "지식을 갈망하는" 롱사르의 배움은 5년 동안 지속되었다. 롱사르는 언제나 스승에 대하여 존경의 마음을 지니고 있었다. 왜소한 체격의 이 스승은 그리스와 라틴 시의 열렬한 찬양자이자 문헌학자였으며, 롱사르에게 그리스 시의 가치를 전수하였다. 롱사르는 밤낮없이 고전문학을 탐독하고 필사하며 고대의 화려하고 영광스런 문화를 접하게 된다. 당시 대부분의 문헌학자들처럼 도라에게는 박식한 지식과 더불어 문예적 감수성이 있었다. 바로 그 덕분에 롱사르는 호메로스의 서사시에 깃들인 신화의 문학적 가치를 발견하게 된다. 게다가 라틴어와 그리스어에 정통하였던 롱사르의 재능은 일찌감치 도라의 눈에 띄었으며, 스승의 배려하에 시인으로서의 그의 이름이 알려지기 시작한다. 도라의 교육이 없었다면 롱사르가 고전 시인들이 사용한 "우화의 외투"라고 비유되는 신화를 통해 세상의 진실을 전달하는 방법을 접하기는 어려웠을 것이다. 뒤 벨레 역시 콜레주에서 공부를 하게 되며, 화가이자 음악가인 니콜라 드니조Nicolas Denizot, 랑슬로 드 카를Lancelot de Carle, 그리고 콜레주 드 루아얄 교수가 될 드니 랑뱅Denys Lambin과 더불어 롱사르는 플라톤의 철학을 논하기도 한다. 바로 이곳에서 연구자들이 플레이아드 유파라고 지칭할 '부대Brigade'라는 모임이 형성된다.

여기에서 플레이아드 유파에 대해 간단히 언급할 필요가 있다. 이 명칭은 흔히 롱사르와 뒤 벨레를 포함한 7명의 시인들 모임을 가리키기 위해 사용되어 왔다. 그러나 롱사르가 이 명칭을 사용한 적은 단 한 번밖에 없다. 1556년 그는 "벨로, 그는 훌륭한 자들의/부대에 와서 7번째 플레이아드를 완성하였다"라고 말했을 뿐이다. 오히려 이 용어는 "너[롱사르]의 용감한 머리에서 나오는 감미로운 독에/취한 플레이아드를 나는 따르지 않았단 말이다"라고 말한 신교 작가 플로랑 크레티앙Florent Chrétien이 롱사르를 비난하기 위해 사용한 명칭이기도 하다. 그런데 이 명칭이 현대에 와서 르네상스 시의 개혁을 시도한 시인들을 가리키게 된 것은 무엇보다도 생트뵈브와 낭만주의 시인들 덕분이라고 하지 않을 수 없다. 게다가 롱사르의 "부대"마저도 언제나 같은 시인들로 구성된 것은 아니었다. 비록 7명이라는 숫자는 일정하게 유지되었지만, 롱사르와 뒤 벨레 이외에 도라, 플르티에, 바이프, 조델, 티아르, 데 조텔, 벨로, 라 페뤼즈, 마니, 드니조, 가르니에 같은 여러 시인들이 이 모임에 소속되기도 했다.

‖ 1549년 3월 20일 ‖

1548년 6월에 출간된 세비에Thomas Sébillet의 《시학*Art poétique*》은 도라의 학생들을 한데 모으는 구동력의 역할을 한다. 젊은 시인들은 마로의 열렬한 찬양자이자 자기 시대의 시와 과거 시의 연결 고리를 찾고자 한 세비예의 시적 이론을 반박하며 "I.D.B.A."라는 머리글자만 지시된 저자의 이름으로 《프랑스어의 옹호와 현양*Deffence et Illustration de la langue françoyse*》(1549년 3월 20일)을 발표하게 된다. 작품의 저자는 앙주 출신 조아생 뒤 벨레였다. 페트라르카에게서 영감을 얻은 작품인 《올리브*L'Olive*》를 이해 초에 출판하여 이미 명성을 얻고 있었던 뒤 벨레가 새로운 유파의 선언문이 될 이 작품에 무게를 실어 주기에는 가장 적합한 저자로 추천되었을 것이다. 그러나 《옹호》에는 롱사르의 견해가 십분 반영되어 있음을 부인할 수 없다. 《옹호》는 시인의 타고난 영감이 그 완벽함에 이르기 위해서는 시적 창조의 세심한 노력이 필요하다는 것과 번역보다는 고대 모방이 요구된다는 것을 주장한다. 또한 라틴어를 선호하여 모국어를 버린 작가들을 비난하게 된다. 이전 세대와 새로운 세대의 이론적 대립 상황에서 롱사르는 좀더 방대하고 원대한 계획을 세우게 되는데, 그것은 오드라는 장르로 쓰여진 시집을 간행하는 것이었다.

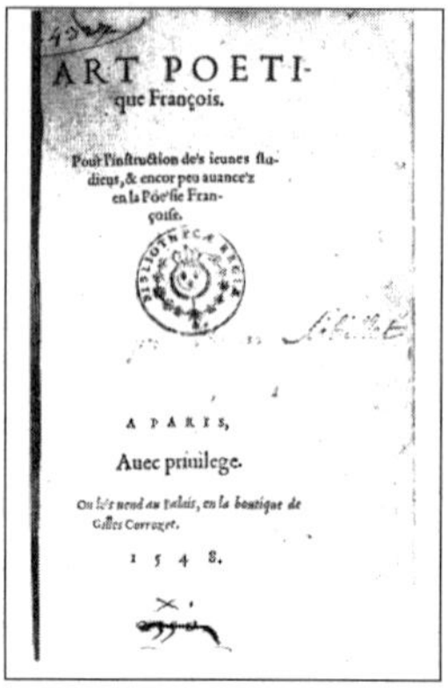

토마 세비예의 《시학》(파리, 질 코로제, 1548, in-8°)

《프랑스어의 옹호와 현양》(파리, 아르누 앙즐리에, 1549, in-8°)

‖ 1550년 1월 말 ‖

롱사르는 총 4권으로 구성된 《오드집》을 기욤 카벨라Guillaume Cavellat 출판사에서 간행한다. 94편의 작품을 싣고 있는 이 시집은 주로 호라티우스를 모방하고 있지만, 그중 12편은 핀다로스의 오드 형식을 취하고 있다. 거의 모든 작품들이 음악성을 고려하여 "리라에 맞춰" 작성되었다. 즉, 동일한 리듬이 시절 전체에 적용되고 있으며, 각 시행의 구조와 각운 역시 한 시절에서 규칙적으로 구성되었다. 게다가 루이 메그레Louis Meigret의 철자법 개혁 요구에 따라 롱사르는 발음에 따른 철자법을 시도하였다. 이런 시도는 프랑스에서 최초라고 할 수 있다. 그러나 시적 개혁을 롱사르는 겸손한 어조로 요구하지 않았다. 오만과 자신감에 가득 찬 어조로 작성된 〈서문Au lecteur〉에서 그는 스스로를 프랑스 최초의 서정 시인으로 정의하며 핀다로스와 호라티우스를 계승하는 시인으로 자찬하고 있을 뿐만 아니라, 동시대 시인들이 여전히 숭배의 대상으로 삼고 있었던 마로나 에로에Antoine Héroët, 모리스 세브Maurice Scève, 그리고 이전 세대의 대변자라고 할 수 있는 생 즐레와 같은 시인들을 지나간 세대의 시인으로 규정한다. 작품은 주로 동시대의 역사적 인물, 그들의 업적 그리고 동료 시인들에 대한 찬양으로 채색되어 있다. 1950년 이전의 비평가들은 이 작품에서 고대시인들을 지나치게 모방한 롱사르의 단점을 지적해 왔지만, 이후 비평들은 롱사르의 독창적인 모방이 지닌 시적 가치들을 발견하게 된다. 핀다로스를 모방한 작품을 통해 고대에 다루어진 주제를 자기 시대의 상황에 맞추어 노래한다는 것, 중세 이후 프랑스의 전통이 되었던 서사적 사실성을 계승한다는 것, 인생에 대한 교훈을 담고 있다는 것, 그리고 서정적이고 육감적이지만 차분하고 진지한 어조로 여러 주제들을 다루고 있다는 것은 그의 모방이 고대시인들에 대한 종속적인 자세에서 벗어나 그들을 자유롭게 다룰 수 있는 새로운 시인의 탄생을 알리고 있다는 것을 증명한다. 또한 다양한 운율의 결합 방식과 리듬 등은 롱사르 자신이 비난한 전 세대에 속하는 시인들에게서는 결코 발견할 수 없던 것이었다.

1550년《올리브》재판을 간행한 뒤 벨레가 경쟁자이자 동료시인인 롱사르에게 "신성한"이라는 형용사를 부여할 정도로 이 시집이 가져온 반향은 상당했다. 동료들은 롱사르를 앞 다투어 찬양하기 시작했고, 작품 판매량은 급속도로 증가해서 1553년 증보 재판, 그리고 1555년에는 증보 수정된 제3판을 간행하지 않을 수 없었다. 심지어 마로 유파의 시인들마저도 오드라는 장르로 작품을 쓰게 된다. 그러나 작품에 대한 이런 반응을 위협하는 사건이 있었다. 롱사르가 "궁정의 운율쟁이들rimeurs de Cour"이라고 비하한 자들의 선배 격인 생 즐레는 처신이 신중한 사람이었음에도 불구하고 1550년 6월 앙리 2세 앞에서《오드집》의 시인을 조롱한 것이다. 시적 권력을 쥐고 있었던 궁정시인인 그가 새로운 시인을 공격한 것은 그만큼 이 작품의 반향이 컸다는 것을 암시할 수 있다. 그러나 생 즐레의 조롱은 궁정의 인정을 받고자 원했던 롱사르에게는 커다란 위협이 아닐 수 없었다. 당시 시인들의 상황은 결코 창작에 유리한 조건을 마련해 주지 못하고 있었다. 경제적이고 물질적인 안정 속에서 창작 생활을 유지하기 위해서 당시 작가들에겐 정치권력의 보호가 간절히 필요했다. 1549년 파리 입성 축제 준비를 위해 앙리 2세가 세비예와 생 즐레에게 축제 준비 권한을 부여한 것에 분개한 롱사르가 〈국왕이 파리에 입성하기 전에Avant-entrée du roi à Paris〉라는 작품에서 새로운 시인들에게 관심을 부여할 것을 촉구한 것도 바로 이런 이유 때문이었다. 게다가 롱사르에 대한 공격은 단지 생 즐레로 그치지 않았다. 대표적인 신교 시인인 기욤 데 조텔, 신교의 정신적 수장인 테오도르 드 베즈 역시 롱사르를 비난하였는데, 이 비난의 근거로서 이교적이고 육감적인 어조와 표현을 지적하고 있다. 롱사르와 생 즐레의 불화는 2년여 동안 지속된다. 이들의 화해는 1553년 1월 초, 앙리 2세의 누이인 마르그리트 당굴렘Marguerite d'Angoulême의 수석대신chancelier인 미셸 드 로피탈에 의해 이루어진다. 《오드집》 3판 제5권에서 롱사르가 로피탈에게 바치는 긴 시를 쓰게 된 것 역시 자신에게 궁정의 호의를 이끌어 준 그에게 감사를 표시하기 위해서였다.

‖ 1552년 9월 말 ‖

롱사르는 1551년 《사랑시집》을 쓰기 시작하여 총 183편의 소네트를 모아 다음 해에 출간한다. 페트라르카와 신플라톤주의를 배경으로 삼아 카상드르 살비아티에 대한 사랑을 노래하는 이 시집은 그가 비난한 궁정의 "페트라르카풍의 보잘 것 없는 시petits vers pétrarquisés"를 작성한 시인들에 대한 또 다른 공격의 성격을 띤다. 그러나 롱사르가 이 시집을 간행하게 된 여러 배경을 찾을 수 있다. 이미 페트라르카풍 시집인 《올리브》를 간행한 뒤 벨레와의 경쟁을 생각할 수도 있고, 이탈리아 시인에게 적극적인 관심을 보였던 티아르나 바이프 같은 시인들에 앞서 진정한 사랑시의 면면을 미리 보여주고자 한 롱사르의 의도를 생각해 볼 수도 있다. 더불어 이런 새로운 유파 시인들 사이의 경쟁뿐만 아니라 당시 궁정인들의 페트라르카 시에 대한 열렬한 심취를 생각할 수 있다. 프랑스의 전통적 궁정풍 연애와 이탈리아 작가 아리오스트Arioste의 《분노한 롤랑*Roland furieux*》이나 《아마디스 드 골*Amadis de Gaule*》 같은 기사도 소설의 영향은 여성의 신성화와 이상화 그리고 귀족적 정신의 미덕을 부각하는 페트라르카와 신플라톤주의에 힘입어 세련된 궁정문화를 만들어 가고 있었다. 롱사르는 뒤 벨레가 이야기한 "몇몇 이탈리아 근대시인들"의 작품을 읽었으며, 페트라르카《노래》의 주요 주제들, 예를 들면 아름다운 여인, 그러나 사랑을 구하기 어렵고 게다가 무관심한 여인, 그 여인에 대한 사랑을 불태우다 좌절하는 한 남성, 열정의 수렁에 빠져 고통을 자신의 운명으로 여겨야만 하는 한 존재 등의 주제들을 기억하고 있었다. 따라서 롱사르의《사랑시집》은 궁정인들의 취향에 부합하는 것이었다. 이것은 생 즐레와의 불화로 인해 초래된 반감을 무마하며 궁정으로부터 호의적 반응을 얻기 위해 시집을 쓰게 된 것이다.《사랑시집》의 간행에는 문학적 관심사와 더불어 시인 개인의 관심사가 모두 반영되어 있다고 할 수 있다.

시집에 대한 궁정의 반응은 대단했다. 1553년에 40편의 소네트가 덧붙여진 수정 증보판이 간행된 것은 이 작품에 대한 궁정의 평가를 대변한다고 말할 수 있다. 게다가 신화적 언급으로 난해함을 준다는 독자들의 반응을 고려한 롱사르의 부탁으로 인문학자 앙투안 뮈레가 주석을 덧붙이게 되고, 구디멜Goudimel, 세르통Certon, 자느캥Janequin과 같은 당시 음악가들이 총 174편의 소네트에 곡을 붙여 대중화에 기여하게 된다. 그리하여 1552년 말 이미 "프랑스의 핀다로스Pindare français"라는 칭송을 받고 있었던 롱사르는 "프랑스의 페트라르카Pétrarque français"라는 또 다른 명칭을 부여받게 된다.《사랑시집》과 더불어 롱사르는 비로소 명실상부한 새로운 유파의 수장에 오르게 된 것이다. 그리하여 뮈레는 롱사르는 죽어서도 "프랑스 시인들의 왕자Gallicorum poetarum facile princeps"로 남게 될 것이라고 예언하고 있다.

‖ 1553년 8월 ‖

1553년 8월 8일 《오드집》 제5권을 간행하기 바로 직전, 롱사르는 지금까지와는 전적으로 어조가 다른 새로운 작품을 간행한다. 그것은 《익살시집*Les Folastries*》(4월 19일)이다. 1551년 6월부터 쓰여지기 시작한 이 작품은 외설적 표현으로 인해 점잖은 지식인 독자층에 충격을 안겨다 주었다. 몇몇 작품들은 다시 《흥겨운 시*Gaietés*》라는 제목을 지닌 시집에 재간행된다. 이 작품에서 사용된 표현의 사실성과 관능적인 의미에 담긴 풍자성은 중세 익살시의 경향과 말장난의 전통을 계승하고 있는 것으로 고려될 수 있으며, 당시의 브뤼겔이나 제롬 보슈의 그림을 연상시키기도 한다.

‖ 1555년 1월 25일 ‖

1554년 1월 《총림》 재판본과 《잡시집*Mélanges*》을 간행한 롱사르는 1555년 1월 기존의 《오드집》에 여러 작품을 보충하여 총 4권으로 된 제3판을 간행한다. 작품에는 우울한 시인의 모습이 등장하기도 하고, 귀족들의 주문에 의해 작성된 궁정시들이 발견되기도 하지만, 이러한 퇴고와 수정을 거친 재판의 간행은 작품에 대한 롱사르의 엄격하고도 예민한 비판 정신을 반영한다. 그는 인위적인 고어, 신조어, 라틴어 표현, 모호한 비유 등을 엄격하고도 과감하게 삭제한다. 이에 대해 "롱사르가 말레르브가 이룰 개혁의 문을 열어 보였다"라는 후대의 평가가 있기도 하다. 거듭된 출판 작업을 통해서 롱사르는 조금씩 고대시인들로부터 벗어나 스스로의 길을 만들어 간다. 특히 초기의 의기양양함과 오만함에서 벗어나 친근한 어조를 택하게 된다. 이런 특징은 같은 해에 간행된 《사랑시집 속편》과 《찬송시집》 그리고 1556

년의 《새로운 사랑시집 속편》에서도 엿볼 수 있다. 일련의 《사랑시집 속편》은 부르게유Bourgueil에서 만난 15세의 마리에 대한 사랑을 노래한 시집이다. 그러나 연구자들은 그녀에 대한 어떤 문헌적 자료를 발견하지 못하였다. 롱사르는 시골 출신인 이 여인의 신선함과 생기발랄함에서 새로운 욕망을 느끼게 된다. 롱사르의 연대기 작가인 비네에 따르면 그는 "진정 그녀를 사랑"했던 것으로 보인다. 그러나 마리 이전에 그가 파리 출신의 동명이인인 또 다른 마리, 그리고 잔Jeanne과 투아농Toinon 같은 여인들에 대해서도 사랑을 고백하고 있다는 것을 고려한다면 단지 이 여인들은 실제 사랑의 대상이기보다는 카상드르가 그러했던 것처럼 시적 소재였을 뿐이라고 보는 것이 적당하다. 1555-56년 시집들에서는 더 이상의 현학적 표현이 발견되지 않는다. 페트라르카식의 고상한 어조나 표현의 모호함은 제거되었고, 신화적 언급도 적은 편이다. 그러나 마리에 대한 사랑의 노래들은 카상드르에 대한 《사랑시집》만큼 성공을 거두지는 못한 것으로 보인다. 1557년에 파리와 루앙에서 재판이 나왔을 뿐이다.

‖ 1555년 말 ‖

1555년 9월말에서 11월 초 사이에 간행된 것으로 추정되는 《찬송시집》 1권과 이듬해 8월 15일에 간행된 2권은 "시인들의 왕자"라고 불릴 정도로 절정에 오른 롱사르의 명성을 증명하는 작품이다. 이 작품의 출판은 롱사르에게 '새로운 칼리마코스'라는 호칭을 부여했다. 《찬송시집》은 프랑스에 철학시의 새로운 등장을 알리는 예고탄의 역할을 한다. 물론 프랑스에는 중세의 《장미이야기》와 같은 철학적 어조의 시적 전통이 있었으며, 같은 해 플르티에가 《사랑에 대한 사랑*Amour des Amours*》(1555) 같은 작품을 간행하였지만, 시적 사고의 깊이에 있어서 롱사르에 견줄 만한 것은 되지 못한다. 호메로스, 칼리마코스, 피렌체의 피치노 학파, 이탈리아 시인 알라마니 그리고 신라틴 작가 마륄과 같은 작가들의 작품을 탐독한 롱사르는 이 시집에서 세상과 사물에 대한 자신의 철학적 관점을 귀족에 대한 찬양과 곁들여 해석해 내고 있다. 이런 특징 때문에 19세기 시인들 이후에 발견되는 시적 특징에 익숙한 현대의 독자들은 이 시집을 통해 드러나는 시인의 교육적이고 훈계 어린 목소리를 충분히 비난할 수 있을 것이다. 시와 과학이라는 두 용어의 결합이 현대의 독자들을 불안하게 만들 수 있는 것이다. 그러나 당시에 '과학'은 세계에 대한 비전에 상응하는 것으로서 시적 표현에 매우 적합하였다. 서정적 어조를 유지하면서도 지식을 전달하는 시인을 시대는 요구했으며, 이 시집의 출간은 새로운 시적 사건의 하나로 취급되었다.

롱사르는 《오드집》 등에서 간략히 내비친 철학적 개념에 관한 취향을 이 시집에서 사랑, 영원, 천상, 별, 태양, 달, 바다, 땅의 소재를 가지고 다룬다. 비록 시집이 '찬송'을 뚜렷이 정의하지 않고 있는 것에서 알 수 있듯이, 철학적 개념에 대한 그 어떤 논리적 체계를 제시하지는 않는다. 그러나 이 작품의 성공을 보장하는 요소로는 철학적 해석을 담아내는 감동적이면서도 웅장하고 동시에 근엄한 서정적 울림을 지적할 수 있다. 개인적인 철학적 영감이 매우 숭고한 어조로 표현되고 있어 시적 울림의 폭이 확장되고 리듬은 생동감을 얻고 있다. 교육적 측면이 강한 이 시집을 서정적 울림으로 감싸는 것이다. 《찬송시집》의 성공은 플르티에나 티아르, 혹은 세브와 바이프뿐만 아니라 벨로와 뒤 바르타Guillaume Du Bartas 혹은 라 보드리Lefèvre de La Boderie와

앙투안 카롱, 《일식을 연구하는 천체학자》(런던, 개인소장)

같은 다른 시인들에게 《에우클레이데스*Euclide*》, 《우주*Univers*》, 《망티스*Mantice*》, 《소우주*Micromonde*》, 《영원의 신비에 관하여*Encyclie*》, 《대기현상*Météores*》, 《창조의 한 주*La Sepmaine*》, 《라 갈리아드*La Galliade*》와 같은 여러 철학시 혹은 과학시를 시도하도록 만드는 계기가 된다. 그만큼 이 시집의 반향이 컸다. 브랑톰은 메리 스튜어트를 비난한 것으로 인해 사형에 처해진 샤텔라르Chastellard라는 한 신교도가 죽음에 앞서 성서 대신 롱사르의 〈죽음의 찬송〉을 읊었다고 기록하고 있을 정도이다.

‖ 1559년 1월 ‖

1557에서 1559년 동안 롱사르의 활동은 그 이전에 비해 상대적으로 활발하지 않은 편이다. 다만, 그는 이 시기에 궁정의 주문에 따라 흔히 계기시poésie de circonstances라고 불리는 많은 작품들을 쓰게 된다. 특히 그는 1558년 축제에서 처음으로 '전원시Eglogue'를 시도하게 되고, 1559년에는 성격이 다른 여러 시들을 한데 모아 《잡시집*Mélanges*》의 재판을 간행한다. 이 시집에서 그는 귀족에 대한 찬양의 어조를 드러낸다. 그렇지만 전통적이고 상투적인 어조로 자신의 개인적 감정을 표현하면서도 그것을 좀더 광대한 우주적 관점에서 바라보려는 시적 의도를 엿볼 수 있다. 1558년 10월 14일 궁정시인으로 있던 생 즐레의 사망에 뒤이어 이듬해 1월 말 롱사르는 마침내 "궁정시인

겸 사제장Poète et Aumônier du Roi"이라는 공식 직위에 오르게 된다. 시인의 영광을 보장하는 이 직위를 위해 롱사르는 일 년에 최소한 3개월 이상 국왕을 수행하여 매일같이 행해지는 종교 행위, 기도, 미사, 보시aumône 등의 행사에 참석해야 했다. 그리고 매년 1200리브르의 수입을 보장받았다. 그러나 이것은 롱사르가 꿈꾸어 왔던 교구 직과는 비교가 되지 않을 정도로 미미한 수입이었다.

‖ 1560년 12월 초 ‖

16세기에 35세라는 나이는 우리가 흔히 '평균수명'이라고 부르는 나이에 해당한다. 몽테뉴의 말을 믿는다면 이 시기 "유명인들은 대부분 35세가 되기 전에 사망하였다". 1560년에 36세였던 롱사르 역시 자신이 늙었다고 생각하였으며, 그것을 여러 해 전부터 되풀이해서 말해 왔다. 게다가 이 해 1월 1일 뒤 벨레가 책상 앞에서 뇌출혈로 사망하자 더욱 죽음을 준비할 필요성을 갖게 된다. 이런 이유에서였을까? 롱사르는 인쇄업자 혹은 출판업자(당시에는 동일 인물)들이 자신이 의도한 바와는 다르게 작품에 수많은 오식들을 남겨 놓았다고 불평을 하며, 이제는 자신의 시적 생애를 정리할 필요가 있다고 생각한다. 그리하여 총 4권으로 된 《전집*Œuvres*》이 파리 왕실 출판업자인 가브리엘 뷔옹 출판사에서 4절 판형의 묵직한 크기로 출판된다. 1권은 《사랑시집》 2책livre, 2권은 《오드집》 5책, 3권은 다양한 소재를 다룬 작품들을 모은 《시집*Poèmes*》, 그리고 4권은 《찬송시집》 2책으로 구성되어 있다. 이런 식으로 자신의 전 작품을 생존 시에 출판한 작가는 롱사르가 처음일 것이다. 그렇지만 그는 자신이 쓴 작품들을 재간행하는 것으로 그칠 수가 없었다. 당시의 정치적 상황이 그에게 새로운 작품을 쓰도록 요구했기 때문이다.

‖ 1562년 ‖

1560년 12월 프랑수아 2세가 사망하자 아우인 샤를 9세가 12살의 나이에 왕위에 오르게 된다. 그러나 국왕의 어린 나이는 왕권의 약화를 불러왔으며, 이에 모친인 카트린 드 메디시스가 섭정을 시작하게 된다. 1561년 푸아시 종교회의와 오를레앙의 삼부회의 등을 통해 왕모는 수석대신 미셸 드 로피탈의 제안에 따라 '화합정치'를 추진하며 신교에 대한 관용 정책을 펼쳐나간다. 그러나 1562년 3월 기즈 공작이 바시Wassy에서 신교도들을 학살함으로 인해 콩데 공을 수장으로 한 신교도들의 무력 항쟁이 시작된다. 그들은 오를레앙을 점령함으로써 1차 종교전쟁의 시작을 알린다. 이해 5월 롱사르는 《이 시대의 비참에 대한 논설》이라는 작품을 통해 폭력에 대한 분개와 이에 대한 신교의 책임을 묻는 구교의 대변자 역할을 수행하기 시작한다. 그리고 10월에는 카트린 드 메디시스에게 바치는 《새로운 논설시집》, 이듬해 초에는 《프랑스 백성에게 고하는 훈계》를 팸플릿 형태로 출판한다. 이 작품들의 반향은 즉각적이었다. 곳곳에서 시인의 이름이 삭제된 다른 판본들이 무수히 쏟아져 나왔다. 특히 신교도 시인들은 롱사르 한 개인을 공격의 대상으로 삼아 비난과 반박의 시들을 작성한다. 이에 맞서 롱사르 역시 1563년 4월 1,200행의 《답변*Response*》을 통해 시인의 자질을 문제 삼은 신교도들의 비난을 조목조목 반박한다. 여기에서 그는 "내 충만함 덕분에/그대들은 채워졌고, 나 혼자만이 그대들이 배워야 할 대상이며/그대들은 내 위대함에서 탄생되

바시 대학살(16세기 동판)

었고,/그대들은 나의 하인들이며, 오직 나만이 그대들의 법이다"라고 목소리를 높이며 시인으로서의 자신과 시적 의도를 옹호한다. 그리고 "종이와 분노의 잉크를 들어/이 불행한 시대의 비참을 나는 써 나갔다"는 말을 통해 진정한 시인은 자기 시대의 비참함을 기억하도록 증명하는 것이라고 주장한다. 강렬하고 역동적이며 웅변적인 어조로 작성된 《논설시집》은 분명 궁정에 소속된 한 시인으로서의 역할을 충실히 수행하는 롱사르를 소개한다. 당시로서는 국왕의 뜻을 따르는 것이 궁정인의 바른 사명이었다. 따라서 롱사르의 이런 역할에 대해 현대적 관점을 가지고 시인의 종속성 여부를 논하는 것은 큰 의미가 없다고 할 수 있다.

신교 작가들과의 격렬한 논쟁은 롱사르에게 많은 상처를 입힌 것이 분명하다. 1563년 9월 샤를 9세는 종교전쟁의 종식을 선언하는 칙령을 통해 앞으로 그 어떤 논쟁도 하지 말 것을 종용하였지만, 롱사르는 《새로운 시집*Recueil des Nouvelles Poësies*》의 서문에서 다시 한 번 자신의 비방자들을 겨냥한 글을 작성한다. 그러나 1561년에서 1563년까지 작성된 또 다른 작품들을 싣고 있는 이 시집은 사랑과 연민에 빠진 다른 시인의 모습을 소개하고 있기도 하다. 즈네브르Genèvre와의 사랑, 영원한 칭송의 대상이었던 메리 스튜어트의 죽음에 대한 슬픔, 그리고 동시에 〈일 년의 사계절Quatre saisons de l'an〉이라는 작품을 통해 《찬송시집》의 영감을 다시 회복하여 지상의 아름다움에 따스한 시선을 던지는 시인의 모습을 회복한다. 달리 말하자면, 이 시집은 《논설 시집》이 거쳐 온 거친 용어들의 세계에서 받은 상처들이 그에게 새로운 시적 욕구를 불러일으키는 동인들로 작용했다는 것을 증명하고 있다.

‖ 1565년 ‖

샤를 9세는 시인에게 각별한 애정을 지닌 국왕이었다. 그는 롱사르가 오래 전부터 희망해 온 프랑스 서사시의 작성을 물질적이고 정신적인 여러 측면에서 지원해 주었을 뿐만 아니라, 롱사르와 개인적으로 시를 교환하며 그 어떤 시인보다도 그에게 각별한 애정을 숨기지 않은 국왕이었다. 덕분에 롱사르는 안정적인 생활을 하며 작품 활동을 할 수 있는 환경을 만들어 나갔다. 그러나 다른 한편으로는 궁정시인으로서의 임무를 수행해야 하는 상황을 만나기도 했다. 특히 왕실 정치에 도움이 되는 창작 활동을 해야만 했다. 1차 종교전쟁이 끝나고 짧은 평화 기간 동안 국왕을 비롯한 왕실은 왕권 강화를 위해 프랑스 각 지역을 돌아보는 '프랑스 순회tour de France'를 시도한다. 1564년 1월에 시작하여 1566년 여름까지 지속된 이 왕실의 이동에서 롱사르는 여러 축제에 참여하여 작품들을 제공하게 된다. 이들 작품들은 1565년 《엘레지, 가면극시 그리고 목가》라는 제목으로 출판된다. 비록 새로운 장르의 시도가 이 시집에서 엿보이진 않지만, 고대시인들의 모방과 중세 기사도 정신의 흔적들이 통합된 작품을 통해 롱사르의 이름은 대외적으로 널리 알려지게 된다. 특히, 가면극과 마상 시합, 야간 불꽃놀이 등이 펼쳐진 퐁텐블로 축제에서 롱사르는 구교와 신교 귀족들의 화해, 샤를 9세와 엘리자베트 1세의 결혼, 프랑스와 스페인의 화합 등을 비롯한 당시 "화합 정치"의 의도에 부합하는 작품들을 작성하였다. 궁정의 뜻에 따른 창작 활동이긴 했지만, 시집의 꼼꼼한 독서는 당시의 정치적 이해에 부응하면서도 시인으로서의 위엄과 시적 비전을 일관되게 간직하고 제시하려는 롱사르의 의도를 찾을 수 있게 한다.

이런 롱사르의 태도는 1571년 샤를 9세와 오스트리아 여왕 엘리자베트와의 결혼 그리고 그에 따른 왕과 왕비의 파리 입성을 위한 축제에서도 역시 드러난다. 스승 도라와 함께 축제의 총괄 책임을 부여받은 롱사르는 프랑스 국왕 통치하의 유럽 평화라는 정치적 목적을 고대의 신화로 해석해내며 축제를 성사시킨다. 1571년 축제를 위해 작성된 작품들은 후에 《가면극시, 전투시 그리고 결투시》라는 제목으로 《전집》에 실려 출판된다. 비록 축제라는 임시적이고 일회적인 순간들을 위해 작성된 작품들이지만, 이들 시편들은 르네상스 시기의 우주와 인간의 정치, 지상의 평화와 시인의 창작활동 등을 파악하는 데 유용한 여러 단서들을 제공한다.

앙투안 카롱, 《죽음의 승리》(파리 의과대학)

‖ 1567년 ‖

1565년 "단 세 시간 만에 작성된" 《프랑스 시법 개요*Abbregé de l'art poétique françoys*》를 통해 미래의 시인들을 위한 일종의 시학 개론서를 소개한 롱사르의 관심사는 무엇보다도 자신의 시적 생애를 정리하는 《전집》의 간행이었다. 1567년 4월에 출판된 《전집》의 가장 큰 특징은 신화적 이야기를 바탕으로 구성된 《시집*Poèmes*》과 궁정의 인물들과 여인들에게 바쳐진 《여러 사람들에게 바치는 소네트집*Sonnets à diverses personnes*》을 통해 나이 든 시인의 솔직함을 소개하고 있다는 점이다. 롱사르는 카상드르에 대한 예전의 사랑을 환기하며 결코 소멸되지 않을 행복한 만남을 노래하면서도 "모든 것은 죽기 마련이다. 이 세상의 모든 것은 늙어 간다/공기와 불, 땅과 파도는 죽음에 저항할 수 없을 것이며,/우리처럼 늙어 가서 죽게 될 것이다./탐욕스런 시간은 모든 것을 먹어 치운다"와 같이 세상에 존재하는 모든 것들에 대한 불안한 시선을 드러내기도 한다. 그렇다고 해서 그가 이런 불안의 강박관념에 갇혀 있다고 말하기는 힘들다. 왜냐하면 그에게는 바로 인간 세계의 모든 것들의 형태가 변화한다는 것에서 끊임없이 움직이며 그 생명력을 확보하는 세상의 영속성을 발견하기 때문이다.

‖ 1572년 9월 ‖

1569년 45세의 롱사르는 영광의 절정에 있었다. 사랑의 시인, 숭고의 시인, 삶의 기쁨과 고뇌를 노래하는 시인, 철학자로서의 시인, 궁정시인, 자연의 시인, 그리고 정치적인 시인 등 그를 지시하는 그 어떤 형용사도 부족하지 않았다. 다만 그에게 부여되지 못한 하나의 명칭이 있다면 그것은 프랑스의 위대한 서사 시인이라는 칭호였다. 뒤 벨레가 《옹호》에서 "장시long poème"를 쓴 호메로스 베르길리우스와 어깨를 겨루려고 하는 자의 위대함이 프랑스의 영광을 위해 필요하다고 주장하였듯이, 롱사르도 오래 전부터 서사시를 소망하여 왔지만 그것을 실현할 기회들을 얻지는 못하였다. 그러나 1565년 샤를 9세가 그가 한켠에 남겨둔 이 계획을 성취하도록 촉구하였을 때 그는 파라몽Pharamond에서 샤를 9세에 이르는 프랑스의 전 역사를 노래할 《라 프랑시아드》의 작성에 들어가게 된다. 1568년부터 비서이자 제자인 아마디스 자맹을 수행하고 투렌 지방의 자연의 품으로 되돌아온 롱사르는 서사시 집필에 본격적으로 몰입한다. 그리하여 1572년 9월 생 바르텔레미 대학살(8월 24일)이라는 혼란과 분열 속에서 《라 프랑시아드》 첫 4권이 출판된다. 프랑스의 영광을 노래하는 서사시로서는 불운한 시기에 출판되는 운명을 겪게 된 것이다.

출판이 늦춰진 데에는 여러 이유가 있다. 우선 롱사르가 1571년에 세 번째 《전집》을 간행하기 위한 시간을 보냈다는 것을 들 수도 있지만, 이보다는 당시 역사학자들 사이의 분열이 문제가 될 수 있다. 프랑스 국왕의 트로이아 기원론에 반대하는 역사학자와 문인들은 이 기원론을 역사적 사실을 망각한 허구적 관점이라고 비판하였기 때문이다. 그러나 롱사르는 1571년 축제에서 트로이아 기원론을 대중화하기 위한 시도를 하였으며, 동시에 여러 동료 시인들이 그의 트로이아 기원에 토대를 둔 서사시에 대한 지지를 표명했음에도 불구하고, 여전히 서사시의 출현을 위한 적절한 기회를 잡지 못하고 있었던 것이다. 일반적으로 그의 서사시는 실패한 작품으로 평가되고 있다. 예고된 총 24편의 노래 중 첫 4편만이 간행된 이 서사시는 일부에서 드러나는 시인의 뛰어난 표현에도 불구하고 그 어떤 감동도 동시대인들에게 주지 못하였다고 지적되고 있기도 하다. 《라 프랑시아드》의 실패는 샤를 9세의 사망(1574년 5월) 그리고 시인의 영원한 또 한 명의 지지자였던 마르그리트 드 사부아 여왕의 사망(1574년 9월)과 더불어 롱사르의 명성이 기울게 되는 계기가 되고 만다. 특히 샤를 9세의 죽음에서 그는 "사지가 떨어져 나가는" 정신적 고통을 경험하게 된다. 그가 "더 이상 궁정인도 아니고, 연기를 파는 상인도 아니며, 야심은 없지만", 그렇다고 "거짓말쟁이"는 아니라고 주장하며 궁정에서 멀어지기 시작한 것도 샤를의 죽음 이후부터이다.

롱사르의 경쟁자 필리프 데포르트 (1546-1606)

‖ 1575 2월 15일 ‖

1575년 2월 15일 왕위에 오른 앙리 3세는 롱사르보다는 새로운 젊은 시인 필리프 데포르트를 선호하였다. 1576년 공식적으로 '왕립 아카데미Académie du Palais'를 창설한 국왕은 롱사르에게 많은 배려를 쏟지 않았다. 동료 작가들은 앙리 3세에게 좀더 적극적인 태도를 취하기를 롱사르에게 요구하였지만 이미 그의 가슴은 궁정을 떠나 있었다. 롱사르는 국왕을 전쟁에서 승리를 거두게 해 준 군마에게 단지 여물만 주는 "나쁜 주인Un mauvais maistre"으로 비유할 정도로 더 이상 궁정으로부터 올 혜택을 기대하지 않게 된다. 또한 그는 데포르트를 뛰어난 시인으로서 인정하지 않았다. 1573년 이 시인이 《디안의 사랑*Amour pour Diane*》과 《이폴리트의 사랑*Amour d'Hypolite*》라는 작품을 간행하자 롱사르는 그에게 보내는 시에서 "내 너에게 이 시를 주는 것은/곧 죽고 말 하루살이 명성을 얻기 위해/네 육체를 학살하지 않도록 신중해 주기를 바라서이다"라고 충고한다. 롱사르가 살아 있을 때 데포르트의 이름을 단 한 번 언급하였다는 사실은 이 시인에 대한 그의 반감이 얼마나 컸는지를 충분히 암시한다.

‖ 1578년 2월 ‖

롱사르는 또 다른 《전집》 간행을 준비하는 와중에도 마지막 사랑의 노래가 될 《엘렌을 위한 소네트집》을 작성하기 시작한다. 1578년 2월에 간행될 《전집》에 실린 이 시집에서 그는 여전히 궁정에서는 유행되는 페트라르카풍의 시를 다시 모방한다. 그러나 그 수용이 제시하는 시적 세계는 의외의 모습을 지니고 있다. 롱사르는 페트라르카식 사랑노래의 방식을 수용하면서도 그것을 다르게 해석하여 독창적인 사랑관을 제시하고 있다. 정신적인 한 여인에 대한 시인의 찬양만이 노래된 것이 아니라 때로는 관능적인 어조가 실려 있고, 더불어 그녀에 대한 신랄한 비난이 덧붙여지고 있는 것이다. 그는 "사랑과 죽음이란 단지 같은 것일 뿐"임을 노래하며 사랑에 냉정한 여인을 비난한다. 그리고 서로의 소통을 보장하는 사랑을 토로한다. 흔히 '가을의 사랑'이라는 불리는 이 시집을 마지막으로 롱사르는 더 이상 사랑을 노래하지 않게 될 것이다.

‖ 1581년 ‖

노년에 접어들어 언제나 자신의 건강을 위협해왔던 질병에 고생하는 롱사르는 투렌 지방에 머물며 가끔씩 파리에 모습을 나타내곤 했다. 1581년 주아외즈 공작duc de Joyeuse과 여왕의 어동생인 마리 드 로렌

1581년 주아외즈 축세(작자 미상, 렌, 보자르 미술관)

생 콤 수도원 전경

Marie de Lorraine의 결혼식 축제의 주관을 스승 도라와 함께 맡기도 한다. 축제의 내용은 페트라르카의 '사랑의 승리'와 신플라톤 학파의 '우주와의 상응'이라는 주 테마로 구성된다. 여기에 왕립 아카데미를 담당하고 있던 시인 바이프가 쓴 '음악에 맞춘 시vers et musique mesurés'의 기여도 컸다. 당시 음악가인 클로드 르 죈Claude Le Jeune이 궁정음악을 담당했다. 시, 음악, 연극, 그리고 기이한 무대 장치들이 총 동원된 이 축제는 17세기 오페라의 등장을 예고하며, 발루아 왕실이 제공한 가장 화려한 그러나 마지막을 장식할 궁정축제라고 할 수 있다.

‖ 1585년 12월 28일 ‖

1582년 이후 병세가 악화된 롱사르는 방돔의 몽투아르Montoire, 크루아발Croixval, 생 콤Saint-Cosme 등을 자주 찾긴 했으나, 마지막 《전집》(1584년 1월 4일) 간행을 위해 파리에 체류하기도 한다. 1584년 8월 파리에서는 〈비명시, 롱사르의 죽음과 마지막 말Epitaphes, mort et derniers parolles de Pierre de Ronsard, gentilhomme Vandomois, Poëte du Roy〉이라는 팸플릿이 유포되면서 롱사르가 크루아발에서 사망하였다는 소문이 퍼지기 시작한다. 그러나 롱사르는 파리와 지방을 오가며 〈디오니소스 찬송Hymne de Bacchus〉을 쓰는 등 여전히 왕성한 작품 활동을 하고 있었다. 1585년 봄, 그는 파리 콜레주 드 봉쿠르의 학교장인 갈랑Galland과 비네에게 자신이 사망할 경우 새로운 《전집》을 출판해

생 콤 수도원의 롱사르 무덤

줄 것을 부탁한다. 그리고는 작은 마차coche 한 대를 주문한다. 6월 13일 그는 국왕의 도시인 파리에 마지막 이별을 고한다. 한 달 뒤 그는 생 콤에 도착하여 이곳을 영원히 떠나지 않게 된다. 10월 22일 그는 갈랑에게 "잎새와 더불어 떠나리"라는 내용을 담은 편지를 보내며 자신의 최후가 다가오고 있음을 알린다. 그동안 갈랑은 파리에서 롱사르의 유언을 비롯한 사망 후의 절차를 인문학자들과 준비한다. 기력을 상실한 롱사르는 독자에게 널리 알려진 〈나에게는 뼈만 남아 있고, 나는 유골을 닮았으니〉를 포함하여 사후에 비네에 의해 출간될 《마지막 시집》에 실릴 작품들을 작성한다. 그러나 죽음을 앞 둔 시인은 "나는 죽음을 결코 두려워하지 않는다. 내 가슴은 그렇게 약하지 않다"라고 외치며 자신이 살아온 삶에 감사한다. 1585년 12월 28일 새벽 두 시, 그는 생 콤므 수도원에서 생을 마감한다.

이듬해 2월 24일, 갈랑과 비네는 파리에서 거행된 추도식에서 "그 어떤 이들보다도 뛰어났으며, 모든 방면에서 변함없이 훌륭하였던" 한 시인의 명복을 빈다. 1587년 12월, 27편의 운문시와 3편의 산문이 추가된 시인의 7번째 《전집》이 파리에서 출판된다. 이후 롱사르라는 이름은 프랑스 문학에서 조금씩 사라져 간다. 1630년 《전집》이 마지막으로 출간된 이후 그의 이름은 200년 뒤에서야 낭만주의 작가들에 의해 환기되기 시작하며, 그의 유해는 사망한 지 350년 지난 후 롱사르 연구자들에 의해 생 콤 수도원에서 발견된다.

롱사르 연구를 위한 주요 참고문헌

1. 작품

1-1. 전집

Œuvres complètes, éd. Paul Laumonier, révisées et complétée par Raymond Lebègue, Isidore Silver et Jean Céard, Paris, coll. STFM, 1914-1975, 20 vols.

Œuvres complètes, éd. Jean Céard, Daniel Ménager et Michel Simonin, Paris, Gallimard, coll. Bibliothèque de la Pléiade, 1993-1994, 2 vols.

Œuvres complètes, éd. François Roudaut et François Rouget, Paris, Champion. (출간예정)

1-2. 단행본

Abrégé de l'art poétique français(1565), in F. Goyet, *Traités de poétique et de rhétorique de la Renaissance*, Paris, LGF, 1990, pp. 465-493.

Discours des misères de ce temps, éd. F. Higman, Paris, LGF, 1993.

Discours des misères de ce temps, éd. Malcolm Smith, Genève, Droz, 1979.

Discours. Derniers vers, éd. Yvonne Bellenger, Paris, Garnier-Flammarion, 1979.

Le Bocage. Les Meslanges, éd. Françoise Joukovsky, Paris, Garnier-Flammarion, 1995.

Les Amours et les Folastries, éd. André Gendre, Paris, LGF, 1993.

Les Amours(1552-1584), éd. Marc Bensimon et Jean Martin, Paris, Garnier-Flammarion, 1981.

Les Amours, éd. Henri Weber et Catherine Weber, Paris, Garnier, 1963.

Les Hymnes, éd. Albert Py, Genève, Droz, 1977.

Les Quatre Saisons de Ronsard, éd. Gilbert Gadoffre, Paris, Gallimard, 1985.

Oeuvres poétiques, éd. Yvonne Bellenger, Paris, Larousse, 1972.

Poésies choisies, éd. Pierre de Nolhac et Françoise Joukovsky, Paris, Garnier, 1969.

Sonnets pour Hélène, éd. Malcolm Smith, Genève, Droz, 1970.

2. 연구서

2-1. 전기

Binet (Claude), *La vie de P. de Ronsard(1586)*, éd. Paul Laumonier, Paris, Hachette, 1910.

Dassonville (Michel), *Ronsard. Etude historique et littéraire*, Genève, Droz, 1968-1990, 5 vols.

Gadoffre (Gilbert), *Ronsard par lui-même*, Paris, Seuil, coll. Ecrivains de toujours, 1994.

Simonin (Michel), *Pierre de Ronsard*, Paris, Fayard, 1990.

2-2. 소설화된 전기

Bourin (Jeanne), *Les amours blessés*, Paris, Folio, 1989.

Ingman (Heather), *The Dance of the Muses. A Novel on the Life of Pierre de Ronsard*,

Londres, Peter Owen, 1987.

2-3. 일반 연구서

Armstrong (Elizabeth), *Ronsard and the Age of Gold*, Cambridge University Press, 1968.

Aspect de la poétique ronsardienne, éd. Philippe de Lajarte, Caen, Université de Caen, 1989.

Bellenger (Yvonne), *La Pléiade*, Paris, Nizet, 1988, 2e éd.

Chamard (Henri), *Histoire de la Pléiade*, Paris, Didier, 1961-1963, rééd., 4 vols.

Castor (Grahame), *La poétique de la Pléiade. Etude sur la pensée et la terminologie du XVIe siècle*, trad. fr., Paris, Champion, 1998.

Cave (Terence), *Cornucopia. Figures de l'abondance au XVIe siècle : Erasme, Rabelais, Ronsard, Montaigne*, trad. fr., Paris, Macula, 1997.

Dauvois (Natalie), *Mnémosyne. Ronsard, une poétique de la mémoire*, Paris, Champion, 1992.

Demerson (Guy), *La Mythologie classique dans l'oeuvre lyrique de la "Pléiade"*, Genève, Droz, 1972.

Franchet (Henri), *Le Poète et son oeuvre d'après Ronsard*, Paris, Champion, 1923.

Gendre (André), *L'Esthétique de Ronsard*, Paris, SEDES, 1997.

Joukovsky (Françoise), *La Gloire dans la poésie française et néo-latine du XVIe siècle*, Genève, Droz, 1969.

Laumonier (Paul), *Ronsard poète lyrique*, Paris, Hachette, 1932, 3e éd., Genève, Slatkine Reprints, 1997.

Langer (Ullrich), *Invention, death and self-definitions in the poetry of Ronsard*, Saragota, Anma Libri, 1986.

Le poète et ses lecteurs : le cas Ronsard, in *Œuvres & Critiques*, t. VI, n° 2, 1981/1982.

Lebègue (Raymond), *Ronsard, l'homme et l'oeuvre*, Paris, Hatier, 1962, nouv. éd.

Les figures du poète / Pierre de Ronsard, in *Littérales*, n° 26, 2000.

Ménager (Daniel), *Ronsard, Le Roi, le Poète et les Hommes*, Genève, Droz, 1979.

Pouey-Mounou (Anne-Pascale), *L'Imaginaire cosmologique de Ronsard*, Genève, Droz, 2002.

Py (Albert), *Imitation et Renaissance dans la poésie de Ronsard*, Genève, Droz, 1984.

Quainton (Malcolm), *Ronsard's Ordered Chaos, Visions of Flux and Stability in the poetry of P. de Ronsard*, Manchester, Manchester University Press, 1980.

Ronsard, in *Revue d'Histoire Littéraire de la France*, vols. 86, n° 4, 1986.

Ronsard en son IVe centenaire, Genève, Droz, 1988-1989, 2 vols.

Ronsard et les éléments, éd. André Gendre, Genève, Droz, 1992.

Ronsard in Cambridge, éd. Ph. Ford et C. Jondorf, Cambridge, Cambridge French Colloquia, 1986.

Ronsard. Figure de la variété, éd. Colette H. Winn, Genève, Droz, 2002.

Ronsard-Scève, in *Europe*, n° 691-692, 1986.

Ronsard the Poet, éd. Terence Cave, Londres, Methuen, 1973.

Ronsard. Colloque de Neuchâtel, éd. André Gendre, Genève, Droz, 1987.

Silver (Isidore), *The Intellectual Evolution of Ronsard*, Saint-Louis, Washington University Press, 1969-1973, 2 vols.

Sur des vers de Ronsard (1585-1985), éd. Marcel Tetel, Paris, Aux Amateurs de Livres, 1990.

Weber (Henri), *La Création poétique au XVIe siècle en France*, Paris, Nizet, 1956.

Yates (Frances A.), *Les Académies en France au XVIe siècle*, trad. fr., Paris, PUF, 1996.

2-4. 《오드집》 연구

Fenoaltea (Doranne), *Du Palais au jardin. L'Architecture des "Odes" de Ronsard*, Genève, Droz, 1990.

Les Odes (1550-1552), in *Cahiers Textuel*, n° 24, 2002.

Les Odes *de Ronsard*, in *Littératures*, n° 44, 2001.

Lectures des Odes *de Ronsard*, éd. Julien Goeury, Rennes, Presses Universitaires de Rennes, 2001.

Lire les Odes *de Ronsard*, éd. Dominique Bertrand, Clermont-Ferrand, Presses Universitaires Blaise Pascal, 2002.

Martin (Pierre) et Poutingon (Gérard Milhe), Odes *de Ronsard*, Neuilly, Atlande, 2001.

Ménager (Daniel), "Passion et fureur poétique dans les *Odes* de Ronsard", in *La Poétique des passions à la Renaissance*, éd. François Lecercle et S. Perrier, Paris, Champion, 2001, pp. 317-330.

Rouget (François), *L'Apothéose d'Orphée. L'esthétique de l'ode en France au XVIe siècle de Sébillet à Scaliger(1548-1561)*, Genève, Droz, 1994.

____, *L'Arc et la lyre. Introduction à la poétique des* Odes *de Pierre de Ronsard*, Paris, SEDES, 2001.

2-5. 《사랑시집》 연구

Belleger (Yvonne), *Lisez la Cassandre de Ronsard. Etude sur les Amours(1553)*, Paris, Champion, 1997.

Dassonville (Michel), "A propos du pétrarquisme de Ronsard", in *L'Esprit créateur*, t. XII, 1972, pp. 178-182.

Desonay (Fernand), *Ronsard, poète de l'amour*, Gembloux, Duclot, 1952-1959, 3 vols.

Gendre (André), *Ronsard, poète de la conquête amoureuse*, Neuchâtel, La Baconnière, 1970.

____, "Vade-mecum sur le pétarquisme français", in *Versants*, n° 3, 1985, pp. 37-65.

Lectures de Ronsard. Les Amours, éd. Claudine Nédélec, Rennes, Presses Universitaires de Rennes, 1997.

Mathieu-Castellani (Gisèle), *Les thèmes amoureux dans la poésie française(1570-*

1600), Paris, Klincksieck, 1975.

Pot (Olivier), *Inspiration et mélancolie. L'Espitémologue poétique dans les* Amours *de Ronsard*, Genève, Droz, 1990.

Ronsard / Les Amours de Cassandre, éd. Michel Simonin, Paris, Klincksieck, 1997.

Ronsard. A propos des Amours, Biarritz, Atlantica, 1997.

Thomine (Marie-Claire), *Pierre de Ronsard. Les Amours*, Paris, PUF, 2001.

Weber (Henri), "Platonisme et sensualité dans la poésie amoureuse de la Pléiade", in *Lumières de la Pléiade*, Paris, Vrin, 1966, pp. 157-194.

2-6. 《찬송시집》 연구

Autour des Hymnes *de Ronsard*, éd. Madeleine Lazard, Paris, Champion, 1984.

Céard (Jean), "*L'Hymne de l'Hyvers* de Ronsard", in *Les Fruits de la Saison*, Genève, Droz, 2000, pp. 209-222.

Ford (Philippe), *Ronsard's* Hymnes. *A Literary and Iconographical Study*, Arizona, Tempe, 1997.

"Les *Hymnes* de Ronsard", in *Cahiers Textuel*, t. 34/44, n° 1, 1985.

Lafeuille (Germaine), *Cinq Hymnes de Ronsard*, Genève, Droz, 1973.

Schmidt (A.-M.), *La Poésie scientifique en France au XVIe siècle*, Paris, Albin Michel, 1938.

2-7. 《논설시집》 연구

Bellenger (Yvonne), "A propos des *Discours* de Ronsard? Y a-t-il un genre du discours en vers?", in *La Notion de genre à la Renaissance*, éd. Guy Demerson, Genève, Slatkine, 1984, pp. 195-241.

Charbonnier (François) (éd.), *Pamphlets protestants contre Ronsard (1560-1577)*, Paris, Champion, 1923.

Langer (Ullrich), "A courtier's problematic defense : Ronsard's *Response aux injures*", *Bibliothèque d'Humanisme et Renaissance*, t. XLVI, 1984, pp. 343-355.

Pineaux (Jacques), *La poésie protestants de langue française(1559-1598)*, Paris, Klincksieck, 1971.

2-8. 왕실 축제와 롱사르 관련 연구

Hall (John T. D.), "Ronsard et les fêtes de cour en 1570", in *Bibliothèque d'Humanisme et Renaissance*, t. XXXV, 1973, pp. 73-77.

Saulnier (Verdun-Louis), "Sébillet, Du Bellay, Ronsard : L'entrée de Henri II à Paris et la révolution poétique de 1550", in *Les fêtes de la Renaissance*, éd. Jean Jacquot, Paris, Eds. CNRS, 1956, pp. 31-59.

Yates (Fances A.), "Poètes et Artistes dans les entrées de Charles IX et sa reine à Paris en 1571", in *Les fêtes de la Renaissance*, éd. Jean Jacquot, Paris, Eds. CNRS, 1956, pp. 61-84.

_____, *Astrée. Le symbolisme impérial au XVIe siècle*, trad. fr., Paris, Belin, 1989.

Scott (Virginia) and Sturm-Maddox (Sara), *Performance, Poetry and Politics on the Queen's Day : Catherine de Médicis and Pierre de Ronsard at Fontainbleau*, Burlington, Ashgate, 2007.

2-9. 《라 프랑시아드》 연구

Bjaï (Denis), La Franciade *sur le métier. Ronsard et la pratique du poème héroïque*, Genève, Droz, 2001.

Jomphe (Claudine), *Les théories de la "dispositio" et le grand oeuvre de Ronsard*, Paris, Champion 2000.

Ménager (Daniel), "Ronsard et la France héroïque", in *L'Imaginaire de la nation*, éd. Claude Gilbert Dubois, Bordeaux, Presses universitaires de Bordeaux, 1991, pp. 253-262.

Terneaux (J.-C.), "*La Franciade* de Ronsard : échec ou réussite?", in *Revue des Amis de Ronsard*, t. XIII, 2000, pp. 117-135.

2-10. 《엘렌을 위한 소네트집》 연구

Bellenger (Yvonne), "Ronsard et la fin des *Amours* : les *Sonets pour Helene* ou l'anti-Desportes", in *Amours sacré, Amours mondain. Poésie 1574-1610*, Cahiers V. L. Saulnier, t. XII, 1995, pp. 9-23.

Fallon (J. M.), *Voice and Vision in Ronsard's* Les Sonnets pour Helene, New York, Peter Lang, 1993.

Garapon (Robert), "Le portrait de Ronsard par lui-même dans les *Sonnets pour Hélène*", in *Revue d'Histoire littéraire de la France*, t. LXXXVI, n° 4, 1986, pp. 643-649.

Quainton (Malcolm), "Ronsard's *Sonnet pour Hélène* and the Alternative Helen Myth", in *(Ré)interprétations : Etudes sur le seizième siècle*, éd. J. O'Brien, Ann Arbor, Michigan Romance Studies, 1995, pp. 77-112.

Simonin (Michel), "Hélène avant Surgères : pour une lecture humaniste des *Sonnets pour Hélène*", in *Sur des vers de Ronsard*, éd. M. Tetel, Paris, Aux Amateurs de Livres, 1990, pp. 127-143.

Tripet (A.), "Le mythe dans les *Sonnets pour Hélène* de Ronsard", in *Ronsard et la Grèce(1585-1985)*, éd. K. Christodoulou, Paris, Nizet, 1988, pp. 27-136.

2-11. 《마지막 시집》 연구

Weber (Henri), "Autour du dernier sonnets de Ronsard. De la vieillesse à la mort. Du cygne au signe", in *Kentucky Romance Quarterly*, t. XXI, supplément 2, 1974, pp. 113-120.

Whiteny (M. S.), "Choice and Ambiguity in Ronsard's *Derniers vers*", in *Romance Notes*, t. XIII, n° 1, 1971, pp. 147-153.

2-12. 롱사르의 사후 평가와 영향

Faisant (Claude), *Mort et Résurrection de la Pléiade*, éd. Josiane Rieu et al., Paris, Champion, 1998.

Raymond (Marcel), *L'influence de Ronsard sur la poésie française(1550-1585)*, Paris, Champion, 1929, 2 vols.(Genève, Droz, 1965).

2-13. 음반

Bertrand (A. de), *Les Amours de Ronsard*, Ensemble Métamorphoses de Paris, dir. M. Bourbon, Arion(ARN 268230), 1993.

Boni (Guillaume), *Les Amours de Pierre de Ronsard*, Arion(ARN 38748), Ensemble Per Cantar E Sonar, dir. St. Caillat, 1999.

Visse (Dominique) (éd.), *Chansons sur des poèmes de Ronsard*, Ensemble Clément Janequin, dir. Dominique Visse, Harmonia Mundi (HMC901491), 1994.

3. 국내연구

3-1. 번역

《연애시집*Les Amours*》, 권희창 역, 신아출판사, 1998.

3-2. 학위논문

손주경, 〈롱사르의 "푸랑수아 드 부르봉의 승리" 연구〉, 고려대학교 대학원 석사학위논문, 1993.

이미옥, 〈롱사르 戀愛詩 연구〉, 이화여자대학교 대학원 박사학위논문, 1992.

이차현, 〈Ronsard의 *Les Hymnes*에 나타난 신화의 수용 양상〉, 전남대학교 대학원 석사학위논문, 1998.

KWON Hee-Chang, *Le vocabulaire scientifico-technique dans Les* Hymnes *de Ronsard (1555-1556)*, Thèse de Doctorat sous la direction d'Olivier Soutet, Université de Dijon, 1994.

SOHN Joo-Kyoung, *La caractéristique des formes des* Odes *de Pierre de Ronsard*, Mémoire de D.E.A. sous la direction de M. Simonin, Université de Tours, 1996.

____, *"Plaire aux grands Seigneurs & au Roy": Ronsard, poète de cour dans* Elegies, Mascarades et Bergerie *(1565)*, Thèse de Doctorat sous la direction de M. Simonin et Mme Marie-Luce Demonet, Université de Tours, 2002.

3-3. 소논문

권희창, 〈롱사르의 《찬시》(1555-1556) 연구—롱사르 찬시의 정의를 중심으로〉, 《불어불문학연구》, 34권, 1997, pp. 1-18.

____, 〈롱사르의 작품에 나타난 우주관과 공간의 시학〉, 《한국프랑스학논집》, 26권, 1999, pp. 15-30.

____, 〈롱사르의 신조어와 시학〉, 《한국프랑스학논집》, 38권, 2002, pp. 25-52.

김인환, 〈롱사르와 자연〉, 《이화여자대학교 창립 100주년 기념논총》, 인문과학편, 48집, 1986.

____, 〈Ronsard 시에 나타난 자연적 관념〉, 《불어불문학연구》, 12권, 1986, pp. 47-68.

손주경, 〈궁정시인 롱사르의 지상에 관한 태도〉, 《불어불문학연구》, 52권, 2002, pp. 245-274.

____, 〈퐁텐블로 축제(1564)와 궁정시인의 익명성〉, 《프랑스고전문학연구》, 6권, 2003, pp. 51-77.

____, 〈프랑스 16세기의 시학과 수사학 : 롱사르의 《오드집》에 나타난 에토스를 중심으로〉, 《불어불문학연구》, 55권, 2003, pp. 309-339.

손주경, 〈롱사르의 균형의 시학〉, 《한국프랑스학논집》, 44권, 2003, pp. 197-226.

____, 〈롱사르의 "카르페 디엠"〉, 《한국프랑스학논집》, 46권, 2004, pp. 183-204.

____, 〈롱사르의 작품에 나타난 시와 회화〉, 《불어불문학연구》, 58권, 2004, pp. 161-192.

____, 〈프랑스 르네상스의 헤라클레스 신화와 수사학—국왕의 웅변에 대한 한 해석〉, 《한국프랑스학논집》, 50권, 2005, pp. 253-280.

____, 〈유럽군주로서의 프랑스 국왕—롱사르의 엘리자베트 1세 찬양을 중심으로〉, 《프랑스문화예술연구》, 7권3호, 2005, pp. 135-165.

____, 〈롱사르의 왕실축제 참여를 통해 본 '궁정시인'의 역할〉, 《한국프랑스학논집》, 55집, 2006, pp. 155-186.

____, 〈르네상스 시론에 나타난 '표현'과 '착상'의 상호보완성〉, 《프랑스어문교육》, 23집, 2006, pp. 345-366.

____, 〈16세기 번역관에 비춰본 롱사르의 번역에 대한 입장〉, 《프랑스어문교육》, 25집, 2007, pp. 263-292.

____, "Un amour singulier dans la poésie de circonstance de Ronsard", in *Réforme, Humanisme, Renaissance*, n° 65, 2007, pp. 25-42.

____, "Le traducteur fidèle et la liberté de traduire selon Ronsard", in *Revue des Amis de Ronsard*, n° 12, 2009, pp. 91-108.

이미옥, 〈롱사르의 에피쿠리즘—《연애시집》을 중심으로〉, 《新像》, 1969, pp. 81-87.

이진성, 〈롱사르와 고대 그리스〉, 《인문과학》, 연세대학교 인문과학연구소, 72권, 1993, pp. 253-290.

____, 〈신화와 롱사르의 시적 개념〉, 《프랑스 고전주의문학연구》, 민음사, 1995, pp. 105-140.

이진성, 〈피에르 드 롱사르의 작품에 나타난 신화의 의미와 기능〉, 《불어불문학연구》, 34권, 1997, pp. 19-33.
____, 〈롱사르의 문학적 기여와 그리스 신화〉, 《불어불문학연구》, 47권, 2001, pp. 321-354.

르네상스 궁정의 시인
롱사르

초판 발행 2007년 6월 15일
초판 2쇄 2009년 10월 15일

지은이 손주경

펴낸곳 고려대학교출판부
www.kupress.com
kupress@korea.ac.kr
136-701 서울특별시 성북구 안암동
02-3290-4230, 4232
Fax 923-6311
찍은곳 (주)동화인쇄공사

ISBN 978-89-7641-612-4 93860

값 17,000원